Drancy

Un camp en France

Des mêmes auteurs

Renée Poznanski :

Propagandes et Persécutions. La Résistance et le « problème juif », Fayard, 2008.

Les Juifs en France pendant la Seconde Guerre mondiale, Hachette-Littératures, 1997.

Avec Léo Hamon, *Avant les premières grandes rafles. Les Juifs à Paris sous l'Occupation (juin-1940-avril-1941)*, Cahiers de l'IHTP, 22, 1992.

Jacques Biélinky, Journal 1940-1942, un journaliste juif à Paris sous l'Occupation, édition critique, Le Cerf, 1992.

Simon Doubnov, Lettres sur le judaïsme ancien et nouveau, traduction du russe et édition critique, Le Cerf, 1989.

Intelligentsia et Révolution. Blok, Gorki et Maïakovski face à la Révolution, Anthropos, 1981.

Denis Peschanski :

Avec Thomas Fontaine, *La Collaboration 1940-1945. Vichy-Paris-Berlin*, Tallandier, 2014.

Avec Francis Eustache, Jean-Gabriel Ganascia, Robert Jaffard, et Bernard Stiegler, *Mémoire et oubli*, Le Pommier et B2V, 2014.

Avec Denis Maréchal (dir.), *Les Chantiers de la mémoire*, INA éditions, 2013.

Entretiens avec Boris Cyrulnik : *Mémoire et traumatisme. L'individu et la fabrique des grands récits*, INA éditions, 2012.

Les Années noires, Hermann, 2012.

Avec Tuvia Friling, *David Ben Gourion Journal 1947-1948, Les secrets de la création de l'État d'Israël*, La Martinière, 2012.

La France des camps 1938-1946, Gallimard, 2002.

Les Étrangers dans la Résistance, Éd. de l'Atelier, 2002, rééd. 2013 avec DVD « La Traque de l'Affiche rouge ».

Vichy 1940-1944. Contrôle et exclusion, Complexe, 1997.

Avec David Bidussa, « La France de Vichy. Archives inédites d'Angelo Tasca », *Annali* de la Fondation Feltrinelli, Feltrinelli ed., 1996 (vol. 2).

Les Tsiganes en France 1939-1946, CNRS éditions, 1994.

Les Carnets de Marcel Cachin 1906-1947, CNRS éditions, 1993-1998, 4 vol.

Avec Stéphane Courtois et Adam Rayski, *Le Sang de l'étranger. Les immigrés de la MOI dans la Résistance*, Fayard, 1989.

Et pourtant ils tournent. Vocabulaire et stratégie du PCF 1934-1936, Klincksieck, 1988.

« Vichy 1940-1944. Archives de guerre d›Angelo Tasca », *Annali* de la Fondation Feltrinelli, éd. du CNRS et Feltrinelli ed., 1986 (vol. 1).

Benoît Pouvreau :

(dir.), *Les Graffiti du camp de Drancy. Des noms sur des murs*, Snoeck, 2014.

Avec Valérie Gaudard, Florence Margo-Schwoebel (dir.), *1945-1975, une histoire de l'habitat. 40 ensembles « Patrimoine du XXe siècle »*, Beaux-Arts éditions, 2010.

Avec Marc Couronné, Guillaume Gaudry, Marie-Françoise Laborde, *Les cités-jardins dans la banlieue du nord-est parisien*, Paris, Le Moniteur, 2007.

Eugène Claudius-Petit, un politique en architecture, Le Moniteur, 2004.

Itinéraires du patrimoine n° 286. Le logement social en Seine-Saint-Denis (1850-1999), Éditions du Patrimoine / APPIF, 2003.

Renée Poznanski et Denis Peschanski

Benoît Pouvreau

Drancy

Un camp en France

Pour Charles,
un passionné d'histoire,
en hommage très amical

Renée Poznanski

fayard

Ministère de la Défense

Cet ouvrage est coédité avec le ministère de la Défense,
Secrétariat général pour l'administration, Direction de la mémoire,
du patrimoine et des archives.

La Direction de la mémoire, du patrimoine et des archives (DMPA) est une direction du ministère de la Défense, placée sous l'autorité du secrétaire général de ce ministère. La DMPA a notamment en charge la politique culturelle du ministère au travers des collections de ses musées, de ses services d'archives et de ses bibliothèques. Elle détermine et finance les actions nécessaires à la gestion et à la valorisation de ce riche patrimoine. C'est dans cette perspective que la DMPA développe également une politique de publication et de soutien aux productions audiovisuelles permettant à un large public de découvrir l'histoire et le patrimoine du ministère de la Défense.

En couverture : Après la déportation.
La réserve quitte les barbelés pour gagner l'escalier n° 7 / Photographie clandestine
© Fonds Liégibel, ville de Drancy.

Création graphique : Delphine Delastre

ISBN : 9782213671130

Liste des sigles

AFMA : Association pour la Fondation Mémoire d'Auschwitz
AJ : Armée Juive
AS : Armée secrète
BS : Brigade spéciale
CDJC : Centre de documentation juive contemporaine
CGQJ : Commissariat général aux questions juives
CH2GM : Comité d'histoire de la Deuxième Guerre mondiale
CICR : Comité international de la Croix-Rouge
CLL : Comité local de Libération
CNR : Conseil national de la résistance
CRIF : Conseil représentatif des institutions juives de France
DGTO : Délégué général dans les territoires occupés
DRAC : Direction des affaires culturelles d'Île-de-France
ERR : Einsatzstab Reichsleiter Rosenberg für die Besetzten Gebiete
FFI : Forces françaises de l'intérieur
FMS : Fondation pour la mémoire de la Shoah
FNDIRP : Fédération nationale des déportés et internés résistants et patriotes
FTP : Francs-Tireurs et Partisans
GTE : Groupements de travailleurs étrangers
HBM : Habitations à bon marché
IEQJ : Institut d'études des questions juives
IS : Intelligence Service
MBF : Militärbefehlshaber in Frankreich
MNCR : Mouvement national contre le racisme
MOI : Main-d'œuvre immigrée
MUR : Mouvements unis de résistance
OJC : Organisation juive de combat
OMA : Organisation militaire de l'armée
OSE : Organisation de secours aux enfants
PCF : Parti communiste français
PPF : Parti populaire français
PQJ : Police aux questions juives
RG : Renseignements généraux
RNP : Rassemblement national populaire
RSHA : Reichssicherheitshauptamt
SEC : Sections d'enquête et de contrôle
SGMO : Secrétariat général au maintien de l'ordre

SiPo-SD : Sicherheitspolizei Sicherheitsdienst (Police de sûreté)
SPAC : Service de police anticommuniste
SSS : Service des sociétés secrètes
STCRP : Société des transports en commun de la ville de Paris
STO : Service du travail obligatoire
UGIF : Union générale des israélites de France
UNADIF : Union nationale de déportés internés de France

Introduction

> La cité de la Muette, 1935, l'une des plus grandioses tentatives de logement social de l'entre-deux guerres.
> La cité de la Muette, 1941-1944, camp de transit vers la mort.
> La cité de la Muette, 1989, HLM décrépite.
> La cité de la Muette, pièce en trois actes. Cité radieuse, cité de la mort. Cité banale.
> Banale, banalisée. Et bientôt : réhabilitée.

C'est en 1990 que François Maspéro publiait ces lignes et il ajoutait qu'une pancarte annonçait sur le site la réhabilitation de 369 logements. Son livre s'intitulait : *Les Passagers du Roissy-Express*. En effet, pour les centaines de milliers de voyageurs, français et étrangers, qui l'empruntent chaque jour pour se rendre à leur travail ou à l'aéroport Charles de Gaulle, Drancy n'est guère qu'une station sur la ligne du RER B. Pour les habitants de la cité, Drancy s'identifie à leur quotidien en HLM, qu'interpellent cependant un wagon et une statue installés en son centre ainsi que, depuis 2012, un musée-mémorial de la Shoah situé avenue Jean-Jaurès – juste en face de la cité – et dédié à l'histoire du « camp des Juifs ».

L'objectif de ce livre est de retracer l'histoire du lieu à ces différentes époques. Mais la « pièce en trois actes » proposée par Maspéro doit être complétée. Drancy a d'abord accueilli des prisonniers de guerre français puis des civils britanniques et canadiens restés à Paris, avant de devenir le « camp des Juifs », camp d'internement puis « camp de triage », une étape sur la route des centres de mise à mort. Enfin, après la Libération, il a servi un temps à l'internement des suspects de collaboration avant de devenir un enjeu de mémoire.

Dans les esprits, Drancy reste fondamentalement identifié au « camp des Juifs » et, c'est un fait, l'histoire de Drancy ramène inévitablement à celle de la persécution des Juifs en France sous l'Occupation et de la déportation de 76 000 d'entre eux.

Cette centralité est liée avant tout à l'importance du camp dans le dispositif de persécution mis en place par l'occupant allemand avec la collaboration du gouvernement de Vichy : 80 000 Juifs ont été internés à Drancy sur les 330 000 que comptait la France métropolitaine avant que n'éclate la Seconde Guerre mondiale. Pour près de 64 000 déportés juifs, soit plus de 84 % d'entre eux, Drancy fut leur dernière étape avant un long voyage en wagon plombé pour une destination alors « inconnue ». 56 convois partis du « camp des Juifs » furent dirigés sur Auschwitz, et 6 autres sur Sobibor, Maïdanek, Buchenwald, ou même l'Estonie et la Lettonie pour quelques uns.

Drancy était donc une pièce centrale dans la politique d'extermination des Juifs décidée par le régime nazi. Elle l'était en France, de toute évidence, mais son histoire dépasse celle de l'hexagone. Pourtant ce camp n'était pas unique dans le dispositif mis en place dans l'ouest de l'Europe. Ceux de Malines en Belgique et de Westerbork aux Pays-Bas ont rempli les mêmes fonctions. Lorsqu'Aloïs Brunner, un officier nazi adjoint d'Adolf Eichmann, prit le contrôle du camp en juillet 1943, Drancy calqua son fonctionnement sur le modèle des camps de concentration allemands. Qu'il s'agisse de la mise au travail des internés, de leur implication dans la gestion du camp, y compris les fonctions policières, ou de l'adjonction de camps de travail annexes au camp principal : rien de tout cela n'a été inventé à Drancy.

Drancy est également une pièce centrale dans l'histoire des camps d'internement en France. Certes, sa place y était particulière. Ce n'était pas un camp allemand avant l'été 1943, à la différence de Royallieu à Compiègne ou du fort de Romainville aux Lilas. Et avant les convois de l'été 1942, il s'agissait d'un camp d'internement français comme un autre, proche surtout des autres camps de zone occupée comme Pithiviers et Beaune-la-Rolande, mais guère éloigné de ceux de la zone dite « libre » comme Gurs, Rivesaltes ou les Milles. Ensuite il concrétise, mieux que n'importe quel symbole, la collaboration française dans l'application en France de la « Solution finale ». Les Allemands décidaient, les Français appliquaient en rechignant de temps en temps, mais ils géraient le plus souvent avec diligence. Pendant la majeure partie de l'Occupation, le nom de Drancy a fait trembler les familles juives en France. Rares sont les épisodes de la traque des Juifs qui ne nous y ramènent pas. Sur les 74 convois partis de France, 62 sont partis de Drancy.

Nous avons fait aussi le choix de ne pas nous confiner à l'intérieur du camp. Ce n'est pas fortuit car on ne comprend pas plus Drancy sans le contexte de la guerre, l'Occupation et la politique nazie d'extermination des Juifs qu'en ramenant son histoire au seul espace concentrationnaire. Ce serait oublier les mille liens qui reliaient les internés au monde extérieur : des souvenirs, une famille, un passé, l'espoir d'un avenir différent. Ce serait oublier les angoisses des familles d'internés, la signification que revêtait l'existence du camp pour la population juive. Ce serait oublier également que le camp était situé en banlieue parisienne, que le marché de la ville était tout proche, que l'on connaissait son existence hors les milieux dits

« juifs ». « On en raconte de toutes les couleurs de Drancy, de la faim à Drancy, des humiliations, des coups », écrivait Louis Aragon en mai 1944, évoquant le nom qui faisait « frémir les Français les plus impassibles d'apparence ». Le camp de Drancy fait partie intégrante de l'histoire de la France et des Français pendant la Seconde Guerre mondiale.

Pour restituer la réalité du camp, les mots, les analyses ne suffisent pas. On le verra, la population des internés du camp était fort diversifiée. Parmi eux, des artistes ont tenu à laisser un témoignage pictural de leur internement. Des plans, des photos, des organigrammes expriment parfois mieux ce que des dizaines de lignes peinent à faire comprendre. Voilà qui explique le choix d'un ouvrage richement illustré, qui exploite largement cette profusion de sources variées, souvent méconnues.

Notre objectif est donc ambitieux. Nous nous proposons de couvrir l'histoire de la cité de la Muette, depuis sa conception jusqu'à l'après-guerre. De toute évidence, les trois ans d'existence du « camp des Juifs » sont au cœur de notre propos. Trois ans, c'est très court, mais les changements sont rapides en temps de guerre et plusieurs phases se sont succédé. Les acteurs eux-mêmes se sont renouvelés, car Drancy a changé de fonction ; certains internés y ont passé des semaines, voire des mois, d'autres n'ont fait que transiter par ses « escaliers de départ ». Le camp a été réservé aux hommes, avant d'accueillir des femmes, puis des centaines d'enfants. Il est le résultat d'une politique qui s'appliquait à l'échelle européenne, des tractations entre l'occupant et les autorités de Vichy, mais il a été aussi une réalité quotidienne pour des dizaines de milliers de Juifs, français ou étrangers, arrêtés en zone occupée ou en zone sud. Il a été un camp français avant de devenir un camp allemand. Drancy, c'est aussi l'histoire de l'administration française qui a géré le camp, celle des gendarmes qui ont fait régner la discipline dans les chambrées et organisé les convois de déportation, celle des cadres juifs qui les ont secondés, celle des autres qui, à Drancy ou ailleurs, ont vu les persécutions, les rafles et les déportations ou en ont eu des échos. Il s'agit donc d'une réalité complexe, changeante et éminemment douloureuse pour les uns, sensible pour les autres, mais une réalité qu'il nous paraît essentiel d'appréhender dans sa totalité, ce qui n'a jamais été fait jusqu'à aujourd'hui.

Photographie prise à proximité du camp pendant la guerre.

Chapitre I
La cité de la Muette

L'histoire de la cité de la Muette – futur camp de Drancy – est inséparable de l'histoire de la commune qui l'abrite. Ce fut le cas avant la Seconde Guerre mondiale, au moment où elle répondit à des ambitions sociales novatrices et s'incarna dans un projet architectural caractérisé par sa modernité. Cela le resta sous l'Occupation lorsque la cité changea de vocation. C'est encore le cas aujourd'hui.

Située à une dizaine de kilomètres de la capitale, la commune de Drancy conservait au début du XXe siècle un caractère rural, tout en étant marquée par le développement du chemin de fer. Au nord, le territoire communal était morcelé par le tracé de la ligne Paris-Soissons de la Compagnie des chemins de fer du Nord. À l'ouest, la Grande Ceinture, gérée par le Syndicat des chemins de fer de ceinture, coupait la commune en deux. À la confluence des deux lignes, dès 1887, la Compagnie du Nord édifia la cité du Nord pour y loger ses cheminots. Jusqu'à la Première Guerre mondiale, Drancy connut une croissance démographique modérée. La Grande Guerre contribua à l'accroissement de l'emprise ferroviaire, qui accapara près de 14 % du territoire communal. C'est alors que la population de Drancy s'accrut de façon spectaculaire, en raison d'une prolifération quelque peu anarchique de lotissements pavillonnaires. Tandis qu'elle ne comptait que 4 200 habitants en 1911, la population de la commune était évaluée à 15 600 en 1921, avant d'atteindre un pic de 51 200 habitants en 1931.

C'est le Syndicat des chemins de fer de ceinture qui, ayant acquis un premier terrain dans la commune en 1919, sollicita une première fois l'Office public d'habitations à bon marché (HBM) du département de la Seine. L'Office s'engageait à choisir les locataires sur une liste fournie par le Syndicat, lequel était tenu de couvrir le déficit de cette opération pendant 25 ans. L'Office et ses architectes, Joseph Bassompierre et Paul de Rutté, imaginèrent une cité-jardin qui fut inaugurée en 1922. Trois ans plus tard, l'Office faisait l'acquisition d'un terrain au lieu-dit « la Muette », situé entre la route des Petits Ponts, une voie secondaire vers Meaux, et la route de Stains à Brévannes, qui dessert le centre de Drancy. Le terrain de

Les gratte-ciel de la Muette dominant un paysage pavillonnaire et maraîcher.

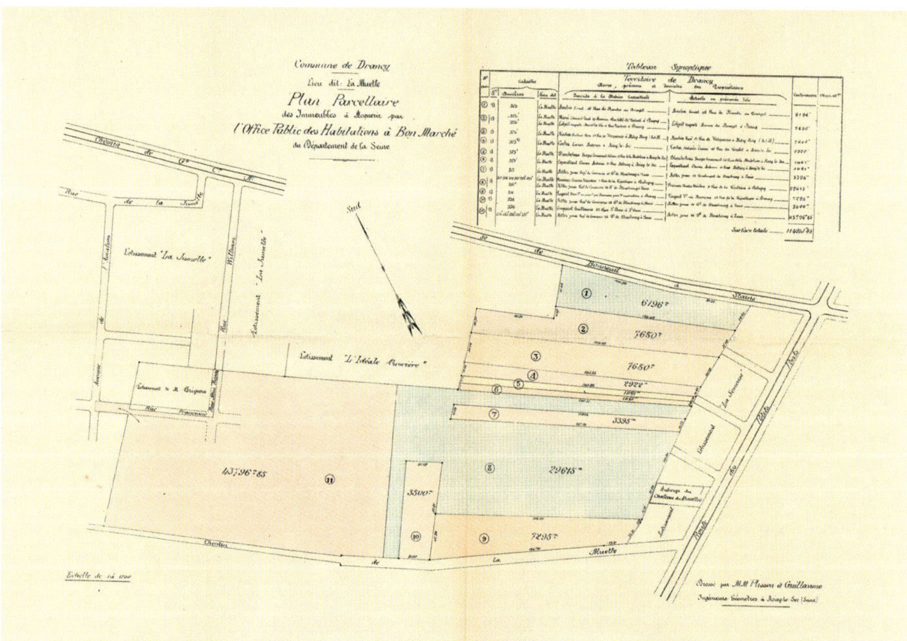

La persistance de l'activité agricole à proximité de lotissements ouvriers.

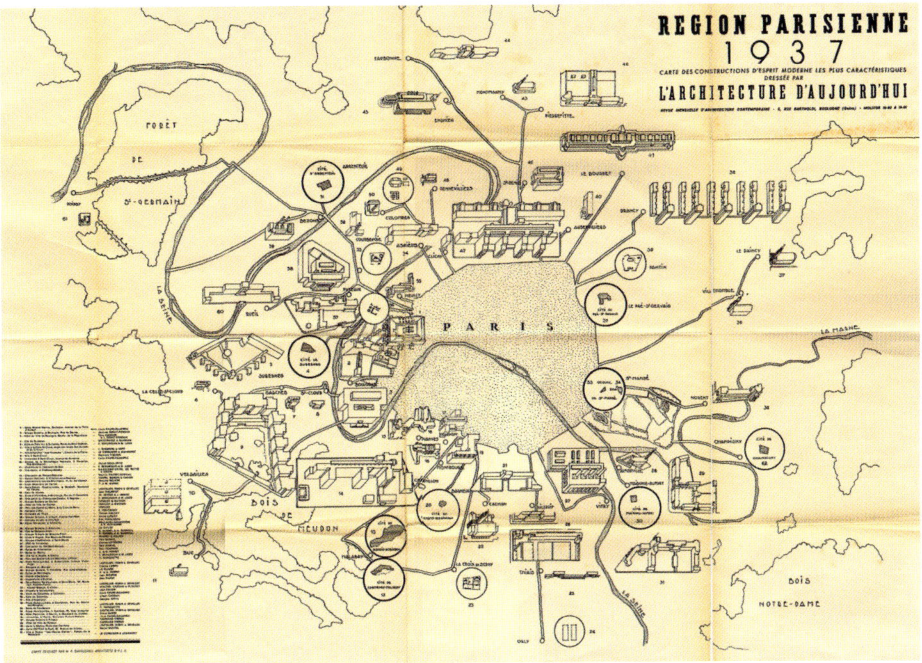

Carte éditée à l'occasion de l'*Exposition internationale des Arts et des Techniques* de 1937.

11 hectares était constitué de parcelles agricoles à l'est de la commune, mais bordé par l'avenue Jean-Jaurès, une artère centrale. Malgré cette acquisition, l'Office choisit de compléter la première cité-jardin. Outre des logements collectifs aux lignes modernistes, les architectes, rejoints par Paul Sirvin, équipèrent l'ensemble d'un « bains-douches » et d'un dispensaire municipal. Bastion socialiste depuis 1908, administrée par Paul Duchanel depuis 1919, la commune se développa sous le double signe de la modernité et de l'ambition sociale.

Le logement social à l'ordre du jour

Créé en 1915, l'Office d'HBM de la Seine démarra en fait son activité au lendemain de la Grande Guerre, sous l'administration d'Henri Sellier. Conseiller général de la Seine depuis 1910, maire de Suresnes à partir de 1919, cet élu socialiste se singularisait par sa sensibilité aux problèmes de logement et d'hygiène, récurrents dans la banlieue parisienne. Il développa progressivement de solides compétences dans ces deux domaines. Le livre de l'urbaniste britannique Ebenezer Howard, *Garden Cities for Tomorrow*, qui proposait un nouveau type de villes de banlieue autour de l'idée de cité-jardin, exerça sur lui une influence déterminante. Mais, pour conserver des loyers accessibles, il s'efforça de réduire les coûts de construction qui ne cessaient d'augmenter depuis la guerre, préoccupation qui explique son intérêt pour l'industrialisation du bâtiment.

À partir de 1925, Sellier et les architectes de l'Office rallièrent l'école moderniste qui conciliait, à leurs yeux, esthétique et économie. Ils abandonnèrent donc progressivement l'habitat individuel caractéristique des cités-jardins pour privilégier l'habitat collectif. La conjoncture politique favorisa ce tournant. En effet, la loi Loucheur fixa, en juillet 1928, « un programme de construction d'habitations à bon marché et de logements en vue de remédier à la crise de l'habitation » particulièrement ambitieux. Proposer un habitat de qualité devait permettre une forme d'embourgeoisement de la population ouvrière, ce qui contribuerait à l'intégration et à l'encadrement indirect d'une population jugée politiquement instable. La réforme sociale allait de pair ici avec le contrôle social.

Henri Sellier saisit cette occasion pour multiplier les projets. Il lança en avril 1929 un premier concours d'architecture et d'urbanisme, une démarche qu'il ne s'était pas autorisée jusqu'à cette date. Ce concours offrait des possibilités de renouveau et conduisit à la sélection de jeunes praticiens : Roger Hummel et André Dubreuil furent classés premiers, Maurice Maurey, deuxième, Eugène Beaudouin et Marcel Lods, troisièmes. Satisfait des résultats, Sellier élargit, de fait, le champ initial du concours et engagea les trois équipes lauréates. Beaudouin et Lods furent chargés d'édifier à Villejuif des logements destinés au personnel de l'hôpital Paul Brousse. Or ce projet fut abandonné et, en décembre 1929, Beaudouin et Lods se virent confier la construction de logements à « la Muette », le terrain acquis par l'Office en 1925 et sur lequel il semblait n'y avoir jamais eu de construction jusqu'alors. Cette toponymie – la Muette – n'était pas rare ; elle désignait généralement la présence d'une meute de chiens de chasse et d'un chenil dans une ancienne orthographe (« muette » au lieu de « meute »). C'était donc probablement l'emplacement d'un chenil dans un passé fort lointain.

Henri Sellier en était convaincu : l'architecture moderne et l'habitat collectif permettraient de construire un plus grand nombre de logements tout en les dotant d'un confort supérieur grâce aux économies réalisées en s'appuyant sur l'industrialisation. La création en juin 1930 d'une nouvelle catégorie de logements sociaux, les HBM améliorées, le conforta dans son exigence de qualité. Il était par ailleurs résolument moderniste et rallia le comité de patronage de *L'Architecture d'Aujourd'hui*, une revue qui, créée à la rentrée 1930, se proposait de regrouper les tenants de la modernité. À Maisons-Alfort et à Charenton, les architectes désignés conçurent des immeubles qui n'excédaient pas cinq étages et alliaient brique et béton. Mais à Châtenay-Malabry, Joseph Bassompierre, Paul de Rutté et Paul Sirvin

abandonnèrent définitivement le « pittoresque et le romantisme », selon les termes de Sellier, pour oser le « gratte-ciel » de onze étages et privilégier le béton. Pour la première fois en France, le logement social se trouvait doté d'un ascenseur.

Les premiers gratte-ciel de la région parisienne

C'est dans ce triple contexte – politique, social et architectural – que fut conçue la cité de la Muette à Drancy. Ce projet expérimental était à la mesure des ambitions de Sellier qui s'y investit pleinement, aux côtés des architectes Beaudouin et Lods. Eugène Beaudouin (1898-1983) avait débuté sa carrière dans l'agence de son oncle Albert Beaudouin, spécialisé dans le logement social depuis 1907. Premier grand prix de Rome en 1928, il fonda en 1929 sa propre agence avec le collaborateur de son oncle, Marcel Lods (1891-1978). Cette collaboration se poursuivra jusqu'en septembre 1939.

Beaudouin et Lods travaillaient pour l'Office de la Seine pour la première fois, mais la construction, en 1927-1928, de la cité du Champ des Oiseaux à Bagneux avait déjà attiré l'attention sur leur travail. Pour la réalisation de ce chantier de 800 logements, ils s'étaient tournés, de façon pionnière, vers la construction industrialisée. Cette première expérience leur permit de sélectionner les entreprises capables de relever le défi du chantier expérimental qu'ils projetaient de réaliser à la cité de la Muette, « propice à permettre un essai de construction rationnelle ». Ce fut aussi le début de leur collaboration avec l'ingénieur Eugène Mopin.

Disposant à Drancy de 10 hectares de terrain pour un total de 1 250 logements, les responsables du projet décidèrent de rééditer l'expérience de la cité des Oiseaux, mais en prévoyant de surcroît cinq tours de quinze étages. Cette démarche était particulièrement novatrice, sans être totalement isolée dans le paysage architectural de l'époque. En effet, Môrice Leroux construisait au même moment deux gratte-ciel de dix-neuf étages dans le centre-ville de Villeurbanne. Si les gratte-ciel de New York exerçaient alors une véritable fascination en France, il fallut pourtant attendre la fin des années 1920 pour que le phénomène d'attraction/répulsion soit dépassé et que les architectes français osent se lancer dans la conception de bâtiments aussi élevés. Le rôle de la revue *L'Architecture d'Aujourd'hui* est indéniable à cet égard.

À la suite de retards dans l'attribution des crédits, l'ouverture du chantier de Drancy fut reportée à 1932. Beaudouin et Lods profitèrent de ce délai pour approfondir leur étude. Un premier plan élaboré en septembre 1931 orientait l'ensemble vers la route départementale 115 qui traverse la ville du nord au sud. Il permettait d'articuler le projet avec le centre-ville, peu éloigné de la Muette, où Bassompierre, de Rutté et Sirvin avaient édifié les premières cités-jardins de

Les tours en chantier, dans l'*Architecture d'Aujourd'hui*.

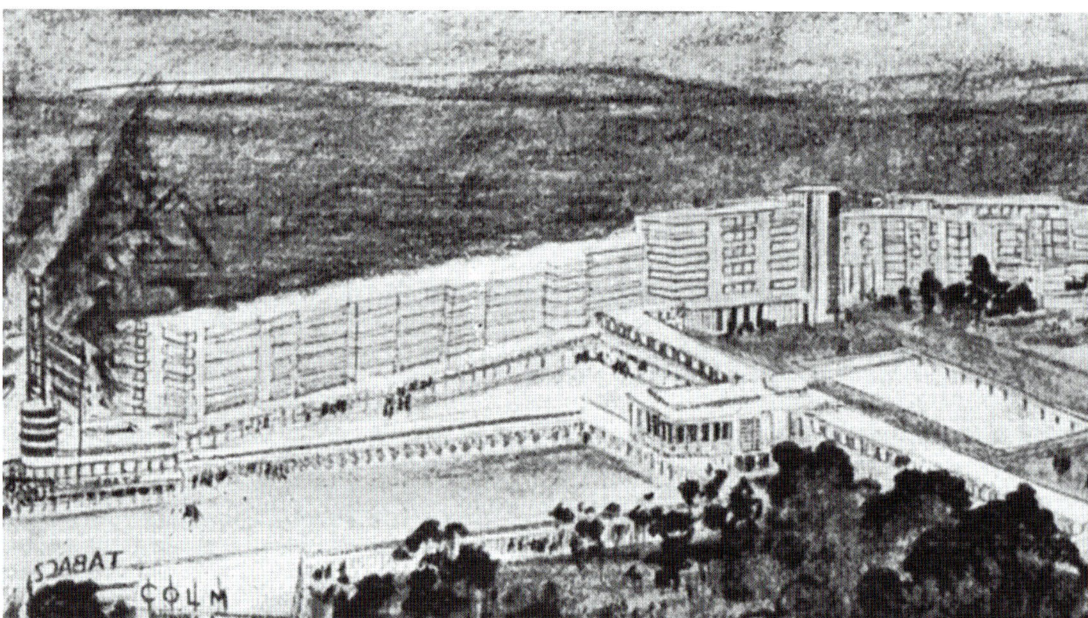

Le projet : « Esquisse pour une cité-jardin ».

Drancy. Cette option, qui aurait permis une restructuration de la commune, fit l'objet d'une esquisse détaillée en janvier 1932. Sellier exposa l'ensemble de son plan dans un article publié en juillet 1933 dans la revue *Urbanisme* sous le titre « L'habitation en hauteur ». Il y utilisait le croquis de 1932 en guise d'illustration et le légendait : « esquisse pour une cité-jardin ». Le choix de construire des tours apportait une véritable solution à l'extension des villes, il permettait d'économiser du terrain et favorisait l'application des principes hygiénistes, expliquait-il dans cet article. Dans le même temps, il récusait le modèle américain et soutenait que les immeubles-tours ne devaient être construits que sur des sites à faible densité. Cet article et les suivants, signés par Sellier, Lods et/ou Beaudouin, montrent l'importance du projet de la cité de la Muette pour ses concepteurs, en même temps qu'ils nous permettent de suivre son évolution, de sa conception à sa réalisation.

En 1932, l'orientation en direction de la départementale fut finalement abandonnée. 1 250 logements furent prévus, dont 280 HBM améliorées, réparties dans les cinq tours de quinze étages et de 50 mètres de hauteur. D'autres immeubles étaient disposés de telle façon qu'ils ne devaient pas souffrir de l'ombre des tours. Dix d'entre eux, de deux à trois étages, étaient accolés au sud des tours : les « peignes »,

ainsi nommés car, vus du ciel et compte tenu des espaces aménagés entre ces immeubles, ils formaient un peigne. Au nord, d'autres immeubles décrochés (« en redent ») étaient prévus, disposés autour de neuf cours carrées. Entre celles-ci et les peignes s'étendait une vaste promenade de 60 mètres de large et 350 mètres de long dessinant, avec ces immeubles en bordure, un plan en U.

L'entrée principale de la cité devait se faire par le sud ; une voie communale déboucherait sur une grande place de 200 mètres de long sur 80 mètres de large. Au rez-de-chaussée des bâtiments qui entouraient cette place – et qui, au départ, devaient atteindre cinq étages – étaient prévus un groupe scolaire, une école maternelle, une pouponnière ainsi que des « coopératives » dans lesquelles des logements côtoieraient des ateliers, un cinéma, une salle de réunion, une salle de gymnastique, une bibliothèque et un dispensaire. À cela s'ajouteraient une église, « demandée par l'Archevêché », des commerces d'alimentation sous la forme d'une coopérative, sans oublier le marché hebdomadaire. Enfin la chaufferie, l'usine d'incinération des ordures ménagères, les pompes pour acheminer l'eau dans les tours et un groupe électrogène de secours seraient regroupés à l'angle de la grande place et des peignes. Cet espace technique devait être également le point de convergence des canalisations souterraines pour l'eau, le gaz, l'électricité, le chauffage, les égouts ou encore les tubes pneumatiques d'évacuation des ordures. Ce réseau souterrain se doublerait en surface d'une galerie couverte qui permettrait de circuler à l'abri des intempéries dans l'ensemble de la cité.

Le projet exprimait une volonté très nette de faire prévaloir la qualité à tous les niveaux de sa réalisation. C'était vrai également des logements qui devaient être pourvus d'un équipement moderne : les cuisines, dotées d'un mobilier intégré, d'un « évier-vidoir » et de chauffe-eau électriques « installés sur demande », communiquaient directement avec la salle à manger grâce à un passe-plat ; des salles de bains avec douche dans les logements ordinaires ou baignoire dans les tours. La distribution des pièces avait été particulièrement soignée, pour une surface habitable dans les logements améliorés de 32,50 m² pour les studios ou de 43 m² pour les 2 pièces, sans compter le balcon ni le cellier.

Le chantier s'ouvrit en 1932 par la construction des tours et des peignes. L'étape suivante devait permettre l'érection des immeubles en redent, suivie de celle de la grande place pour finir par les bâtiments prévus à l'est du site. Son organisation fut minutieusement étudiée, en étroite collaboration avec les entreprises pour atteindre tous les objectifs fixés tout en diminuant les coûts. Marcel Lods s'impliqua particulièrement dans cet aspect du chantier avec Vladimir Bodiansky, un ingénieur en aéronautique qui travailla avec Eugène Mopin. Conformément à une logique considérée comme « scientifique » et inspirée des principes du taylorisme, les usines de préfabrication des différents composants nécessaires à la construction

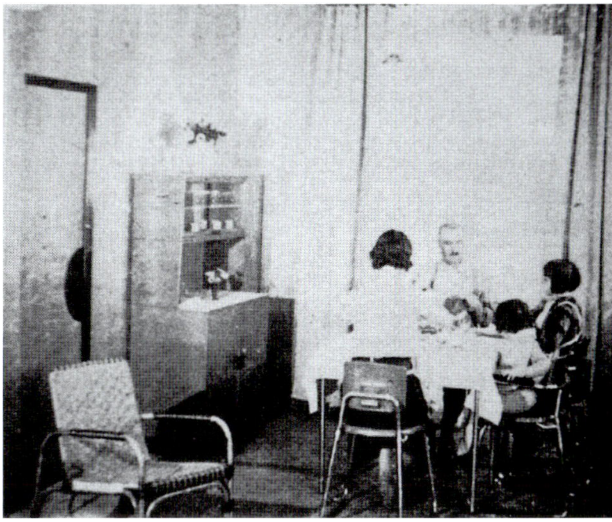

L'aménagement intérieur des gratte-ciel ; la cuisine équipée communique avec la salle à manger par un passe-plat.

furent implantées sur place, sur le futur terrain de promenade. L'ensemble de l'équipe préconisait d'« usiner le chantier », pour reprendre le terme utilisé par les deux architectes. À la rentrée 1932, les trois principales usines étaient opérationnelles. Le ravitaillement s'effectuait de nuit pour éviter d'interrompre les travaux, démontrant que l'industrialisation permettait de faire de substantielles économies de temps et de main-d'œuvre, notamment qualifiée, et de faire ainsi accéder le logement social au niveau de confort le plus moderne.

La modernité du projet se retrouvait aussi dans la qualité et la fonctionnalité des matériaux choisis. Le type de béton, les bois utilisés à l'intérieur des logements, les galets de marbre de Carrare intégrés dans les panneaux de béton pour blanchir les façades tout en limitant les contraintes d'entretien, ainsi que les huisseries métalliques noires des portes, fenêtres et rampes conçues par Jean Prouvé – tout concordait pour produire une cité modèle, ce qui alimentait l'enthousiasme des partenaires engagés dans sa réalisation.

Un projet inachevé

Or les difficultés liées à la crise économique qui, depuis 1931, était durement ressentie en France ne tardèrent pas à se répercuter sur le projet : retard substantiel

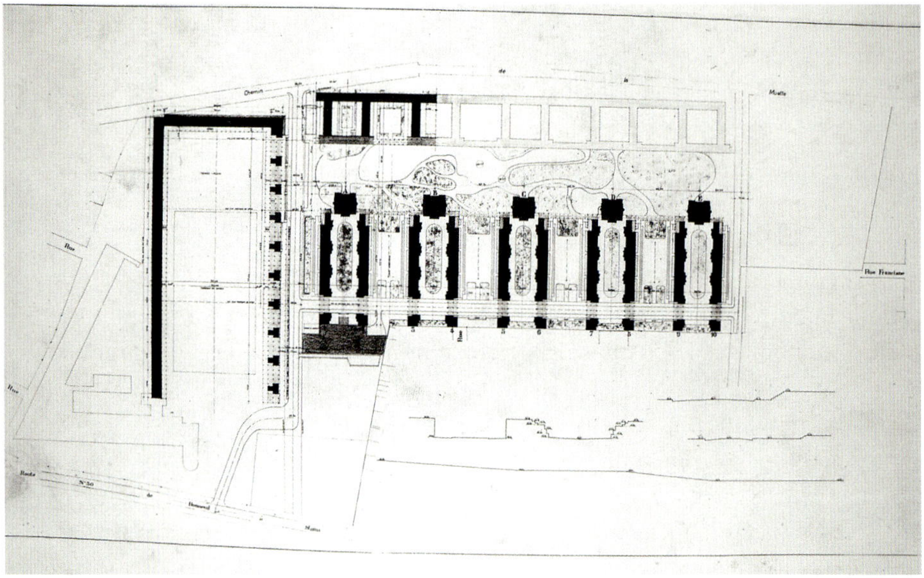

Plan général de la cité avec, en noir, ce qui a été construit.

La structure métallique des tours en chantier, comme à New York mais aussi Villeurbanne. Au premier plan, l'usine de préfabrication des panneaux de béton.

dans l'obtention d'un prêt de la Caisse des dépôts et consignations, problèmes dus à la mise en œuvre de la loi Loucheur et hausse du coût de la construction.

Le logement social fut le premier à souffrir de la crise. Dans le cadre de sa politique de rigueur budgétaire, le ministre des Finances, Georges Bonnet, procéda en avril 1933 au gel des crédits destinés à ce poste. Ils diminuèrent considérablement, jusqu'à passer de 550 millions de francs en 1932 à 166 millions en 1934 : la construction des HBM était quasiment bloquée. Une nouvelle loi fut certes adoptée le 27 juillet 1934 pour favoriser « l'achèvement du programme de construction d'habitations à bon marché », mais elle donnait la priorité au programme de grands travaux contre le chômage. Trois mois plus tard, le ministre des Finances assouplissait les conditions d'attribution de crédits, mais les réservait aux projets qui « [correspondaient] réellement aux besoins actuels de logements », car, expliquait-il, « la crise des locations s'était considérablement atténuée en ces dernières années ». C'était faire fi des conséquences de la crise économique dans le secteur du logement social.

Pour Sellier, la situation se présentait différemment. « L'insécurité professionnelle et la diminution des revenus provenant du salaire incitent en effet les classes laborieuses [...] à rester dans les taudis [...] plutôt que de rechercher [...] le logement confortable et salubre », écrivait ce dernier dans son rapport annuel de l'Office de 1932. À l'heure où marches de la faim et soupes populaires se multipliaient, il n'était pas surprenant que 17 % des logements proposés par l'Office de la Ville de Paris en 1936 restent vides.

Les temps de crise ont toujours été propices à l'expression des divergences. Ce fut là encore le cas. Les différents acteurs engagés dans le logement social s'affrontèrent et les plus conservateurs d'entre eux s'attaquèrent tout particulièrement aux projets de gratte-ciel de Châtenay-Malabry et de Drancy. Les critiques se firent plus acérées lorsque Sellier fut nommé ministre de la Santé publique sous le Front populaire, car ses adversaires au sein du conseil supérieur des HBM se retrouvaient sous sa tutelle.

Dans ce contexte difficile, le chantier de la cité de la Muette, comme les autres chantiers de l'Office, allait être modifié et ses ambitions étaient revues à la baisse. Les tours et les peignes purent être édifiés durant l'année 1933. Décidés à poursuivre cette expérience qui connaissait un retentissement considérable au niveau national aussi bien qu'international, tous les acteurs engagés dans le projet décidèrent de lancer le chantier des immeubles en redent et d'y tester une nouvelle technique qui permettrait de diminuer la quantité d'acier utilisée. La dernière tour fut achevée en avril 1934 et la grande place prit alors sa forme définitive de U ou de fer à cheval.

Pourtant, le contexte économique rendait illusoires les équipements prévus d'autant que la plupart n'étaient pas à la charge de l'Office ; ce fut le cas de l'église, notamment, et de tous les autres aménagements, à l'exception de l'école

Photogramme du film *Construire* de Jean Benoît-Lévy (1934), qui illustre la « simplicité » rationnelle du chantier.

Carte postale / photographie prise lors de la pose des portes et fenêtres conçues par Jean Prouvé.

qui fut maintenue par la municipalité. Le premier niveau du U prit forme en septembre 1934 ; le bâtiment n'excédait plus quatre étages, avec des commerces en rez-de-chaussée, tandis que la réalisation technique s'éloignait des projets initiaux et utilisait des éléments préfabriqués hors du site de construction.

Dès son ouverture, le chantier fut abondamment filmé et photographié par l'Office mais aussi par Lods, un aviateur chevronné. On dispose également d'un nombre important d'esquisses et de maquettes. En 1934 déjà, des cartes postales éditées par des éditeurs privés célébraient « les premiers gratte-ciel de la région parisienne ». Tous les intervenants s'accordaient pour souligner l'exemplarité de la cité de la Muette. L'Office, les architectes et Eugène Mopin commandèrent un film de 40 minutes intitulé *Construire* et réalisé par Jean Benoît-Lévy, associant prises de vues (de Ed Floury) et séquences d'animation. On y exaltait le chantier sur une musique jazz de Jean Wiener et vantait les mérites de la préfabrication, de l'hygiène et du confort moderne. Il fut présenté au Comité national de l'organisation française salle d'Iéna à l'automne 1934 puis circula en région parisienne, en France et en Europe.

Les articles sur la cité de la Muette se multiplièrent dès lors en France dans les journaux spécialisés, mais aussi dans les quotidiens populaires et à l'étranger, ainsi en Belgique, en Angleterre ou aux États-Unis. Le livre de Catherine Bauer *Modern Housing* (1934), qui inspira le programme du New Deal en matière de logement social, rendait même hommage au projet réalisé à Drancy. Les innovations expérimentées dans la cité en construction attiraient la visite de nombreux professionnels de renom – architectes ou maîtres d'ouvrage – venus de toute l'Europe.

Mais, au début de 1935, le chantier s'interrompit. Ni les appartements du U, ni ceux des immeubles en redent n'avaient été cloisonnés ; quelques logements seulement étaient achevés tandis que la totalité des huisseries métalliques était posée. Dans un premier temps, seuls les tours et peignes pouvaient être proposés à la location. Le groupe scolaire, prévu à l'ouest du U, et la maternelle, à l'est des redents, furent approuvés par le conseil municipal du 20 décembre 1934 et confirmés en juillet 1935 par la nouvelle mairie communiste qui présenta une demande de subvention à l'État. Car la municipalité qui, hors la Compagnie de chemin de fer du Nord, était pauvre en entreprises disposait de moyens financiers modestes. C'est d'ailleurs en prenant fait et cause pour les « mal-lotis » que les communistes étaient parvenus à ravir la commune aux socialistes. L'intérêt de la nouvelle municipalité pour la cité de la Muette et son projet d'y installer un groupe scolaire qui faisait défaut dans le quartier s'inscrivaient dans ce programme politique. En septembre 1935, l'Office décida de mettre en location la cité au 1er janvier 1936. Mais, en raison aussi bien du contexte économique que de l'éloignement de la cité du centre de la commune, les locataires potentiels ne se pressaient pas. Ces premiers occupants – des

Vue aérienne de la cité de la Muette (1935/1936).

cheminots, des employés de la STCRP (l'ancêtre de la RATP) et des ouvriers de La Courneuve – n'y restèrent pas, d'après Raymond Liégibel, curé de Drancy et historien local, à cause du coût des loyers et des trop nombreux défauts qu'ils trouvaient aux « gratte-ciel », qui en effrayaient certains. Pourtant, Le Corbusier lui-même n'hésita pas à intervenir auprès des deux architectes de la cité pour y loger un de ses amis : « sa femme qui est allée voir Drancy en est toute enthousiasmée », écrivait-il à Beaudouin et Lods.

Contraint et forcé, vu l'ampleur du déficit financier qui serait généré par la cité en sous-location, l'Office accepta de louer ses logements aux gardes républicains mobiles (GRM) et à leurs familles. Membres d'un corps de gendarmerie créé en 1921, les GRM étaient eux aussi confrontés à la crise du logement. Dès 1932, le ministère de la Défense nationale et de la Guerre tenta « de se soustraire » à ses obligations en installant ses gendarmes dans des logements sociaux. Cette pression incita de nombreux offices et sociétés d'HBM mis en difficulté par leurs problèmes de vacance à assouplir leurs règles et des GRM s'installèrent en 1935 au Plessis-Robinson, puis en 1936 au Blanc-Mesnil et à Dugny. Après une longue négociation commencée en 1935, une convention entre l'Office et le ministère fut signée fin 1937. À la rentrée 1938, l'école provisoire ouvrait ses portes tandis que la 22e légion de GRM s'installait à Drancy, soit 800 hommes et leurs familles.

Après la crise économique, les rigueurs de l'hiver portèrent un nouveau coup à la cité de la Muette. À la mi-décembre 1938, la température descendit en effet à -10° dans la région parisienne et une période de grand froid succéda à un automne plutôt doux. Les nouvelles installations ne supportèrent pas ces variations extrêmes : deux des chaudières éclatèrent et le gel provoqua des ruptures de canalisation, inaugurant une série d'autres incidents. Les locataires durent être évacués et la presse s'empara de ce fait divers : « Le froid chasse les gardes mobiles des gratte-ciel de Drancy [...]. Tout le monde connaît ces cinq bâtisses absurdes et inhumaines », titrait *L'Intransigeant* le 23 décembre. D'autres quotidiens renchérissaient. Les gratte-ciel, l'Office et Sellier, le « sénateur-maire pro-bolcheviste de Suresnes » selon la presse de droite, devinrent la cible d'une véritable campagne de dénigrement. L'Office fut assigné en référé par le ministère de la Guerre en janvier 1939, malgré des responsabilités partagées, tandis que des travaux de remise en état étaient entrepris. En avril 1939, la plupart des gardes mobiles et leurs familles avaient réintégré les tours.

Malgré ces mésaventures, la cité de la Muette était présentée au même moment dans deux expositions importantes. Organisée au musée d'Art moderne de la ville de Paris en 1939 par Louis Hautecœur et la Société des architectes, la première, intitulée « Architecture française », fut montrée dans plusieurs villes d'Europe.

Réaffectation de l'essentiel de la cité en caserne de GRM.

Au même moment, le Museum of Modern Art (MoMA) de New York intégrait la cité dans une exposition consacrée à l'art contemporain. À la veille de la Seconde Guerre mondiale, la cité de la Muette – même inachevée – était incontestablement devenue une référence. Mais, au-delà de ces milieux professionnels, elle restait perçue comme une série de « bizarres » gratte-ciel transformés en caserne, qui dominaient quelques modestes pavillons et bicoques à deux pas de champs de topinambours. Le U inhabité était devenu un terrain vague où s'égayaient les enfants du quartier, qui cassaient régulièrement les vitres dans les étages, au-dessus de l'école provisoire. Les concepteurs de ce projet pionnier et ambitieux n'avaient certainement pas envisagé cela, pas plus qu'ils n'avaient prévu le changement de vocation qui attendait la cité de la Muette.

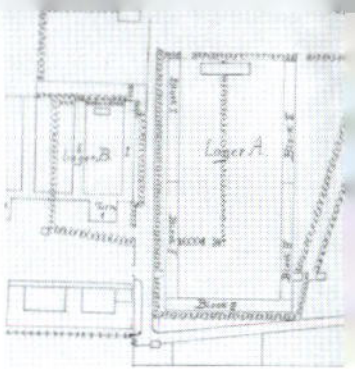

Chapitre II

Sous contrôle allemand (juin 1940-août 1941)

Quelle opportunité ! Les Allemands étaient à la recherche de lieux disponibles pour accueillir les centaines de milliers de prisonniers d'une guerre éclair, d'un désastre, d'un effondrement. Et voilà que le grand ensemble de Beaudouin et Lods offrait le U, ses tours et ses redents. La cité de la Muette était loin d'être terminée, mais le bâti était en place et les militaires pouvaient s'adapter à un abri de fortune qui, en outre, serait très provisoire puisqu'ils devaient prendre, bientôt, la route de l'Allemagne.

Les prisonniers de guerre français

La bataille de France a été plus intense qu'on ne l'a dit, elle a été courte et ravageuse. Après plus de huit mois d'une « drôle de guerre », une guerre déclarée mais jamais vraiment engagée, Adolf Hitler lançait une offensive éclair le 10 mai 1940. Dès le 14 juin, ses troupes entraient à Paris. Si tout le monde était sur les routes de l'exode, les civils en fuite et les soldats en retraite, l'armée victorieuse devait gérer le flot croissant des prisonniers de guerre. La déclaration aussi défaitiste qu'anticipée du maréchal Philippe Pétain, nouveau président du Conseil, allait amplifier le mouvement. Le 17 juin, il appelait en effet à cesser le combat et à signer l'armistice. Mais le cessez-le-feu était unilatéral, l'armistice n'était pas encore signé, la guerre continuait et les troupes françaises étaient démobilisées avant l'heure. L'effet fut catastrophique, augmentant de plusieurs centaines de milliers le nombre de prisonniers de guerre français. L'armistice franco-allemand fut enfin signé le 22 juin, se traduisant par un émiettement en zones, dont les deux principales étaient la zone occupée, sous le commandement militaire allemand parisien, et la zone non occupée, commandée bientôt depuis la station balnéaire de Vichy. Jusqu'en novembre 1942 il n'y aura pas de soldats allemands au sud de la ligne de démarcation, ce qui n'empêcha pas une collaboration qui fut, longtemps, d'initiative française.

Pourtant la prise de contrôle de Drancy fut antérieure au changement de régime, et même à l'armistice. Le 13 juin 1940, les gardes républicains mobiles de Drancy évacuaient leur caserne, remplacés dès le lendemain par des régiments allemands. Les GRM eurent du mal à reprendre possession de leurs logements en juillet ; déjà quelques centaines de prisonniers de guerre français attendaient dans le camp leur transfert prochain.

Les conditions de cette défaite expliquent l'état d'esprit des prisonniers de guerre enfermés dans ces lieux pour quelques mois, des Français pour la plupart, mais aussi des Britanniques. Ce ne fut pas une simple défaite militaire, ce fut l'effondrement d'un pays. En témoignent les 8 à 10 millions de personnes qui se retrouvèrent sur les routes, fuyant les combats. Les valeurs censées souder un peuple explosèrent sur les routes de l'exode. La rapidité de la progression des troupes allemandes qui succédait à l'immobilisme des responsables français et anglais pendant des mois, la faillite de l'état-major et des élites politiques, la peur des atrocités attendues du nouveau vainqueur, la désintégration des solidarités se combinèrent dans le maelström du désastre.

Or ce phénomène massif, d'une ampleur extraordinaire touchant toutes les couches de la population, n'a jamais été un élément structurant de la mémoire collective de la Seconde Guerre mondiale. Jamais hiatus n'a été aussi grand entre l'ampleur d'un phénomène et sa trace mémorielle. La raison en est simple : que faire avec la peur, la fuite, la honte ? L'événement n'a pas d'utilité sociale car il ne peut en rien participer à la construction d'une identité collective. On voit bien comment le héros combattant constitue un repère positif auquel le collectif peut s'identifier ; on voit aussi comment, à l'inverse, la dictature et la collaboration peuvent être utiles pour se construire « contre ».

Trop obnubilés par la singularité de l'État français et du système d'occupation allemand, on oublie souvent l'importance de ces 2 millions de prisonniers. C'était évidemment l'illustration d'une France effondrée. C'était une perte terrible pour l'économie nationale. C'était la douleur lancinante de la séparation dans un grand nombre de familles.

Le 14 juin 1940, quand les troupes allemandes entrèrent dans Paris, très logiquement le contrôle de la zone nord revint aux militaires. Le *Feldmarechal* Walter von Brauchitsch occupa les fonctions de gouverneur militaire. Il avait été un élément clé dans la bataille de France et l'administration militaire se trouvait renforcée par la tutelle du commandement en chef de l'armée. Le dispositif s'inscrivait dans la continuité de la guerre éclair ; une administration militaire dut ensuite s'inscrire dans la durée. Ce fut le rôle d'Otto von Stülpnagel qui prit le relais le 25 octobre 1940.

En attendant cette stabilisation administrative, il fallait gérer l'urgence : ces 2 millions de prisonniers de guerre qui avaient subi le poids de la défaite dans leur chair. Drancy n'était donc plus un ensemble d'habitations à bon marché ; il n'était pas encore le camp d'internement pour Juifs. Il devint un classique camp de prisonniers de guerre comme il y en eut tant d'autres en cet été 1940. Le *Frontstalag* 111 – puisque tel était le nom de ce camp allemand – n'a laissé que peu de documents dans les archives. Les journaux de l'époque nous livrent des listes de noms permettant aux familles de retrouver la trace de leurs proches. On n'en saurait guère plus sur ce pan méconnu de l'histoire de Drancy si un officier français n'avait pas tenu un journal de guerre. Le capitaine Girardon a été enfermé à Drancy du 18 juillet au 5 septembre 1940. Quand, accompagné de 170 officiers, il se retrouva dans ce camp de prisonniers, ce dernier était déjà en fonction depuis un mois, soit peu après la chute de Paris. Girardon rejoignait les hommes de troupes qui, eux, se trouvaient dans le U, occupé l'année suivante par les internés juifs. Parmi ces hommes on comptait de nombreux « coloniaux » d'Afrique du Nord et d'Afrique noire. Il y avait également 130 officiers logés dans les immeubles peignes situés à la base des grandes tours. Les nouveaux arrivants étaient regroupés dans la deuxième tour, celle qui serait occupée par les gendarmes du camp d'internement l'année suivante, tandis que d'autres gendarmes se trouvaient dans une autre tour. Entre temps, les GRM

Première liste

Paris-soir

37, rue du Louvre, Paris (2e)

JUILLET 1940

ÉDITION SPÉCIALE

50 cent.

LISTE

DES PRISONNIERS

Liste des officiers

Camp de Drancy

Liste des prisonniers *Paris-Soir*, édition spéciale du mois de juillet 1940.

Un gouvernement nouveau... (au Japon)

Paris-soir

Numéro 28 — 37, rue du Louvre, Paris (2e)

VENDREDI 19 JUILLET 1940 — DERNIERE EDITION — 50 cent.

LE GOUVERNEMENT *tient à s'installer* en dehors de la Capitale

Les prisonniers, les femmes et les enfants sans foyer, les ouvriers sans travail, tous ceux qu'un gouvernement de sans-patrie a abandonné vous demandent, Monsieur le Maréchal, de revenir ici.

Ils ont besoin de votre présence pour revivre et pour espérer.

Songez, Monsieur le Maréchal, que les femmes dont les maris sont prisonniers quelque part en Allemagne ou en France, que les fils de ces hommes et de ces femmes sont les unes des espèces de veuves provisoires, les autres des espèces d'orphelins momentanés.

Revenez, Monsieur le Maréchal, revenez en hâte ; ils sont inquiets, désemparés, sans soutien.

Il vous faut rejoindre sans délai cette grande famille française...

La dramatique situation des soldats que vous aimez, de ces combattants d'hier, de ces compagnons d'armes qui subissent non seulement la dure vie de l'internement, mais qui souffrent aussi d'être privés de nouvelles, exige votre retour.

On vous attend, Monsieur le Maréchal.

On vous appelle, Monsieur le Maréchal.

Répondez « Présent ! » à ces victimes d'une guerre qui fut à la fois préméditée comme un crime et improvisée comme un pique-nique !

Laissez derrière vous ceux qui ne comprennent pas que les heures comptent quand il s'agit de la vie des Français.

Laissez derrière vous les dialecticiens du vide, les « je m'en-vichystes » de la politiquaillerie, les fabricants de combinaisons suspectes, les amateurs de portefeuille, les paperassiers des grandes commissions, les tenanciers du suffrage universel qui croient encore que la République des camarades continue, que le régime de l'assiette au beurre et du pot de vin va recommencer...

Rompez avec ces mauvais bergers désormais sans troupeau.

Paris vous attend, car Paris a besoin d'une âme.

X. X. X.

M. Baudoin expose les causes *de la rupture diplomatique* de la France avec l'Angleterre

Les Gouverneurs des provinces ne seront nommés qu'après la signature de la paix

Devant la Commission des Affaires étrangères

Le prince Konoye va former le nouveau cabinet nippon

Retour prochain des agents de change et des Compagnies d'assurance

Ce que sont exactement les attributions de M. Léon Noël *délégué du gouvernement français* auprès des autorités allemandes

L'entrée du ministère du Travail où réside M. Léon Noël

Communiqué allemand

Communiqué italien

Les raffineries de l'« Irak Petroleum Company » seraient en flammes

"PARIS-SOIR" rend visite aux prisonniers *de la Celle-Saint-Cloud*

Que les familles se rassurent : *« Ils » sont bien traités*

Le chargement des matelas et des couvertures au Vél' d'Hiv', et leur déchargement par les soldats français prisonniers à l'arrivée au camp d'internement

Le Vél' d'hiv' réquisitionné, La Celle-Saint-Cloud et Drancy *Frontstalag* de la région parisienne (*Paris-Soir*, 19 juillet 1940).

avaient été dissous en zone nord et les hommes restés sur place étaient désignés comme forces de gendarmerie de Paris Est.

Le groupe d'officiers venu avec Girardon de la maison d'arrêt de Meaux ne se plaignait pas de l'installation dans la tour :

> Les logements sont constitués par les appartements des gardes dans lesquels il ne reste guère de mobilier, mais qui sont propres, clairs, aérés, dotés d'une cuisine au gaz avec vide-ordures, d'une petite salle de bains, d'un water-closet. Au point de vue du confort et surtout de l'hygiène, c'est un progrès fort apprécié du groupe venant de Meaux. Au point de vue de l'espace, quelle différence aussi avec la niche emmurée de la maison d'arrêt.

Les barbelés bouclaient le camp. Les achats à l'extérieur étaient interdits. Les activités étaient peu nombreuses. Les œuvres de secours étaient présentes grâce aux sœurs de la Charité qui permettaient d'améliorer sensiblement le quotidien. Les familles furent rapidement alertées et les femmes, les enfants, les parents circulaient toute la journée sur la route voisine et de part et d'autre des barbelés ; chacun apprit rapidement le langage télégraphique.

Le général Roux était le responsable français du camp commandé par le capitaine allemand Müller, « une sorte de brute », nous dit Girardon.

Telle était la vie des officiers. Mais ils connurent rapidement les conditions bien plus difficiles du « camp des hommes », nom qu'on donnait au U occupé par les hommes de troupe. En effet, le 27 juillet 1940, quelques officiers s'évadèrent à la nuit tombante en suivant la galerie souterraine – où se trouvaient les canalisations d'eau, de gaz et d'électricité – qui débouchait au-delà des barbelés. Ceux qui restèrent purent camoufler leur absence, pendant trois jours, lors des appels. L'évasion et cette complicité provoquèrent la colère du commandant du camp qui prit une série de mesures de rétorsion. La principale consista à envoyer les officiers partager le sort des hommes de troupe. Dès lors, les officiers se retrouvèrent dans de grandes pièces dont la construction était inachevée : « un peu de paille brisée, émiettée, pourrie et parasiteuse leur sert de litière sur le ciment bosselé ». On apprend ainsi ce qu'était la vie de ce « camp des hommes », les queues pour un rien, pour prendre de l'eau, pour se laver, pour aller aux toilettes qu'on n'appelait pas encore le « château rouge », mais qui marqua les esprits, comme le prouvent ces souvenirs du temps du « camp des Juifs » :

> Il y a au fond de la cour, déjà empuantie par le chlorure de chaux, une double rangée d'édicules en bois ayant l'apparence de cabines de bains sordides ; on accède à certaines d'entre elles par quelques marches extérieures : ce sont les modèles de luxe. À l'intérieur des autres, le client doit grimper comme un singe, en prenant appui sur

les traverses pour accéder sur la plate-forme… Il y a en moyenne une cabine pour 7 prisonniers, soit, à raison de 7 min par personne, un défilé ininterrompu pendant 12 heures par jour.

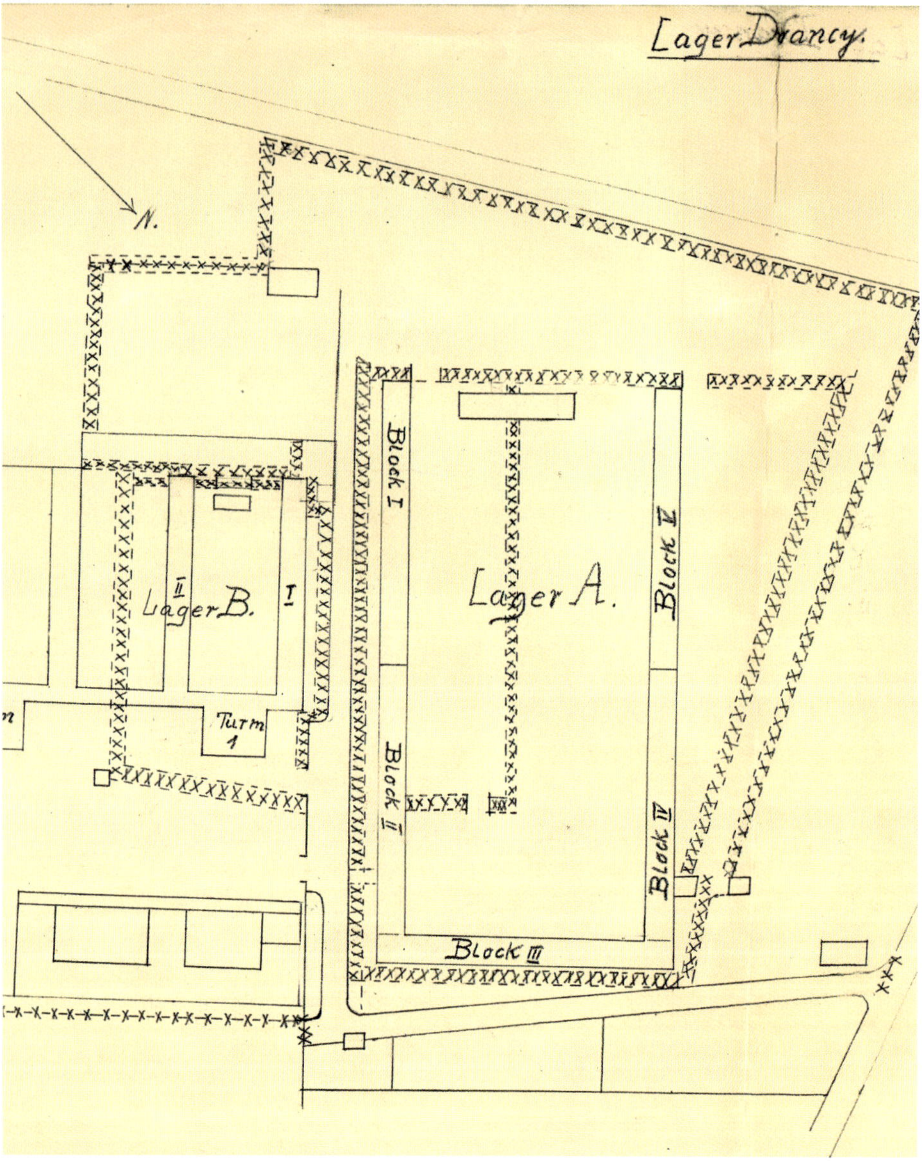

Plan du Lager Drancy aménagé par les Allemands.

Pour les officiers la situation s'améliora bientôt. On leur fit distribuer des paillasses. On autorisa d'abord les officiers supérieurs puis, le 16 août, tous les officiers à rejoindre les immeubles redents se situant en contrebas des tours.

On distribua ensuite des chaussures et des vêtements militaires, ce qui laissa penser que le camp allait bientôt être abandonné pour un transfert en Allemagne. De fait, le mercredi 4 septembre, hommes et paquetages étaient prêts au départ. Réunis dans leur cour, 28 officiers profitèrent du désordre du départ pour s'évader à leur tour.

L'internement de Britanniques et de Canadiens

Si Drancy fut, pendant trois mois, un camp de transit pour les prisonniers de guerre, entre-temps, une autre catégorie y avait été internée. Pour ouvrir le « camp des Juifs » en août 1941, les Allemands durent le vider des internés civils britanniques et d'une petite colonie canadienne (dont de nombreux prêtres et étudiants en théologie). De plus, des Français y étaient revenus en nombre, nous apprend un rapport du Comité international de la Croix-Rouge (CICR) daté du 8 juillet 1941 : « Les internés britanniques disposaient de l'ensemble du bâtiment. Cependant, par suite de l'arrivée de 1 008 civils français de retour d'Allemagne (civils ayant par erreur été considérés comme militaires et renvoyés en France pour être libérés), les deux tiers d'une aile du bâtiment leur sont actuellement réservés. » Ils étaient encore au camp au moment de la rédaction du rapport.

Les Britanniques et Canadiens furent emprisonnés en décembre 1940 dans un camp qui conserva le nom de *Frontstalag* 111, tout en devenant un camp d'internement administratif. Il remplissait donc une autre fonction puisqu'il abritait des « ressortissants de puissances ennemies ». On avait connu la même procédure pendant la Première Guerre mondiale et elle avait surtout été utilisée dès septembre 1939 quand la France et l'Angleterre avaient déclaré la guerre à l'Allemagne et que les gouvernements avaient voulu contrôler des agents potentiels de l'ennemi en les enfermant dans des camps. Pour rappel, près de 20 000 ressortissants allemands et autrichiens avaient été internés en France à l'automne 1939 ; la mesure ne touchait alors que les hommes. Au mois de mai suivant, quand l'offensive allemande fut déclenchée, les femmes connurent le même sort. Des mesures du même type furent prises aussi en Angleterre ou au Canada, puis aux États-Unis ; que les Allemands prennent des dispositions analogues contre les Britanniques et Canadiens qui n'avaient pu quitter la France à temps pour peu qu'ils l'aient souhaité n'était guère surprenant. Leur internement à Drancy répondait donc à une logique de guerre très classique.

Quotidien au camp de Saint-Denis dessiné par un interné britannique.

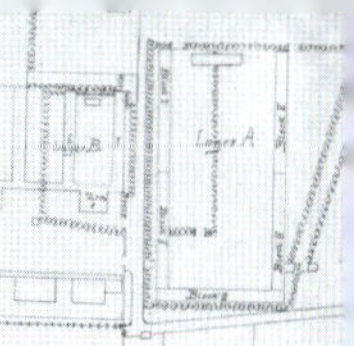

2-2-41

Nous sommes avertis d'être prêts pour partir
à Drancy, à notre nouveau camp.
Les bagages ficelés, le lendemain matin, l'on
nous fait tout défaire, visite de tous les
colis, même le linge est défait, que craignent
donc ces Messieurs? que peut-on cacher
d'assez important? après avoir fouillé
nos poches, nous embarquons par 50.
dans des camions, nous sommes debout
et serrés comme des harengs, les bagages
suivent dans un autre camion, il tombe
une neige serrée, le camion dérape un
peu car la route est enneigée. Nous
arrivons enfin à Drancy. 2 gratte-ciels
entourés d'un carré immense construit
en ciment et pas terminés, à quoi pourrait
bien être destinée cette construction dans
ce petit pays? Elaboration de gens fous!
On nous immatricule à nouveau cette fois
j'ai le No 682. Nous sommes conduits
à nos chambres, quelle saleté, quelle (21)

12-2-41

Je viens de recevoir ma première visite
ici, nous ne sommes pas si bien qu'à
St Denis, une très large table nous sépare
et l'on doit crier pour s'entendre.
Toujours à l'Infirmerie, je n'ai pu encore
me rendre compte de la marche du Camp.
Je décrirai donc tout d'abord les personnages
en ce moment à l'Infirmerie.

Extraits du journal de Howard.

Internés « ressortissants de puissances ennemies » déguisés pour un carnaval.

colis, qui provenaient, on l'a dit, de la Croix-Rouge britannique. Il ne s'agissait que de colis collectifs, aucun colis individuel n'étant encore parvenu d'Angleterre ou du Canada. Les colis passaient par le *Frontstalag* 220 de Saint-Denis, ce qui confirme l'étroite association entre les deux sites.

Howard avait un statut particulier. Au début du mois d'avril 1941, il fut dirigé vers l'Allemagne avec les autres marins au titre de prisonnier de guerre. Il décrit les conditions un peu singulières du départ. La veille, les marins britanniques, les gardiens du camp et même le commandement allemand, avaient bu plus que de raison. Le lendemain matin très tôt, au moment du départ, ce dernier vint les saluer : une bagarre avait dégénéré et il avait un magnifique œil au beurre noir. Mais Howard raconte aussi que, tout au long du chemin qu'ils suivirent à pied du camp à la gare du Bourget, les habitants étaient nombreux, les femmes pleuraient et leur donnaient pain, vin et cigarettes.

À voir ce qu'il en était de la vie quotidienne des Britanniques et Canadiens internés à Drancy, le contraste est plus que frappant avec le drame que connurent les internés juifs à l'automne 1941. Les règles appliquées entre décembre 1940 et août 1941 répondaient simplement aux exigences minimales prévues par les traités internationaux. Ces hommes n'en étaient pas moins captifs.

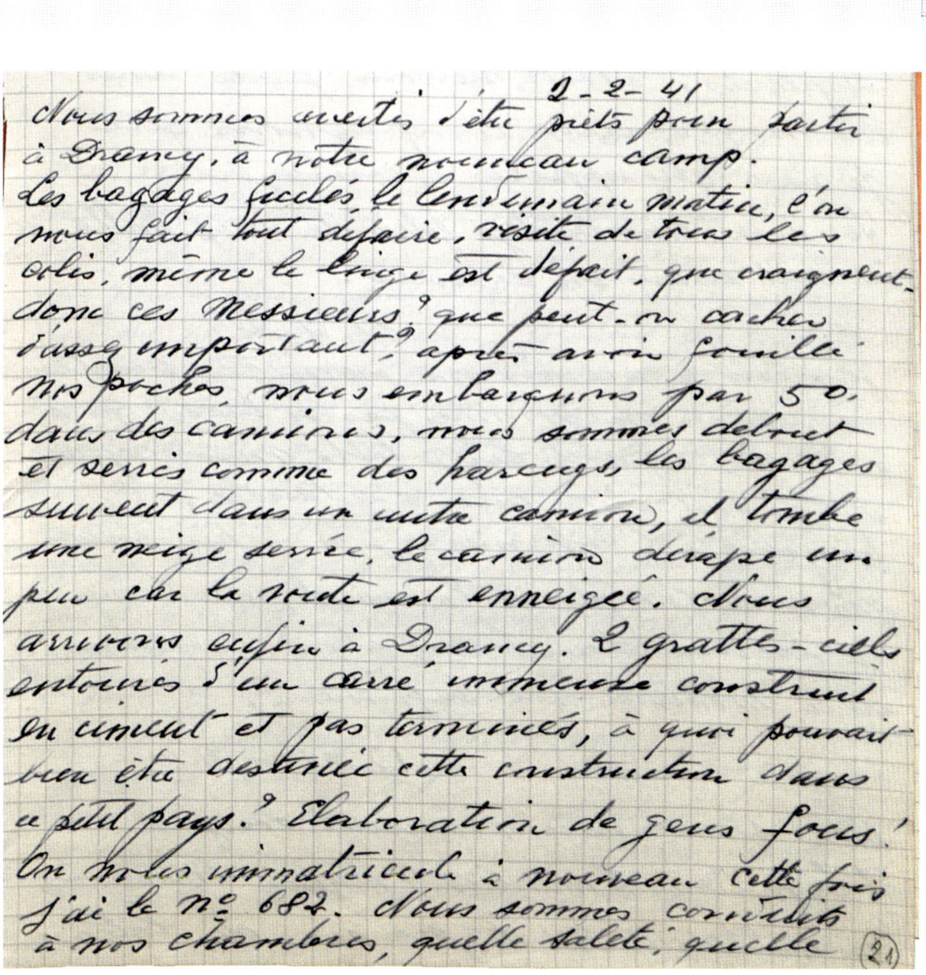

2-2-41

Nous sommes avertis d'être prêts pour partir à Drancy, à notre nouveau camp. Les bagages ficelés, le lendemain matin, l'on nous fait tout défaire, visite de tous les colis, même le linge est défait, que craignent donc ces Messieurs? que peut-on cacher d'assez important? après avoir fouillé nos poches, nous embarquons par 50 dans des camions, nous sommes debout et serrés comme des harengs, les bagages suivent dans un autre camion, il tombe une neige serrée, le camion dérape un peu car la route est enneigée. Nous arrivons enfin à Drancy. 2 gratte-ciels entourés d'un carré immense construit en ciment et pas terminés, à quoi pourrait bien être destinée cette construction dans ce petit pays? Elaboration de gens fous! On nous immatricule à nouveau cette fois j'ai le No 682. Nous sommes conduits à nos chambres, quelle saleté, quelle (21)

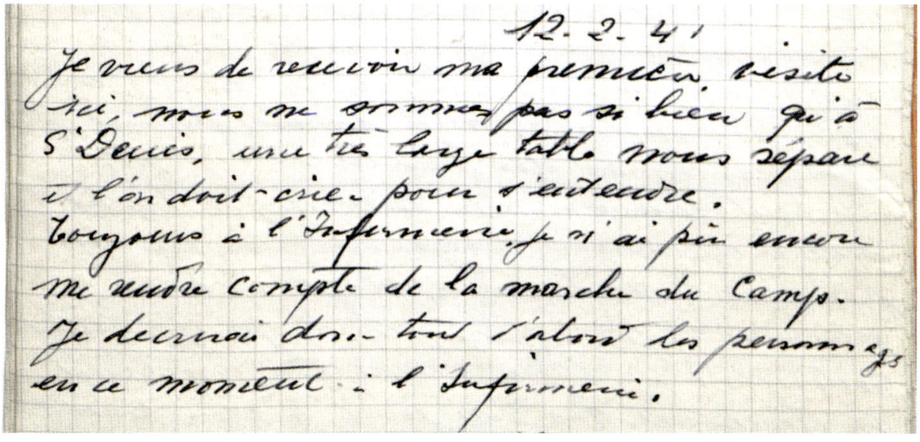

12-2-41

Je viens de recevoir ma première visite ici, nous ne sommes pas si bien qu'à St Denis, une très large table nous sépare et l'on doit crier pour s'entendre. Toujours à l'Infirmerie, je n'ai pu encore me rendre compte de la marche du Camp. Je décrirai donc tout d'abord les personnages en ce moment à l'Infirmerie.

Extraits du journal de Howard.

Il s'inscrivait aussi dans les protocoles internationaux habituels, ces hommes étant ainsi doublement protégés par l'existence d'internements comparables chez l'adversaire et par l'intervention possible de la Croix-Rouge internationale.

L'administration militaire allemande commença par recenser les ressortissants du Commonwealth en France occupée et l'internement débuta dès le mois de septembre. Elle jeta d'abord son dévolu sur la caserne de Saint-Denis. Là, dans ce qui s'appelait le *Frontstalag* 220, devaient être regroupés les hommes de 16 à 65 ans. Mais ils étaient trop nombreux et le Militärbefehlshaber in Frankreich (MBF) décida d'occuper les locaux de Drancy qui venaient d'être libérés par les prisonniers de guerre.

Au même moment, les femmes, les enfants et les vieillards qui avaient jusque-là échappé à l'internement, même s'ils avaient obligation de pointage au lieu de leur habitation, furent arrêtés à leur tour et transférés à la citadelle de Besançon puis, pour ceux qui n'avaient pas été encore libérés, dans les hôtels bien plus accueillants, néanmoins surveillés, de la station thermale de Vittel.

Pour un interné britannique venu de la caserne de Saint-Denis le 2 février 1941 et qui a laissé l'un des rares témoignages sur cette période du camp, la comparaison est sans appel : « Nous sommes conduits à nos chambres, quelle saleté, quelle tristesse, St Denis était un palais en comparaison. » Il fut immédiatement envoyé à l'infirmerie mais était tellement malade que les Allemands le transférèrent à l'hôpital Laennec.

Le 8 juillet 1941 deux représentants de la Croix-Rouge internationale, le Dr Marti et le Dr Morsier, étaient à Drancy pour rendre visite aux 906 internés, 794 Britanniques et 112 Canadiens, dont le plus jeune avait 16 ans et le plus âgé 75 ans. « Les débuts furent assez difficiles – notaient-ils – car les bâtiments n'étaient pas adaptés à leur nouvelle fonction. »

Comme les constructions n'étaient pas terminées, chauffage, eau, latrines, cuisines, douches avaient été installés en quelques mois pour rendre le séjour correct. Ce qui laisse présumer des conditions d'hébergement des hommes de troupe dans le camp de prisonniers de guerre, même si le séjour en été avait occulté les difficultés, devenues criantes en hiver.

Les chambres comptaient entre 20 et 26 internés et les couchettes étaient en rangées continues sur deux hauteurs. En ce mois de juillet 1941, on se préparait à installer des couchettes plus confortables. La question du chauffage était réglée car il y avait un fourneau dans chaque chambrée.

La nourriture ne semblait pas poser non plus grand problème. Une cuisine avait été aménagée, tenue par des cuisiniers britanniques. Si les chiffres du CICR sont exacts (mais ils étaient confirmés par la direction des internés du camp), chaque interné disposait de 250 g de pain quotidien mais aussi, tous les jours, de 50 g de viande. Des rations bien au-dessus de ce qui fut imposé, plus tard, aux internés juifs. Les internés britanniques pouvaient en outre profiter de compléments fournis par la cantine collective et par les colis de la Croix-Rouge britannique. Chaque jour, George Flechter, l'homme de confiance, se rendait en ville en compagnie d'un autre interné et d'une sentinelle pour acheter les vivres destinés à la cantine et livrés ensuite par l'intermédiaire de la Croix-Rouge française. Il semble que les Allemands étaient peu présents à l'intérieur du camp, laissant même les chefs de blocs britanniques faire l'appel. Ils surveillaient le camp de l'extérieur. Un interné britannique, un certain Howard, qui a laissé un journal écrit probablement juste après la guerre, confirme le diagnostic. Mais, précise ce marin capturé dans l'Atlantique sud et ramené à Drancy *via* Bordeaux au début de janvier 1941, on avait l'impression que la vie y était plutôt agréable, alors qu'en réalité « c'était terrible ». Il assure cependant que l'assistance de la Croix-Rouge française qui fournissait des suppléments de nourriture et des vêtements fut immédiate. De plus, l'ambassade des États-Unis, la puissance protectrice qui, rappelons-le, n'était pas encore entrée en guerre, fournissait à chaque interné 150 francs par mois. Sur cette somme quelque 10 francs étaient donnés par chacun à la cantine commune, ce qui permettait d'améliorer encore le quotidien.

Côté hygiène, les douches donnaient satisfaction puisqu'elles permettaient aux internés de se laver en moyenne tous les trois jours et de bénéficier d'eau chaude une fois par semaine. Les latrines de la grande cour étaient équipées de chasses d'eau (actionnées automatiquement toutes les deux minutes). Là encore le « camp des Juifs » fut loin de connaître une telle situation.

Pour les quelque 900 internés, l'infirmerie comprenait 4 salles bien éclairées où exerçaient 4 médecins britanniques, assistés d'un étudiant en médecine et de 12 infirmiers. Il y avait en outre un pharmacien et un dentiste. Les médicaments, nous dit-on, ne faisaient pas défaut. Les cas les plus sérieux étaient dirigés vers l'hôpital du Val-de-Grâce.

En outre, les internés démunis pouvaient disposer d'une allocation mensuelle de 300 francs, fournie là aussi par les États-Unis. Il semble qu'en fait cette somme fut versée à près de 800 internés.

La culture n'était pas oubliée. La bibliothèque comptait, toujours en juillet 1941, environ 2 000 volumes, en général en français. Des cours, essentiellement de langues, étaient assurés le soir. Enfin, un théâtre était actif dans une des ailes du bâtiment. Le camp ferma alors qu'étaient projetés les premiers films aux internés.

Les liens avec l'extérieur n'étaient pas coupés puisque chacun était autorisé à écrire 4 lettres et 4 cartes par mois, dont une seule, cependant, hors du continent. Il en était de même en retour. En revanche, il n'y avait aucune limite au nombre de

Internés « ressortissants de puissances ennemies » déguisés pour un carnaval.

colis, qui provenaient, on l'a dit, de la Croix-Rouge britannique. Il ne s'agissait que de colis collectifs, aucun colis individuel n'étant encore parvenu d'Angleterre ou du Canada. Les colis passaient par le *Frontstalag* 220 de Saint-Denis, ce qui confirme l'étroite association entre les deux sites.

Howard avait un statut particulier. Au début du mois d'avril 1941, il fut dirigé vers l'Allemagne avec les autres marins au titre de prisonnier de guerre. Il décrit les conditions un peu singulières du départ. La veille, les marins britanniques, les gardiens du camp et même le commandement allemand, avaient bu plus que de raison. Le lendemain matin très tôt, au moment du départ, ce dernier vint les saluer : une bagarre avait dégénéré et il avait un magnifique œil au beurre noir. Mais Howard raconte aussi que, tout au long du chemin qu'ils suivirent à pied du camp à la gare du Bourget, les habitants étaient nombreux, les femmes pleuraient et leur donnaient pain, vin et cigarettes.

À voir ce qu'il en était de la vie quotidienne des Britanniques et Canadiens internés à Drancy, le contraste est plus que frappant avec le drame que connurent les internés juifs à l'automne 1941. Les règles appliquées entre décembre 1940 et août 1941 répondaient simplement aux exigences minimales prévues par les traités internationaux. Ces hommes n'en étaient pas moins captifs.

Au début du mois d'août 1941, les internés administratifs du *Frontstalag* 111 quittèrent Drancy pour être transférés à Saint-Denis. Ils étaient 980, qui s'ajoutèrent aux 1 308 prisonniers de Saint-Denis, dont la caserne et les baraques étaient alors surpeuplées, même si des améliorations étaient annoncées. George Flechter restait l'homme de confiance, le représentant des internés. Quant au camp de Drancy, il fut visé par un ordre de réquisition le 5 août 1941, vidé de toutes les installations qui avaient été mises en place pour les prisonniers puis, surtout, pour les internés administratifs de la première année d'occupation des lieux.

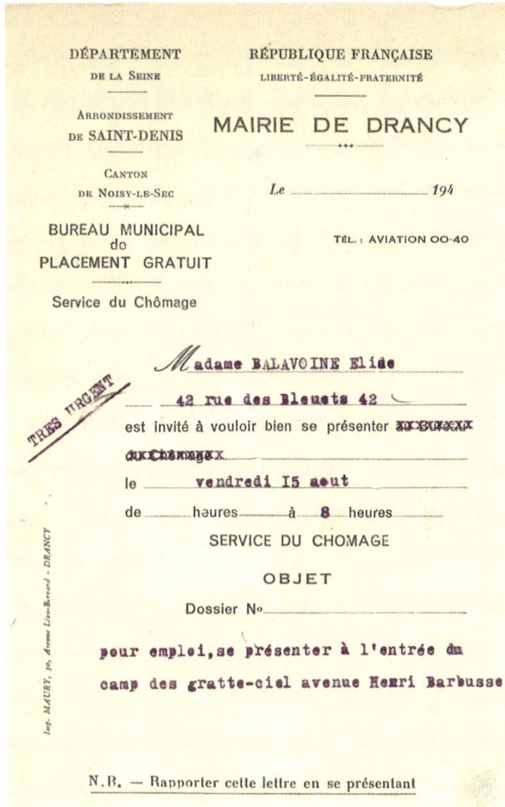

DÉPARTEMENT
DE LA SEINE

ARRONDISSEMENT
DE SAINT-DENIS

CANTON
DE NOISY-LE-SEC

BUREAU MUNICIPAL
de
PLACEMENT GRATUIT

Service du Chômage

RÉPUBLIQUE FRANÇAISE
LIBERTÉ-ÉGALITÉ-FRATERNITÉ

MAIRIE DE DRANCY

Le 194

TÉL. : AVIATION 00-40

TRES URGENT

Madame BALAVOINE Elide
42 rue des Bleuets 42
est invité à vouloir bien se présenter ~~au Bureau~~
du Chomage
le vendredi I5 aout
de ...... heures ...... à 8 heures
SERVICE DU CHOMAGE

OBJET

Dossier N° ....

pour emploi, se présenter à l'entrée du camp des gratte-ciel avenue Henri Barbusse

Imp. MAURY, 30, Avenue Léon-Bernard - DRANCY

N.B. — Rapporter cette lettre en se présentant

Convocation pour un emploi dans le « camp des gratte-ciel ».

On trouve dans les archives municipales des convocations datées du 15 août 1941. À cette date, le service du chômage de la mairie de Drancy invitait des femmes à se présenter pour un emploi – « très urgent » – « à l'entrée du camp des gratte-ciel », comme on désignait donc le camp de Drancy. Pour autant rien ne nous éclaire sur le rôle qu'il sera appelé à jouer. En effet, la décision d'y interner des Juifs n'avait pas encore été prise et les préfectures de la Seine et de la Police de Paris n'étaient pas encore alertées. Ces emplois étaient-ils destinés à l'entretien des gratte-ciel ? Quoi qu'il en soit, quelques jours plus tard, le « camp des gratte-ciel » devenait le « camp des Juifs » sans que rien ne soit prêt pour accueillir quelque population que ce fût.

Chapitre III

Un camp pour les Juifs (août 1941-juillet 1942)

« Chambrées de caserne du type de celles où nous étions empilés, nous les "goïms", il y a deux ans, en attendant de monter au front, pendant que tous ces "Messieurs" faisaient les jolis cœurs dans les cafés de la capitale en "guéguerre". La vie pratique est très simple au camp. Tous les matins, réveil en fanfare à 7 heures. Le jus. Les ablutions si pénibles à tout bon Juif qui se respecte » ; ceci dans « une sorte de cité ouvrière, très vaste, entourée çà et là de bouquets d'arbres. [...] Le sort des Juifs internés n'est pas plus tragique que celui de nos chers prisonniers. Avec cette différence que ceux-ci sont innocents alors que les autres formaient la vaste armée des agitateurs et spéculateurs à la solde de l'étranger. »

Le camp de Drancy venait de changer de statut : il devenait camp d'internement pour Juifs raflés dans la capitale. L'un des principaux journaux de la capitale, *Paris Soir*, envoya un de ses journalistes, André Chaume, réaliser le premier reportage sur le camp, trois semaines après l'ouverture du « camp des Juifs ». Stéréotypes antisémites, occultation des conditions réelles d'internement, reprise de la thématique des responsables de la guerre : tout y est.

Bien que situé en zone occupée, on aurait pu penser que l'ouverture de ce camp était d'initiative française tant l'exclusion était consubstantielle du régime de Vichy et le camp d'internement un instrument privilégié au service de cette politique. De fait, les autorités allemandes veillèrent à se mettre en retrait puisque, jusqu'en juillet 1943, le camp fut sous tutelle française ; c'est pourtant bien à elles que revient l'initiative, comme ce fut le cas pour les camps de Beaune-la-Rolande et de Pithiviers, deux camps du Loiret ouverts pour y interner les premiers Juifs raflés en mai 1941 à Paris.

Entre l'occupant et Vichy

Revenons aux objectifs stratégiques des deux principaux protagonistes. Du côté de Vichy, il est impossible de comprendre l'internement administratif et la politique de collaboration si l'on occulte les fondements politiques et idéologiques du régime né de la défaite. Pour les nouveaux gouvernants, en effet, la guerre ne pouvait se réduire à une simple défaite militaire dont les responsables seraient les militaires. Et pour cause : ces derniers peuplaient les allées du pouvoir, le maréchal Pétain en tête. Les uns et les autres partageaient la conviction que cette défaite trouvait sa source dans une crise interne, française, de long terme. Étaient d'abord visés le Front populaire et la fin de la IIIe République, jusqu'à être au cœur d'un procès à grand spectacle, le procès de Riom, qui se termina par une pantalonnade au détriment de Vichy. Mais, bien au-delà, la crise trouvait sa source dans le délitement de la société depuis la Révolution française. Depuis lors, disaient les nouveaux gouvernants, la France était minée de l'intérieur par ceux que Pétain appela dans un article d'août 1940 les « forces de l'anti-France ». Ainsi, rien ne servait de mobiliser contre l'occupant, puisque la défaite des armées était un symptôme et non une cause ; il fallait à la fois rassembler et exclure pour régénérer la société française de l'intérieur. Rassembler les éléments dits « purs » autour des valeurs traditionnelles : travail, famille, patrie, piété, ordre. Exclure ces forces « impures », responsables de la défaite par le complot qu'elles ourdissaient depuis si longtemps. Ces forces avaient pour nom : le Juif, le communiste, l'étranger et le franc-maçon.

La logique d'exclusion était bien consubstantielle au régime de Vichy. L'internement administratif devenait, dans cette perspective, un instrument idéal. Certes, il avait précédé la défaite. Dès novembre 1938, une loi avait permis d'arrêter par mesure administrative et d'interner tout ressortissant étranger qui représentait un danger pour l'État. Il ne s'agissait pas de punir un crime ou un délit, mais de se préserver d'un danger putatif. Nombre de catégories furent ainsi concernées et l'on pense en particulier aux centaines de milliers d'Espagnols internés après la défaite de la République et leur passage de la frontière pyrénéenne. La loi fut confortée et amplifiée en novembre 1939 quand, au nom de la mobilisation dans la guerre qui venait d'être déclarée contre l'Allemagne, on choisit ce moyen pour s'attaquer à des ennemis potentiels de l'intérieur, ou présumés tels. La loi pouvait toucher aussi bien les Français que les étrangers. Dans une circulaire aux préfets, le ministre de l'Intérieur en faisait l'exégèse : « La nécessité impose d'être armé non seulement contre le fait délictueux ou criminel, mais aussi contre la volonté notoire de le commettre ».

Cette législation fut donc reprise, voire amplifiée, par le nouvel État français. Mais il s'agissait d'un changement de nature. L'internement administratif n'était plus inscrit dans une politique d'exception, il devenait un instrument majeur au service d'une politique d'exclusion. De leur côté, les Juifs français furent d'abord visés par d'autres mesures comme la loi portant statut des Juifs qui, dès octobre 1940, les excluait de la fonction publique et des métiers ayant trait à la « direction de la pensée », suivie par l'aryanisation, soit la confiscation des biens juifs. Cette dernière mesure touchait également les Juifs étrangers, mais ceux-ci risquaient surtout l'internement administratif, le décret du 4 novembre 1940 permettant d'arrêter et d'enfermer des Juifs étrangers pour la seule raison qu'ils étaient Juifs et étrangers. Un autre dispositif vint compléter le système des camps d'internement en zone sud avec la mise en place de Groupements de travailleurs étrangers (GTE) destinés aux hommes « en surplus dans l'économie nationale ». Et de nombreux internés furent transférés vers ces GTE entre 1941 et 1942.

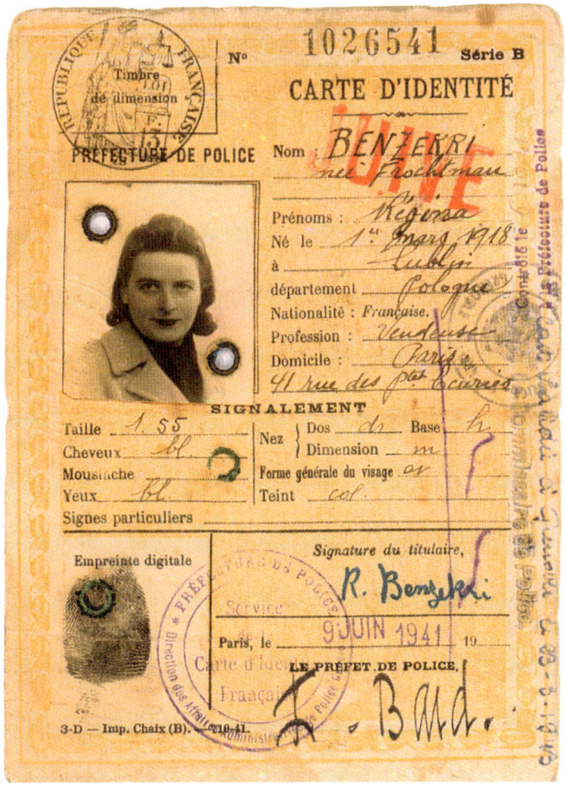
PRÉFECTURE DE POLICE
N° 1026541 Série B
CARTE D'IDENTITÉ
JUIVE
Nom : Benzekri
Prénoms :
Né le
à
département
Nationalité : Française.
Profession :
Domicile :
SIGNALEMENT
Taille 1,55
Cheveux
Moustache
Yeux
Nez { Dos Base / Dimension
Forme générale du visage
Teint
Signes particuliers
Empreinte digitale
Signature du titulaire,
R. Benzekri
Paris, le 9 JUIN 1941 19
LE PRÉFET DE POLICE,
3-D — Imp. Chaix (B).

Une carte d'identité tamponnée en application d'une ordonnance allemande du 27 septembre 1940 et de ses corollaires.

Rassembler, exclure : tels étaient les deux piliers de la « Révolution nationale ». Cela passait également par un choix, celui de la collaboration avec l'occupant. Cela permit au régime de Vichy de mettre en œuvre sa politique dans la zone dite « libre » et de maintenir son tissu administratif, préfets y compris, dans la zone nord occupée. Ce choix répondait également à la volonté de compter dans la nouvelle Europe sous domination allemande. Rien, *a priori*, ne pouvait donc contrarier Vichy dans l'ouverture d'un camp d'internement pour Juifs à Drancy.

Pour les Allemands, il s'agissait d'une sorte de nouveauté. Deux chiffres suffiront à illustrer ce curieux paradoxe : en janvier 1941, on comptait quelque 55 000 internés dans les camps de la zone sud (y compris en Afrique du Nord), dont une majorité de Juifs ; le même mois, ils n'étaient guère plus de 3 000 en zone nord, essentiellement des Tsiganes et quelques communistes. Cela ne signifiait certes pas que la situation des opposants ou des persécutés était meilleure

Theodor Dannecker.

sous la férule de l'occupant. Mais ce dernier ne faisait pas de l'internement un instrument privilégié de la répression et de la persécution. Cette situation changea sensiblement au printemps 1941 avec l'ouverture des camps de Châteaubriant pour les communistes et de ceux de Pithiviers et de Beaune-la-Rolande pour les Juifs. Pour autant, les Allemands essayaient au maximum de se dissimuler derrière les autorités françaises. Ce jeu tactique s'appliqua dans les deux camps du Loiret. Lorsque le 15 juin 1941, un mois environ après l'ouverture du camp de Pithiviers, Theodor Dannecker, le chef du service des Affaires juives à Paris, se présenta sur place pour une visite d'inspection, il n'hésita pas à se faire l'écho des protestations émanant des chefs de baraques et menaça le chef de camp d'une sanction si la qualité de la nourriture ne s'améliorait pas. Il voulut même s'entretenir seul à seul avec la représentante de la Croix-Rouge pour connaître l'état réel de la situation. Avant de quitter le camp, une heure et demie plus tard, il s'adressa au commandant du camp en ces termes : « Je ne veux pas que vos gendarmes disent aux hébergés qu'ils sont ici sur les ordres des Allemands. C'est le gouvernement de Vichy qui a ordonné la mesure. »

L'affirmation n'était pas totalement fausse, puisque les Allemands s'appuyaient sur la loi du 4 octobre 1940, promulguée par Vichy, pour justifier cet internement. Pourtant, les forces d'occupation étaient bien à l'origine des rafles et de l'internement, ce que Dannecker oubliait de mentionner. Son supérieur dans la police allemande à Paris, la Sicherheitspolizei-Sicherheitsdienst (Sipo-SD), Kurt Lischka, l'avait dit explicitement lors d'une conférence tenue quelques mois plus tôt : « Il convient de laisser aux Français le soin de régler la suite, afin d'éviter dans ce domaine la réaction du peuple français contre ce qui vient des Allemands. Aussi bien les Allemands s'en tiendront-ils à faire des suggestions. »

On a là un élément important dans la stratégie allemande, toutes composantes confondues. En se cachant derrière Vichy, il s'agissait de ne pas trop s'exposer quand on faisait parler la force ; la population française pouvait accepter, voire supporter, bien plus d'un gouvernement français que d'un occupant étranger. En outre, les Allemands y gagnaient en efficacité à peu de frais, car ils savaient ne pas

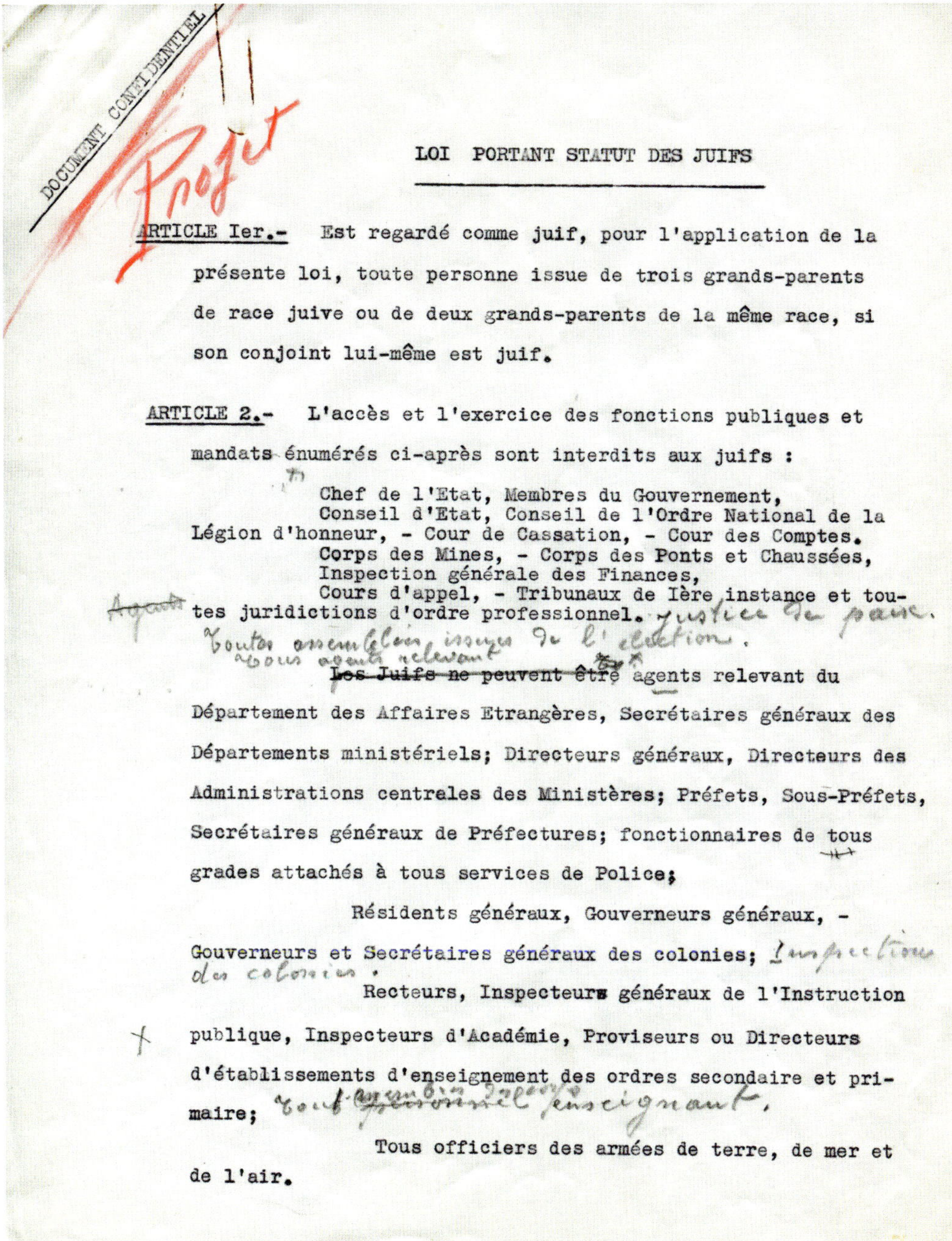

DOCUMENT CONFIDENTIEL

Projet

LOI PORTANT STATUT DES JUIFS

ARTICLE Ier.- Est regardé comme juif, pour l'application de la présente loi, toute personne issue de trois grands-parents de race juive ou de deux grands-parents de la même race, si son conjoint lui-même est juif.

ARTICLE 2.- L'accès et l'exercice des fonctions publiques et mandats énumérés ci-après sont interdits aux juifs :

Chef de l'Etat, Membres du Gouvernement,
Conseil d'Etat, Conseil de l'Ordre National de la Légion d'honneur, - Cour de Cassation, - Cour des Comptes.
Corps des Mines, - Corps des Ponts et Chaussées,
Inspection générale des Finances,
Cours d'appel, - Tribunaux de Ière instance et toutes juridictions d'ordre professionnel. Justice de paix.
Toutes assemblées issues de l'élection.

~~Les Juifs ne peuvent être~~ tous agents relevant du Département des Affaires Etrangères, Secrétaires généraux des Départements ministériels; Directeurs généraux, Directeurs des Administrations centrales des Ministères; Préfets, Sous-Préfets, Secrétaires généraux de Préfectures; fonctionnaires de tous grades attachés à tous services de Police;

Résidents généraux, Gouverneurs généraux, - Gouverneurs et Secrétaires généraux des colonies; Inspection des colonies.

Recteurs, Inspecteurs généraux de l'Instruction publique, Inspecteurs d'Académie, Proviseurs ou Directeurs d'établissements d'enseignement des ordres secondaire et primaire; tout personnel enseignant.

Tous officiers des armées de terre, de mer et de l'air.

Projet de statut des Juifs annoté de la main du maréchal Pétain.

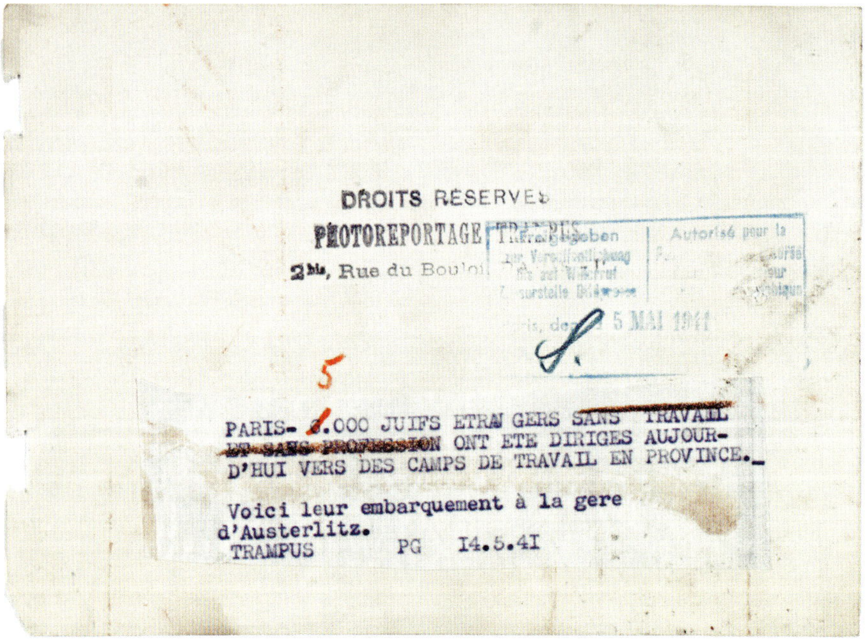

DROITS RESERVES

PHOTOREPORTAGE

2bis, Rue du Bouloi

Freigegeben

Autorisé pour la

5 MAI 1941

5

PARIS- 1.000 JUIFS ETRANGERS ~~SANS TRAVAIL~~ ~~ET SANS PROFESSION~~ ONT ETE DIRIGES AUJOURD'HUI VERS DES CAMPS DE TRAVAIL EN PROVINCE.

Voici leur embarquement à la gere d'Austerlitz.

TRAMPUS PG I4.5.4I

Embarquement gare d'Austerlitz, cliché laissant apparaître les traces de la censure.

être en mesure de mobiliser suffisamment de forces qui, par ailleurs, méconnaissaient le terrain français.

La personnalité de Dannecker ne fut pas sans influencer la politique de l'occupant. Pourtant très jeune, il avait un lourd pedigree. C'est en 1937 qu'il avait commencé à travailler avec Eichmann au sein du bureau II-112, le service des Affaires juives à Berlin, alors dirigé par Herbert Hagen qui, lui aussi, joua un rôle crucial dans l'appareil répressif en France. Dannecker fut envoyé en Pologne, près de Lublin, puis à Prague. Le 5 septembre 1940, il arrivait à Paris, d'où, très volontariste, et sans doute très ambitieux, il développa une politique antisémite offensive. Sa première tâche consista à mettre en place un interlocuteur unique pour les Juifs : l'Union générale des israélites de France (UGIF), créée par Vichy mais à sa demande, le 29 novembre 1941.

Il finança et orchestra la propagande contre les Juifs en s'assurant qu'elle émanât cependant toujours des Français. Ainsi naquit l'Institut d'étude des questions juives qui lui rendait des rapports hebdomadaires. Lors d'une réunion à l'ambassade, profitant du soutien qu'il y avait trouvé auprès de Carl Theo Zeitschel, il demanda au commandement militaire de « donner au SD les pleins pouvoirs avec effet immédiat d'arrêter tous les Juifs ». Depuis le début de l'Occupation, la Police de sûreté (Sipo-SD), relevant directement des services de sécurité du Reich, essayait de prendre le pas sur les militaires pour le contrôle des pouvoirs de police. Si Helmut Knochen en était alors l'homme fort à Paris, Dannecker préférait prendre ses ordres directement à Berlin auprès d'Eichmann.

Que ce fût pour neutraliser l'offensive de Dannecker ou pour répondre à sa propre vision, Werner Best, l'un des principaux responsables du commandement militaire en France (MBF), plaida en avril 1941 pour l'internement de 3 000 à 5 000 Juifs jugés dangereux ou indésirables. On autorisa donc Dannecker à arrêter le nombre de Juifs étrangers proposé par Best et les deux camps du Loiret furent mis à sa disposition. À défaut d'obtenir, pour l'instant, le transfert de pouvoir du MBF vers la Sipo-SD, il essaya, ce qui ne fut pas chose facile, d'assurer la coordination des services allemands concernés. De fait, à partir du 10 juin 1941, il réunit chaque mardi à 11 heures Zeitschel, représentant de l'ambassadeur Otto Abetz, Best (du MBF) et le colonel von Behr, de la *Dienststelle* Rosenberg (chargé du pillage des œuvres d'art).

L'attaque de la Wehrmacht contre l'URSS le 22 juin 1941 qui mit brutalement un terme au pacte germano-soviétique simplifia la situation à bien des égards. Un temps laissée de côté, géopolitique oblige, la dénonciation du judéo-bolchevisme redevenait une clé majeure d'interprétation pour les Allemands. Avec l'engagement du Parti communiste français (PCF) dans la lutte armée, le franc-tireur constituait la figure centrale de tout un imaginaire répulsif associant anticommunisme et antisémitisme. Avant même la première exécution d'un soldat allemand

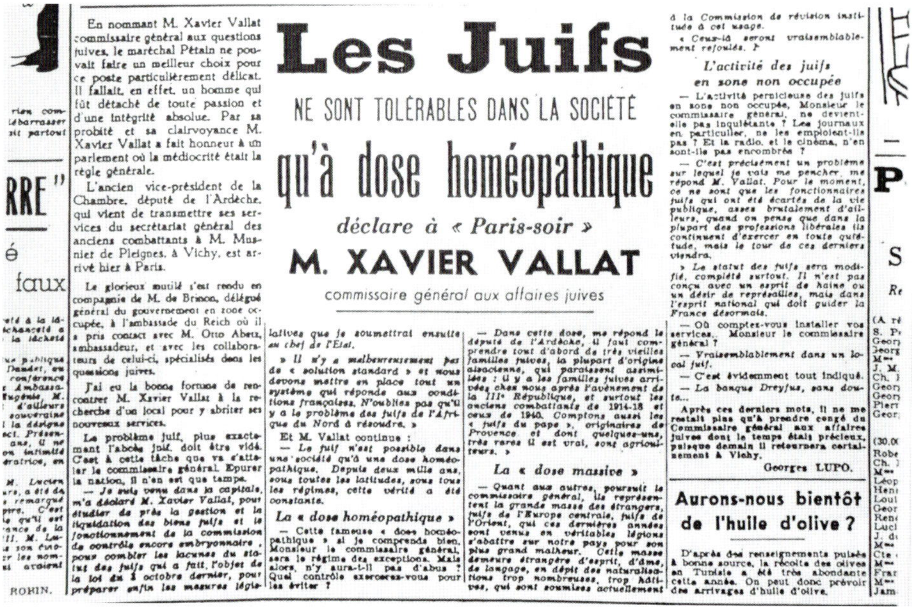

Les Juifs

NE SONT TOLÉRABLES DANS LA SOCIÉTÉ

qu'à dose homéopathique

déclare à « Paris-soir »

M. XAVIER VALLAT

commissaire général aux affaires juives

En nommant M. Xavier Vallat commissaire général aux questions juives, le maréchal Pétain ne pouvait faire un meilleur choix pour ce poste particulièrement délicat. Il fallait, en effet, un homme qui fût détaché de toute passion et d'une intégrité absolue. Par sa probité et sa clairvoyance M. Xavier Vallat a fait honneur à un parlement où la médiocrité était la règle générale.

L'ancien vice-président de la Chambre, député de l'Ardèche, qui vient de transmettre ses services du secrétariat général des anciens combattants à M. Musnier de Pleignes, à Vichy, est arrivé hier à Paris.

Le glorieux mutilé s'est rendu en compagnie de M. de Brinon, délégué général du gouvernement en zone occupée, à l'ambassade du Reich où il a pris contact avec M. Otto Abetz, ambassadeur, et avec les collaborateurs de celui-ci, spécialisés dans les questions juives.

J'ai eu la bonne fortune de rencontrer M. Xavier Vallat à la recherche d'un local pour y abriter ses nouveaux services.

Le problème juif, plus exactement l'abcès juif, doit être vidé. C'est à cette tâche que va s'atteler le commissaire général. Epurer la nation, il n'en est que temps.

— *Je suis venu dans la capitale,* m'a déclaré M. Xavier Vallat, *pour étudier de près la gestion et la liquidation des biens juifs et le fonctionnement de la commission de contrôle encore embryonnaire, pour combler les lacunes du statut des juifs qui a fait l'objet de la loi du 3 octobre dernier, pour préparer enfin les mesures législatives que je soumettrai ensuite au chef de l'Etat.*

» *Il n'y a malheureusement pas de « solution standard » et nous devons mettre en place tout un système qui réponde aux conditions françaises. N'oubliez pas qu'il y a le problème des juifs de l'Afrique du Nord à résoudre.* »

Et M. Vallat continue :

— *Le juif n'est possible dans une société qu'à une dose homéopathique. Depuis deux mille ans, sous toutes les latitudes, sous tous les régimes, cette vérité a été constante.*

La « dose homéopathique »

— Cette fameuse « dose homéopathique » si je comprends bien, Monsieur le commissaire général, sera le régime des exceptions. Mais alors, n'y aura-t-il pas d'abus ? Quel contrôle exercerez-vous pour les éviter ?

— *Dans cette dose,* me répond le député de l'Ardèche, *il faut comprendre tout d'abord de très vieilles familles juives, la plupart d'origine alsacienne, qui paraissent assimilées : il y a les familles juives arrivées chez nous après l'avènement de la IIIe République, et surtout les anciens combattants de 1914-18 et ceux de 1940. Comptons aussi les « juifs du pape », originaires de Provence et dont quelques-uns, très rares il est vrai, sont agriculteurs.* »

La « dose massive »

— *Quant aux autres,* poursuit le commissaire général, *ils représentent la grande masse des étrangers, juifs de l'Europe centrale, juifs de l'Orient, qui ces dernières années sont venus en véritables légions s'abattre sur notre pays pour son plus grand malheur. Cette masse demeure étrangère d'esprit, d'âme, de langage, en dépit des naturalisations trop nombreuses, trop hâtives, qui sont soumises actuellement à la Commission de révision instituée à cet usage.*

« *Ceux-là seront vraisemblablement refoulés.* »

L'activité des juifs en zone non occupée

— L'activité pernicieuse des juifs en zone non occupée, Monsieur le commissaire général, ne devient-elle pas inquiétante ? Les journaux en particulier, ne les emploient-ils pas ? Et la radio, et le cinéma, n'en sont-ils pas encombrés ?

— *C'est précisément un problème sur lequel je vais me pencher,* me répond M. Vallat. *Pour le moment, ce ne sont que les fonctionnaires juifs qui ont été écartés de la vie publique, assez brutalement d'ailleurs, quand on pense que dans la plupart des professions libérales ils continuent d'exercer en toute quiétude, mais le tour de ces derniers viendra.*

» *Le statut des juifs sera modifié, complété surtout. Il n'est pas conçu avec un esprit de haine ou un désir de représailles, mais dans l'esprit national qui doit guider la France désormais.*

— Où comptez-vous installer vos services, Monsieur le commissaire général ?

— *Vraisemblablement dans un local juif.*

— C'est évidemment tout indiqué.

— *La banque Dreyfus, sans doute...*

Après ces derniers mots, il ne me restait plus qu'à prendre congé du Commissaire général aux affaires juives dont le temps était précieux, puisque demain il retournera certainement à Vichy.

Georges LUPO.

Aurons-nous bientôt de l'huile d'olive ?

D'après des renseignements puisés à bonne source, la récolte des olives en Tunisie a été très abondante cette année. On peut donc prévoir des arrivages d'huile d'olive.

Déclaration de Xavier Vallat contre les Juifs, parue dans *Paris-Soir*, 5 avril 1941.

Xavier Vallat dans son bureau de la place des Petits-Pères à Paris, 4 avril 1941.

au métro Barbès par Pierre Georges – qui sera connu, ensuite, sous le nom de colonel Fabien – et par les jeunes de son groupe, le lien était fait. On trouve ainsi dans les archives allemandes une référence explicite à la manifestation organisée par de jeunes communistes le 13 août 1941 sur les Grands Boulevards à Paris dans une note sur la rafle qui entraîna l'internement de milliers de Juifs parisiens à Drancy :

> À la suite d'une manifestation dont les Juifs étaient à la tête et pour intimider l'ensemble des Juifs, environ 4 000 hommes juifs entre 18 et 50 ans sans égard pour leur nationalité [...] ont été arrêtés dans une action éclair le 20 août 1941.

Dans un premier temps, les Juifs polonais et apatrides furent les premiers ciblés. À la suite de l'attentat de Barbès le 21 août, la rafle s'orienta vers des notables français, dont des avocats. Pour la première fois était établi un lien de cause à effet entre manifestation politique et rafle antisémite. Dès lors, il deviendra récurrent.

De son côté, l'État français associait la répression anticommuniste et la persécution antisémite depuis ses débuts. Il ne pouvait donc que se satisfaire de la nouvelle donne. En outre il s'était radicalisé dès l'arrivée au pouvoir de l'amiral François Darlan, quelques mois plus tôt. Une note écrite de sa main en février 1941 résume bien ses objectifs :

> Arriver le plus rapidement possible à la suppression définitive des assemblées qui, dans le passé, se sont avérées opposées au rapprochement avec l'Allemagne et qui, d'ailleurs, ne représentent plus le pays. Lutte serrée contre les communistes (gaullistes), les Juifs et les maçons. Création rapide d'une police d'État. Organisation sociale et corporative. Rassemblement national. Régions.

Pas moins de 13 lois, décrets et circulaires réorganisèrent complètement la police conformément à cette note. L'essentiel tenait dans l'absorption des polices municipales par la police d'État *via* les polices régionales d'État. La mise en œuvre prit plus d'un an et ne toucha pas la préfecture de Police de Paris, malgré la volonté du secrétaire d'État à l'Intérieur, Pierre Pucheu. En revanche ce dernier réussit à mettre en place au sein de la police nationale des services spécialisés dont la police aux questions juives (PQJ). Dans le même temps fut créé un Commissariat général aux questions juives en mars 1941. Xavier Vallat en prit la tête. Trois mois plus tard, le second statut des Juifs renforçait encore les interdits.

En outre, l'association entre Juifs et communistes valait pour Vichy et son administration. Un texte plus tardif en donne une bonne illustration : nous sommes le 26 mai 1942 et une double consigne de censure est envoyée à tous les journaux de zone sud :

Faire insérer obligatoirement par tous les journaux de demain une dépêche sur le congrès juif de Moscou qui sera transmise par les Agences.
Attirer l'attention des journaux sur une seconde dépêche concernant l'arrestation de l'assassin du brigadier Lécuyer en les priant de publier cette dépêche à la suite de celle sur le congrès juif.

Le congrès juif de Moscou appelait à la mobilisation armée dans tous les pays occupés pour sauver un peuple dont l'extermination systématique était depuis longtemps engagée sur les marches de l'Est. Dans cette consigne de censure, les Juifs de Moscou étaient donc associés aux francs-tireurs parisiens engagés dans la lutte armée et responsables de l'exécution d'un policier.

Entre-temps le déclenchement de la lutte armée par les groupes communistes s'était traduit par la réactivation de la Brigade spéciale (BS) des Renseignements généraux (RG) au sein de la préfecture de Police de Paris. Mise en place pendant la drôle de guerre, en mars 1940, pour pister les communistes, elle n'avait joué qu'un rôle mineur jusqu'alors. Il en alla tout autrement sous la férule du commissaire Fernand David à partir du mois d'août 1941. La BS fut même dédoublée au mois de janvier suivant, une branche, la BS2, étant chargée de la répression « anti-terroriste ». Plus encore que dans les autres secteurs de la police parisienne, l'antisémitisme, l'anticommunisme et la xénophobie y étaient largement diffusés et la figure du judéo-bolchevique omniprésente. La police parisienne fut ainsi prompte à engager une vraie collaboration des polices. Dès l'automne 1941, les chefs de la police allemande et les directeurs de la préfecture de Police et des RG se rencontrèrent régulièrement. Quant aux directeurs de service des RG, ils se retrouvaient chaque mercredi, rue des Saussaies, avec leurs homologues allemands de la Sipo-SD.

La rafle d'août 1941

On ne peut pas dire pour autant que la rafle d'août 1941 et l'ouverture du camp de Drancy puissent être présentées comme un modèle de collaboration des polices et des administrations.

J'ai été avisé ce matin que ce camp vient d'être utilisé cette nuit par les Autorités allemandes pour y interner 5 000 Juifs français et étrangers, dont l'arrestation est encore à Paris, notamment dans le 11e arrondissement. J'ajoute que j'ai été informé de cette opération de façon accidentelle.

La rafle d'août 1941, Paris.

Ainsi s'exprimait le délégué général dans les territoires occupés (DGTO) le 20 août 1941. Il avait remis une première version de cette note la veille à Pierre Pucheu lors de son passage à Paris. Par ailleurs, le directeur adjoint de la police municipale, Émile Hennequin, n'avait reçu ses ordres que le 18 août. Or ses ordres venaient directement des Allemands. C'est aussi le 19 août que la préfecture de la Seine apprenait qu'elle devait assumer l'organisation matérielle, le ravitaillement et le service médical du camp. Comme le notait le directeur des affaires économiques et sociales quelques mois après, il n'y avait, à l'arrivée des internés, que 1 200 bâtis de lits en bois superposés. Il fallut attendre de longues semaines pour que la situation s'améliore. Plusieurs mois plus tard, Jean Tisné, le médecin-chef nommé par la préfecture le 22 août, revenait sur les premiers temps dans un rapport circonstancié et il n'était guère plus positif. Il notait que le ravitaillement avait été très insuffisant pendant plusieurs semaines et qu'ensuite il était resté mal équilibré, que l'interdiction de colis alimentaires avait aggravé la situation. Mais il insistait aussi sur la « misère morale des internés » qui subissaient leur internement comme une « humiliation ». Il faut dire que si les Allemands avaient bien mis à disposition les bâtiments qu'ils avaient réquisitionnés à Drancy, ils s'étaient refusé à fournir le moindre matériel.

Ainsi, l'initiative était allemande ; les autorités françaises furent prévenues au tout dernier moment ; l'aménagement du camp de Drancy se fit en catastrophe et, de fait, rien n'était prévu pour l'accueil de milliers de personnes ; la chaîne de commandement passa directement des Allemands à la police parisienne ; la rafle se fit de conserve entre policiers français et *Feldgendarmes* allemands ; c'était aux Français de trouver la solution budgétaire (crédit prévisionnel et budget de fonctionnement).

On aurait pu imaginer que les autorités françaises allaient se limiter à gérer les contraintes. Il n'en fut rien puisque dès l'origine se posa la question des pouvoirs respectifs. Préfecture de Police, préfecture de la Seine, gendarmerie : la situation était riche de conflits potentiels. L'affaire, au moins au niveau de la chaîne hiérarchique, fut rapidement réglée car le 27 août ces divers protagonistes français rencontraient Dannecker et son équipe pour la Sipo-SD et Josef Lippert pour le MBF. C'est Lippert qui donna les consignes tandis que Dannecker était à la manœuvre. La première question fut réglée rapidement : le préfet de la Seine s'occupait du couchage et du ravitaillement. La seconde question posa davantage de problèmes : qui, de la préfecture de Police ou de la gendarmerie, aurait la main sur la garde du camp relevant, rappelons-le, de l'administration française ? Le 20 août, le commandant de la région Paris-Est de la gendarmerie, le colonel Jean Martin, en l'absence du colonel Jules Jolivet, le titulaire du poste alors en vacances, était allé un peu vite en besogne lorsqu'il écrivait que « le colonel, chef des forces de gendarmerie de Paris-Est, est chargé de fournir l'officier commandant de camp et les effectifs nécessaires à la garde du camp de Drancy où seront internés les Juifs ». Comme la préfecture de Police souhaitait conserver la main sur la garde du camp et nommer le directeur auquel

La garde du camp, dessin de Joseph Lubitch.

devraient obéir tous les gardiens, elle ne pouvait accepter ce qu'elle percevait comme une dépossession. Dannecker en était parfaitement d'accord et suivit les demandes du commissaire Jean François, directeur de la police générale. Même en cas de conflit de compétence entre les services français, c'était les Allemands qui tranchaient. Lors de la réunion décisive du 27 août 1941, Lippert précisait que la direction et la surveillance du camp relevaient de la responsabilité du préfet de Police auquel étaient hiérarchiquement rattachés la gendarmerie comme les agents de la préfecture de la Seine. Il s'empressait d'ajouter que les libérations éventuelles étaient du seul ressort de l'administration militaire allemande. Le premier chef de camp, Maurice Savart, avait très rapidement pris sa retraite. Son successeur, Henri Laurent, resta jusqu'aux grandes rafles de juillet 1942, date à laquelle il fut remplacé par Auguste Guibert. La garde intérieure et extérieure du camp était assurée par la gendarmerie.

Les gendarmes de Drancy relevaient du secteur de Paris-Est, l'un des trois secteurs de la région parisienne, commandé par le colonel Jolivet et divisé en trois groupements ; celui de Drancy comptait 300 à 350 hommes et fut dirigé par le commandant Émile Delahaye, remplacé en décembre 1941 par le chef d'escadron Paul Blanc. Enfin, le groupement de Drancy était lui-même divisé en trois « groupes » d'une centaine de gendarmes chacun, les groupes 7, 8 et 9, tous commandés par un capitaine. Le service intérieur du camp, le plus important en nombre et de loin, était assuré par le 7e groupe à la tête duquel fut nommé en août 1941 le capitaine Émile Lombard, remplacé à son tour en novembre par le capitaine Robert Richard. Les postes et miradors étaient tenus par une cinquantaine de gendarmes. Deux patrouilles montaient la garde la nuit. D'autres s'occupaient des fouilles dans les chambres et de celles des colis de linge et de vivres, quand ces derniers furent autorisés. Quant à la garde extérieure, elle était assurée par trois compagnies, à tour de rôle.

Fouilles, colis, linge, mais aussi tabac et nourriture : on imagine sans peine les trafics auxquels pouvaient s'adonner certains gendarmes et policiers. Et de fait beaucoup succombèrent. Dès le 7 décembre 1941, Maurice Kiffer, le gestionnaire du camp, remettait un rapport à ses supérieurs de la préfecture de Police pour dénoncer ces pratiques :

« J'ai l'honneur de vous transmettre À TITRE PERSONNEL un rapport sur ce qu'on peut appeler les scandales du camp de Drancy », écrivait-il, avant d'étayer ses accusations, puis de conclure : « Il est à craindre qu'un jour un scandale n'éclate et que soit éclaboussée une institution qui faisait jusqu'à ce jour l'honneur de la Police. [...] Il y va de l'honneur de la Police que soit porté un remède efficace à cet état de choses. C'est avec la conscience d'avoir rempli mon devoir que je me suis permis de relater *grosso modo* ces faits et de les porter à votre connaissance. »

De fait, des malversations de toutes sortes avaient déjà éclaboussé la réputation de la gendarmerie et des RG. S'il arrivait aux agents d'offrir directement leurs services, ils pouvaient aussi tirer avantage des trafics qu'ils repéraient puisqu'ils disposaient ainsi d'un moyen de chantage. Lorsque vint le temps des déportations, ces trafics prirent une tout autre ampleur. Mais la lecture de ce rapport d'un gestionnaire montre qu'ils marquèrent d'emblée l'histoire du camp.

La crise que traversa le camp d'internement dès les premiers mois de son existence fut aggravée par l'absence d'une réelle infirmerie. Il fallut donc, dans l'urgence, solliciter des hôpitaux de l'Assistance publique ; la grande majorité des grands malades se retrouvait dans une salle de l'hôpital Tenon, surveillés par des inspecteurs de police. Mais la sécurité ne pouvait pas être pleinement assurée et le commissaire François craignait des évasions massives (7 s'étaient produites). D'un commun accord, préfecture de Police et préfecture de la Seine décidèrent de réserver deux pavillons de l'hôpital Rothschild aux internés de Drancy trop malades pour être gardés au camp. Le 8 décembre 1941, les deux services, celui du Dr Worms et le service de chirurgie du Dr Robert Hertz disposèrent d'abord de 150 lits, puis de 240. La garde des « détenus » était assurée par la préfecture de Police, et la préfecture de la Seine prenait en charge le remboursement forfaitaire des dépenses d'hospitalisation. Des agents de police stationnaient dans le jardin autour du pavillon dont ils défendaient l'entrée, et des équipes de deux ou trois inspecteurs armés montaient la garde à l'intérieur du service. Quatre tentatives d'évasion, dont trois réussies, suscitèrent de nouvelles mesures, notamment la fermeture des fenêtres la nuit et l'installation de barbelés.

Theodor Dannecker venait y rechercher ceux qu'il renvoyait à Drancy. Ce fut le cas le 17 mars 1942 ; il ordonna alors le renvoi immédiat à Drancy d'une quarantaine de malades, dont l'un mourut dès son retour au camp. Selon les chiffres fournis par Adam Rutkowski, on compta jusqu'à 300 malades hospitalisés dans ce cadre en mai 1942, point culminant de toute la guerre. Le 3 juillet 1942, quelques jours avant la grande rafle du Vél' d'hiv, Dannecker imposait le retour au camp de tous les malades hospitalisés sous le contrôle de la police française.

La rafle de décembre 1941

Avant cette date, une troisième rafle avait frappé les Juifs de la capitale. Plus encore que la précédente, elle illustra l'étroite association idéologique entre la figure du Juif et celle du communiste. Comment réagir face à la montée en puissance de la résistance communiste ? Comme réagir face à la lutte armée qui avait commencé dans Paris puis avait gagné Nantes et Bordeaux tout en se développant

encore dans la capitale ? Le lien avec Drancy n'est pas aussi éloigné qu'il semble. Le camp n'était pas un isolat refermé sur lui-même. La rafle de décembre 1941 contre les Juifs de la capitale et les exécutions d'otages pris à Drancy ne sont pas dissociables des attentats individuels et de la réaction de l'occupant.

Avec la rupture du pacte germano-soviétique, le PCF avait complètement réorienté sa stratégie. Sur le terrain, à l'Est, l'avancée rapide de la Wehrmacht appelait une mobilisation urgente pour sauver l'URSS. La lecture des télégrammes entre le centre à Moscou et la direction clandestine du parti communiste à Paris fournit une première clé d'analyse : tout devait être fait à l'Ouest pour bloquer un maximum de soldats allemands sur le front occidental et soulager le front de l'Est. En réponse, Jacques Duclos, le plus haut responsable communiste en France, préparait une liste d'actions aussi impressionnante qu'illusoire. Mais, à ses yeux, dans le même temps, l'enjeu de l'action armée en France était avant tout politique ; il s'agissait de gagner une opinion française considérée comme anesthésiée. L'occupant répondait aux attentats par l'horreur des exécutions d'otages. Bientôt, jugeait Duclos, la multiplication de ces attentats individuels neutraliserait la réaction allemande. Surtout, elle creuserait un fossé de sang entre l'opinion et l'occupant. Les faits lui donnèrent raison. Certes, l'attentat de Fabien à Barbès ne fut jamais reconnu dans *L'Humanité* clandestine, le journal du PCF. Ce type d'action serait mal accueilli par l'opinion, avait-on pensé. Au sein des milieux communistes, il apparaissait comme un acte contraire à la tradition politique, relevant plutôt de la culture anarchiste de la fin du XIXe siècle. Les Renseignements généraux firent même état de bruits attribuant la mort de l'aspirant de marine Alfons Moser à des conflits internes entre services allemands. La donne changea avec les premières exécutions d'otages qui scellèrent une forme de pacte implicite entre ces combattants et l'opinion. On ne saurait trop souligner l'importance de cette dernière dans un combat dont on ne retient en général que la dimension militaire. Cela prit des semaines, voire des mois, et plusieurs centaines d'otages morts, mais le résultat fut sans ambiguïté : la condamnation de la politique des otages l'avait emporté sur les réticences devant la stratégie des attentats individuels. La presse clandestine communiste pouvait dès lors en appeler à réagir œil pour œil, dent pour dent.

Or la politique allemande des otages eut un impact direct sur les camps d'internement en général, et sur celui de Drancy en particulier. Ce fut le cas, on l'a vu, dès l'ouverture du camp en août 1941 et, très vite, avec la désignation de notables juifs français comme otages potentiels, ce qui empêchait toute intervention de Vichy, pour le cas où le gouvernement français aurait envisagé de solliciter leur libération. À Nantes et à Bordeaux, des attentats similaires à celui de Paris avaient été suivis par l'exécution de dizaines d'otages à Châteaubriant, Nantes et Souges en octobre. Il en fut de même de la nouvelle série d'exécutions massives le 15 décembre 1941.

Mais le commandant militaire allemand en France occupée, Otto von Stülpnagel, avait parfaitement compris les limites de cette politique des otages. Il en avait mesuré l'impact sur la société et les difficultés qu'elle risquait d'engendrer dans les rapports de l'occupant avec Vichy. Il avait donc décidé d'explorer une nouvelle piste pour aboutir, espérait-il, à un meilleur résultat : la déportation massive de Juifs. Par conséquent, la rafle qu'il opéra alors parmi les notables juifs de la capitale se voulait aussi une réponse à la lutte armée engagée par les communistes. Le 12 décembre, *Feldgendarmes*, policiers de la Sipo-SD et policiers français procédèrent ensemble à l'arrestation de 743 Juifs parisiens, notables et français pour la plupart.

Georges Kohn a raconté dans son journal les conditions de son arrestation. À 5 heures du matin, deux *Feldgendarmes* et un policier français vinrent l'arrêter à son domicile. Il fut ensuite conduit en voiture à la mairie du 5e arrondissement, bientôt rejoint par d'autres raflés, avant leur transfert à l'École militaire. Soldats de la Wehrmacht et membres de la Sipo-SD les prirent en charge à 18 heures 30

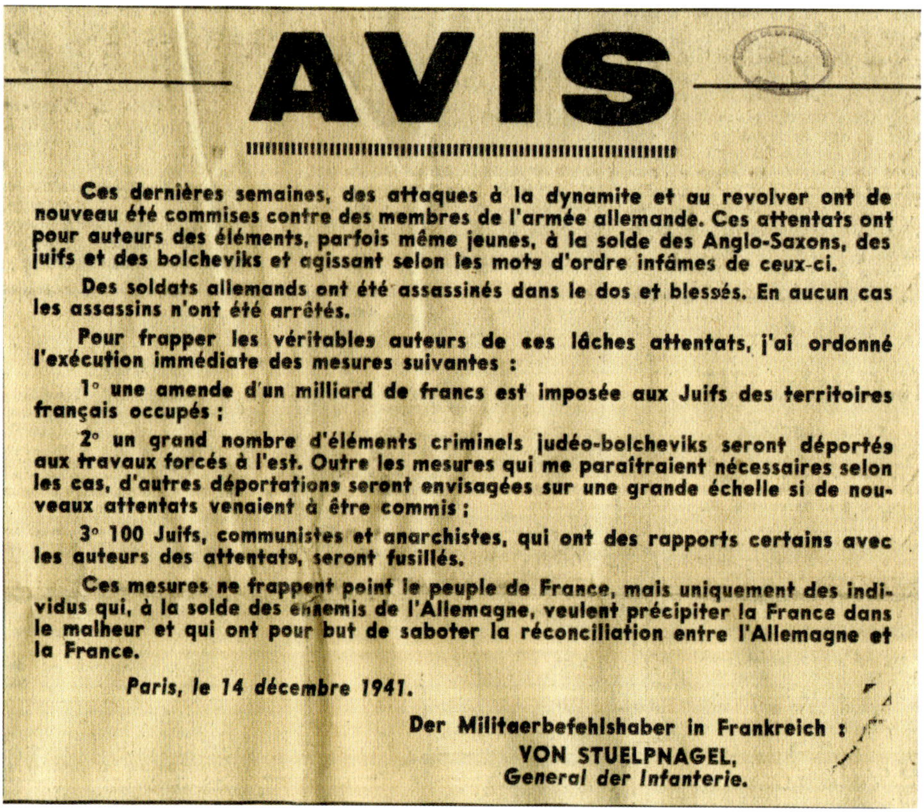

AVIS

Ces dernières semaines, des attaques à la dynamite et au revolver ont de nouveau été commises contre des membres de l'armée allemande. Ces attentats ont pour auteurs des éléments, parfois même jeunes, à la solde des Anglo-Saxons, des juifs et des bolcheviks et agissant selon les mots d'ordre infâmes de ceux-ci.

Des soldats allemands ont été assassinés dans le dos et blessés. En aucun cas les assassins n'ont été arrêtés.

Pour frapper les véritables auteurs de ces lâches attentats, j'ai ordonné l'exécution immédiate des mesures suivantes :

1° une amende d'un milliard de francs est imposée aux Juifs des territoires français occupés ;

2° un grand nombre d'éléments criminels judéo-bolcheviks seront déportés aux travaux forcés à l'est. Outre les mesures qui me paraîtraient nécessaires selon les cas, d'autres déportations seront envisagées sur une grande échelle si de nouveaux attentats venaient à être commis ;

3° 100 Juifs, communistes et anarchistes, qui ont des rapports certains avec les auteurs des attentats, seront fusillés.

Ces mesures ne frappent point le peuple de France, mais uniquement des individus qui, à la solde des ennemis de l'Allemagne, veulent précipiter la France dans le malheur et qui ont pour but de saboter la réconciliation entre l'Allemagne et la France.

Paris, le 14 décembre 1941.

Der Militaerbefehlshaber in Frankreich :
VON STUELPNAGEL,
General der Infanterie.

et trois heures plus tard un train spécial les amena de la gare du Nord à celle de Compiègne où ils arrivèrent à 23 heures 30. À Compiègne ils furent rejoints par 300 autres Juifs, en majorité des notables, ponctionnés au sein même du camp de Drancy par Dannecker qui, depuis longtemps, plaidait pour la déportation massive des Juifs de France. Le convoi des 1 000 était prêt à partir de Compiègne mais la déportation fut retardée de quelques mois sous la pression des autorités ferroviaires et militaires centrales ; question de logistique.

Parallèlement, les attentats se poursuivaient et ils débouchèrent sur une nouvelle vague d'exécutions massives d'otages, pour moitié des Juifs pris à Drancy et pour moitié des communistes pris au Fort de Romainville, dans les camps de Compiègne et de Châteaubriant et dans les prisons de Fresnes, de la Santé ou de Fontevrault. Le 14 décembre, à 10 heures du matin, un détachement de la Wehrmacht arriva au camp avec une liste de 50 noms dressée, semble-t-il, en liaison avec la préfecture de Police ; on en trouva 44. Sur les 95 otages exécutés le 15 décembre 1941, 70 le furent au Mont Valérien, dont le célèbre journaliste communiste Gabriel Péri et les 44 Juifs de Drancy.

« À quelques heures de mon exécution, ma main ne tremble pas. [...] J'attends. [...] Dans quelques heures je serai une nouvelle et innocente victime parmi d'autres. » Jacques Grinbaum avait 21 ans lorsqu'il écrivit cette lettre à sa famille le 14 décembre 1941. Albert, dans la lettre qu'il écrit à sa « chère Sarah » et à son « cher petit enfant » déclarait lui aussi : « Je meurs innocent avec la conscience tranquille et honnête. » Ceux qui laissaient un orphelin tenaient particulièrement à transmettre ce message : ils étaient innocents.

Cette stratégie de la terreur, voulue par Hitler et relayée par Wilhelm Keitel, le chef d'état-major et ses principaux chefs militaires, provoqua un changement majeur dans le rapport des pouvoirs au sein des forces d'occupation. Le gouverneur militaire allemand, on l'a dit, était réticent face à cette stratégie. Après les exécutions d'octobre, il avait alerté ses supérieurs. À la suite de celles de la mi-décembre, il mettait à nouveau en évidence le piège dans lequel ils étaient tombés. En janvier, il demandait les pleins pouvoirs à ses supérieurs pour lutter contre le « terrorisme ». Otto von Stülpnagel expliqua sa position en ces termes :

> Administrer un pays implique selon moi l'obligation de penser en politique et de vérifier que toutes les mesures administratives n'auront pas de répercussion politique ni d'effet sur la population civile et sur les intérêts de la direction d'ensemble de la guerre [...]. J'ai cru à une autre voie pour l'expiation, bien entendu nécessaire, des attentats contre les membres de la Wehrmacht, à savoir des exécutions limitées, mais aussi la déportation massive vers l'Est de Juifs et de communistes qui, à ma connaissance, a un effet beaucoup plus grand sur la population française que ces fusillades en masse incompréhensibles, surtout depuis que le public français sait maintenant qu'il s'agit de

> petits groupes terroristes difficilement saisissables aussi bien pour la police allemande que pour la police française, qui ne peuvent être empêchés d'agir par une mesure, aussi dure soit-elle, mais seulement par la découverte et la destruction de leur Organisation.

L'analyse était claire, comme l'étaient les mesures qu'il avait engagées : l'association des Juifs et des communistes dans une politique commune de déportation n'était pas un artifice ; elle s'inscrivait dans un imaginaire qu'il partageait, celui de l'alliance objective qu'exprime le terme de judéo-bolchevisme. Il mesurait aussi l'enjeu que constituait l'opinion française et les dégâts que causait, à ce titre, la politique menée jusqu'alors. Il savait enfin qu'une répression policière, menée de conserve avec la police française, était la seule voie efficace. Il chercha en février 1942 à rencontrer Hitler pour lui expliquer la situation et sa position, mais il ne fut reçu que par Keitel qui exigea de lui l'obéissance du militaire. Ne s'estimant pas entendu, il demanda à être relevé de ses fonctions en prétextant des raisons de santé et fut remplacé par son cousin Karl-Heinrich von Stülpnagel.

Pas entendu ? Pour un temps limité simplement, car ses successeurs se rallièrent finalement à la politique qu'il préconisait. Cependant, une nouvelle configuration était née de cette crise. À la différence de la Belgique où les autorités militaires conservèrent les rênes tout au long de l'Occupation, ou de la Hollande où, d'emblée, une administration civile avait été mise en place sous l'autorité de la SS, l'année 1942 marqua en France un tournant majeur : le MBF passa la main à la Sipo-SD en matière de répression et de persécution, un processus enclenché par les débuts de la lutte armée. Il s'agissait en fait de conflits de compétences entre administrations concurrentes qui ne divergeaient pas sur la stratégie à mettre en œuvre. De fait, priorité fut donnée à la collaboration des polices. Il y eut encore des exécutions d'otages, dont certaines spectaculaires, mais l'instrument privilégié pour contrecarrer la Résistance changea.

Compte tenu de ce cadre idéologique et de ces contraintes politiques, le Juif restait l'ennemi, aux yeux de l'occupant comme aux yeux des autorités françaises. Dans ce combat contre l'ennemi commun, le camp de Drancy qui permettait leur regroupement devait jouer un rôle central.

Le temps de l'improvisation

Le 20 août 1941, la population du camp se transforma du tout au tout : Drancy devint le « camp des Juifs » et il le restera jusqu'à la Libération. Les hommes qui avaient été appréhendés lors du bouclage de leur arrondissement et dont la vie venait d'être bouleversée n'avaient pas la moindre idée de ce qui les attendait. La déportation, rappelons-le, n'était pas encore à l'ordre du jour. Ils avaient lu, dans les années 1930, maints articles sur les camps de concentration nazis en Allemagne. Mais ils avaient été arrêtés par des policiers français. Ils connaissaient également l'existence des camps de Pithiviers et de Beaune-la-Rolande ; ils avaient sans doute entendu parler des camps de la zone sud. Mais la rafle les avait pris au dépourvu. La veille, c'était la pénurie qui souciait Jacques Biélinky, un journaliste juif qui notait ses préoccupations au jour le jour : « Aujourd'hui au marché, il n'y avait rien, écrivait-il. Pas même les pommes de terre dont la distribution a été annoncée il y a quatre jours. ». Le 20 août, il ne parlait plus que de la rafle. Rien ne préparait les Juifs raflés à l'enfer de ce premier Drancy.

Certains avaient été arrêtés à leur domicile, d'autres avaient eu la malchance de tomber sur un policier français à la sortie d'une station de métro. « Il s'agit d'une simple vérification de papiers », leur avait-on dit parfois. Ils avaient souvent passé la nuit au commissariat. Les plus favorisés étaient ceux auxquels un parent avait apporté quelques effets et des vivres. Tous avaient été dirigés vers des bus. À destination, après avoir franchi un poste gardé par des Allemands et deux rangées de barbelés, ils avaient appris qu'ils se trouvaient à Drancy.

Les victimes des rafles d'août 1941 arrivent au camp de Drancy en autobus, sous le contrôle des gendarmes.

Les internés aux fenêtres du camp.

On ne saurait imaginer description plus précise du camp que celle que nous propose Georges Horan (Koiransky) dans son *Journal*, rédigé en avril 1943. Car cet extraordinaire illustrateur des divers moments de Drancy, arrêté à son domicile le 11 juillet 1942, était dessinateur industriel.

C'est un bâtiment en ciment armé de quatre étages, en forme d'U de 200 mètres de long par 100 mètres de large, dont l'axe longitudinal est orienté Nord-Sud légèrement NNE/SSO. Du rez-de-chaussée, s'élèvent des poteaux qui supportent une terrasse en ciment armé à hauteur du premier étage et constituent une galerie couverte conçue dans le sens du Palais-Royal. Tout le rez-de-chaussée, conçu pour être occupé par des boutiques est occupé par les services qui sont ainsi de plain-pied : coiffeurs, magasin à provisions, cuisines, services du matériel, travaux, médical, infirmerie, effectifs, social, linge, colis, vaguemestre, administratif, etc.
Les quatre étages servent de logements. Cet ensemble en U est constitué par cinq bâtiments ou blocs qui se touchent mais ont un espace de quelques centimètres pour les dilatations. Les dix escaliers côté Est débouchent dans la cour intérieure, ainsi que les deux escaliers Nord. Les dix escaliers Ouest ouvrent sur un terrain libre extérieur et communiquent avec la cour intérieure par un couloir où naît l'escalier 18.

[...] Dominant de leurs quatorze étages nos bâtiments horizontaux, cinq tours carrées – les « Buildings » largement espacés s'alignent perpendiculairement à l'axe longitudinal en direction de l'Est. Ces Buildings extérieurs à notre camp servent de logements aux gendarmes et à leurs familles. Un groupe de bâtiments cubiques intermédiaires servent de bureau pour le commandement aryen, civil, policier, administratif et militaire. Ces Buildings se voient de partout : ils montent la garde dans le ciel, ils semblent nous sur-

Les barbelés autour du camp.

veiller et symbolisent bien cette pesante et rigide oppression qu'exercent sur nous les autorités tutélaires.

Ne figurent pas dans cette description les guérites surélevées des gardiens, ni les quatre miradors munis de projecteurs qui tournaient constamment, ni les barbelés dont Horan écrira le 1er janvier 1943 qu'il a « la hantise », « l'obsession ». Par ailleurs, cette description inclut de nombreux services qui ne seront introduits que dans une phase ultérieure de la vie du camp. Georges Wellers y ajoutait les vastes chambrées aux murs en ciment, leurs fenêtres très grandes et mal ajustées qui n'arrêtaient pas le vent, les escaliers étroits aux marches hautes et peu commodes avec leur rampe de fer non achevée.

Ces descriptions ne rendent pas compte non plus des effets de l'improvisation dans le Drancy d'août 1941. Le 1er septembre, 4 279 Juifs y étaient internés. Trois semaines plus tard, leur nombre s'élevait à 4 406, dont les trois-quarts étaient des étrangers. Il y avait parmi eux près de 180 titulaires de la carte d'anciens combattants, mais aussi quelque 300 grands malades chroniques (cardiaques, tuberculeux ou cancéreux). Pour tous, ces premières semaines furent les plus difficiles, car rien n'avait été prévu pour les accueillir et des conditions draconiennes étaient imposées par les

L'éclairage violent et incessant des projecteurs, ici à 4 h du matin, à l'arrivée des autobus pour une déportation, dessin de Georges Horan.

autorités allemandes d'occupation. Le 26 août, les consignes étaient fixées :

> Le camp est placé sous le régime de la discipline militaire. Toute tentative d'évasion sera réprimée avec la dernière rigueur. Il est interdit aux internés de communiquer avec l'extérieur par quelque moyen que ce soit [...]. Les internés doivent faire preuve d'une obéissance absolue et avoir une attitude correcte et déférente vis-à-vis du personnel du camp [...].

Parqués à 50 ou 60 par chambrée dans ces vastes espaces non aménagés, après avoir été dépouillés de leurs papiers d'identité, de leur carte d'alimentation et de toute somme supérieure à 50 francs, les internés soudain traités en criminels devaient, dans le meilleur des cas, partager à plusieurs des planches en bois mal ajustées qui s'incrustaient dans leurs chairs par les interstices, sans sommier, sans matelas, sans paillasse, pour y poser leur corps endolori par les heures d'attente qui leur avaient été imposées à leur arrivée, sous une averse pour ceux qui avaient été transférés le 20 août, sous un soleil torride pour les autres. Souvent, ils devaient coucher à même le ciment ; aucune couverture n'était prévue. Il n'y avait pas d'éclairage dans les dortoirs. Le sol, devant et derrière la longue auge de bois recouverte de plaques de zinc qui tenait lieu de lavabo et servait parfois d'urinoir la nuit, était constamment mouillé. Un seul robinet commandait les sept petits tuyaux recourbés et la différence de hauteur entre l'auge et les tuyaux provoquait des inondations permanentes. Là où il n'y avait pas de flaques d'eau, deux doigts d'épaisseur de poussière noire provenant du mâchefer de la cour prenaient le relais. C'est là, sans la moindre planche pour ranger leurs objets personnels, que les internés devaient dormir, faire leur toilette, prendre leur repas et passer toute la journée.

Photographie clandestine de l'intérieur d'une chambrée (fonds Van Kote).

Mais le pire était ailleurs : la faim minait la vie des internés. Le jour de leur arrestation, la nuit était tombée sans qu'ils reçoivent la moindre nourriture. Ce n'était qu'un signe avant-coureur. « On nous a enfermés dans une effrayante enceinte, ne nous laissant la liberté de mouvoir notre pensée qu'entre les chiottes et la boustifaille », écrit Noël-Nissim Calef dans le récit qu'il a laissé des quelques mois passés à *Drancy-la-faim*. La « boustifaille » était notoirement insuffisante en effet. « Tout est supportable, sauf la faim », écrit aussi Paul Zuckermann le 15 septembre 1941 à sa fiancée. La famine était à l'ordre du jour : la ration quotidienne de 275 g de pain n'était pas toujours atteinte. Elle dépendait de l'exactitude du partage de 7 pains de 2 kg chacun en 50 rations. Les internés inventèrent toutes sortes de procédés pour ne léser personne et éviter les disputes quasi quotidiennes. Saul Castro décrit le cérémonial des distributions de pain le 21 octobre 1941 : dans sa chambre, elles duraient ¾ d'heures, avec l'aide d'une sorte de petite mesure en bois, puis d'une balance, et se terminaient par un tirage au sort. Par la suite, cette allocation quotidienne fut encore diminuée. Quant aux trois rations d'eau chaude un peu grasse, pompeusement qualifiée de soupe car les plus chanceux y récupéraient quelques rares morceaux de légumes ou deux macaronis, elles étaient bues dans de vieilles boîtes de conserve vides, laissées par les prisonniers français ou anglais, que les internés devaient parfois se partager à quatre. « Grand événement », une cuillère et une assiette furent distribuées aux internés le 26 août. « Adieu les récipients rouillés », se réjouit alors Saul Castro.

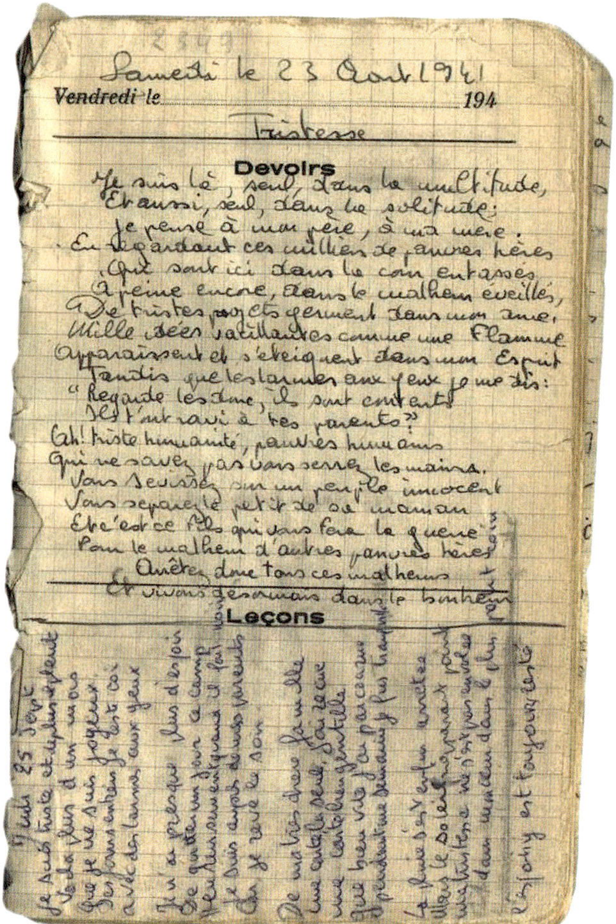

Extrait du journal d'Abraham Dymenstajn.

Le 10 septembre 1941, le préfet de la Seine signalait qu'aucune distribution de pâtes ni de légumes secs n'avait été faite pour septembre, que la quantité de pommes de terre était inconnue, qu'un seul ticket de viande par semaine pouvait être honoré – ce qui fut fait à raison d'une trentaine de grammes par interné, à partir du 6 septembre. Quoi de surprenant si « le samedi, on assistait [à Drancy] à des scènes un peu dégradantes lors de la distribution de viande hebdomadaire », une triste constatation de Paul Zuckermann.

Journaux et correspondances portent le témoignage de cette faim qui torturait les entrailles de tous les internés de Drancy. Dès le 24 août, Abraham Dymenstajn, âgé de 16 ans – il était le deuxième plus jeune interné du camp – écrivait un poème intitulé « Songe » :

[...] Je me vois assis, à la maison
En train de manger du saucisson
Tandis qu'ici je crève de faim
Oui affamé, même du soir au matin
N'ayant pour dîner que mon morceau de pain.
Je suis là, avec mon cousin
Et avec de bons copains.
Mais n'avoir rien fait, rien dit
Et quand même on nous a pris et mis
Tous entassés dans le camp de Drancy.

« J'ai faim à en pleurer », écrivait-il encore le 2 septembre 1941.

Le 1er octobre, 400 hommes environ descendaient dans la cour en criant : « À manger ! » Les « meneurs » de cette manifestation de la faim eurent la tête rasée et furent condamnés au cachot, une petite cave située en sous-sol à l'intérieur de la prison, dont les murs étaient en ciment, sans éclairage ni aération, et dans laquelle on ne pouvait guère que rester debout avant de s'affaisser. C'était la punition consacrée. En l'espace de deux mois et demi, les internés étaient devenus « des êtres squelettiques tenant à peine debout » : certains avaient perdu entre 15 et 22 kg.

La corvée de pluches était particulièrement courue pendant ces premières semaines. Seuls pouvaient y prétendre les internés munis d'un canif. Dès le 1er septembre, Abraham Baron demandait un couteau à sa femme dans une lettre qu'il lui envoyait clandestinement. Le 16 septembre, 128 couteaux manquaient déjà à la cuisine. Deux gendarmes avaient pour mission d'empêcher les internés de manger les légumes crus. Pourtant, les éplucheurs réussissaient à enfourner subrepticement dans leur bouche des bouts de carottes ou de courgettes crues ou bien récupéraient des trognons de choux qu'ils émiettaient dans leur « soupe ». Moins chanceux, de nombreux internés se rabattaient sur les poubelles pour essayer d'y glaner quelque résidu qui aurait échappé à la vigilance des éplucheurs. Le 14 octobre, la corvée de pluches ne fut plus confiée à des volontaires, mais assimilée à toutes les autres corvées et organisée en conséquence. Une louche supplémentaire de « soupe » récompensait le soir ceux qui avaient été désignés pour la semaine.

Une diarrhée généralisée gagna bientôt les internés, accompagnée souvent d'incontinence urinaire. Or les « chiottes », un bâtiment en briques plates rouges (le château rouge) qui fermait le fer à cheval du camp, ne proposaient guère que 60 trous d'aisance. Il n'y avait pas de papier – acheter un journal au marché noir était la seule solution. Le 19 octobre, grâce à la Croix-Rouge, chaque interné reçut 13 bouts de papier hygiénique avec lesquels il devait tenir un mois. Les visites aux latrines étaient strictement réglementées, notamment la nuit, mais l'urgence en bouleversa les règles. Les queues s'éternisaient de jour comme de nuit et certains étaient incapables de se retenir ; c'est donc par des escaliers dégageant une odeur pestilentielle que les internés de Drancy devaient, à partir du 3 septembre, se présenter aux deux appels quotidiens. « On dirait que je me trouve dans la Cour des Miracles » : le 16 septembre, Saul Castro décrivait les internés rassemblés pour l'appel du matin. « Plusieurs internés sont en haillons, d'autres avec des chaussures usées, d'autres n'ayant pas de pardessus ni chapeaux et se sont couverts avec leur couverture, d'autres n'ont rien pour se couvrir et sont les plus malheureux ; la plupart de ces malheureux sont courbés en deux, tapant des pieds et des mains pour se réchauffer. »

CARTE POSTALE

EXPÉDITEUR

Mr A Baron camp de Drancy Bloc 5 escalier 18 chambre 22.
Drancy.
Seine

DESTINATAIRE

Madame Baron
194 Bd de la Pie 194
Saint Maur
Seine

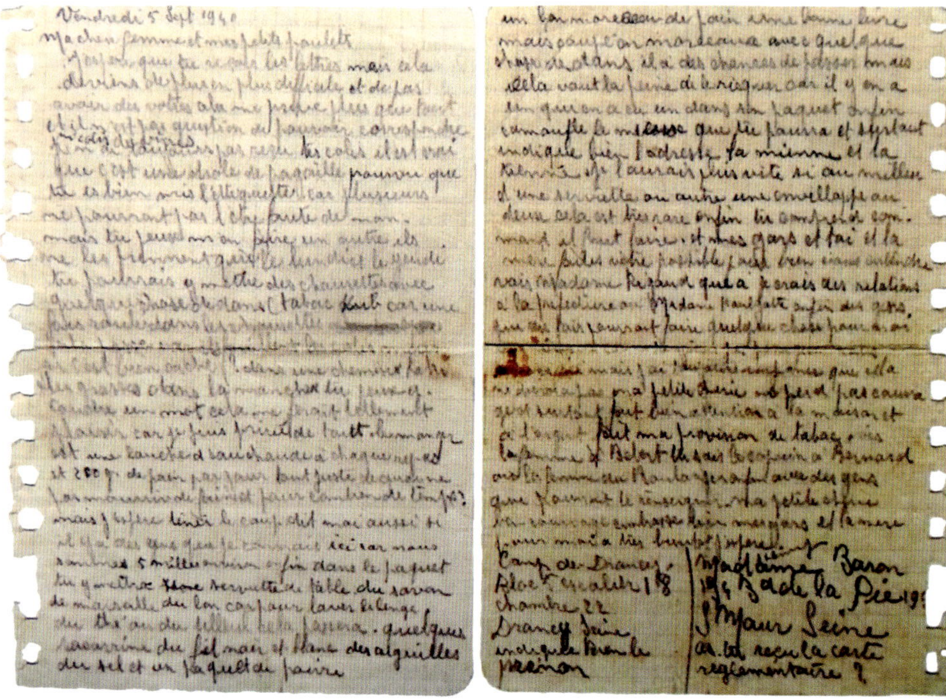

Lettres clandestines d'Abraham Baron à sa femme, Maryse, début septembre 1940.

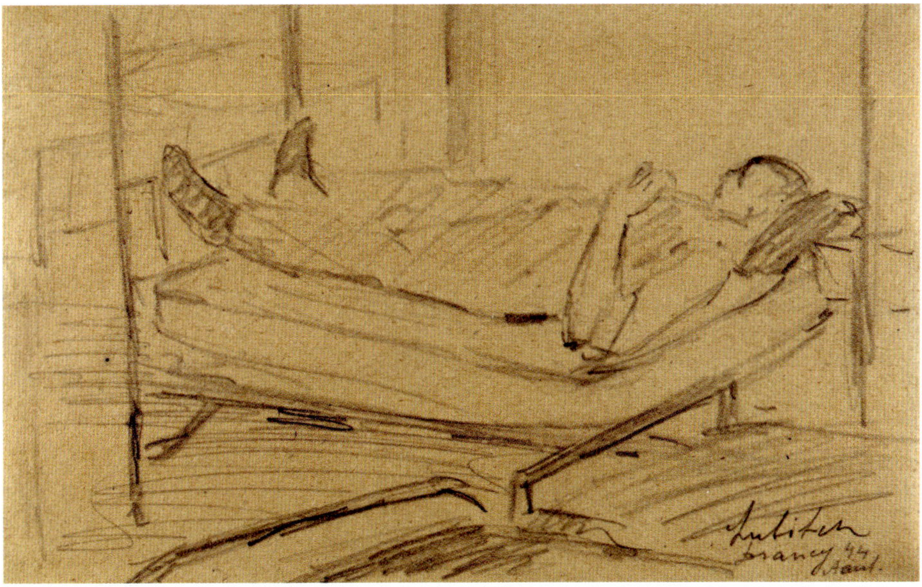

Un interné se repose, dessin de Joseph Lubitch.

Puis vint le moment où certains furent trop faibles pour effectuer les quelques pas qui menaient de leur chambre à la cour et se rendre à l'appel ou à la promenade d'une heure dans la cour, la seule autorisée, bloc par bloc.

L'oisiveté était la règle, hormis les quelques tâches exigées par l'entretien du camp. Les coiffeurs faisaient exception, qui étaient même submergés de clientèle. Le commandant du camp avait bien envisagé d'installer des ateliers – les artisans ne manquaient pas –, mais il avait craint de mettre des outils entre les mains des internés. La hantise des évasions régnait à Drancy. À preuve, la promenade qui s'effectuait à l'intérieur d'une triple enceinte (l'enceinte générale du camp, celle du bâtiment et celle du promenoir).

Les conditions sanitaires de ce premier Drancy noircissaient encore le tableau : un savon pour dix, un peigne pour vingt, une brosse à dents pour cinq, un rasoir pour dix, des robinets en panne ou qui coulaient sans interruption. Au bout de quelques jours, le linge était noir à cause du mâchefer. Les plus méticuleux ne pouvaient laver leur chemise qu'à l'eau froide, sans savon, pour la remettre le lendemain sans pouvoir la sécher. La vermine, les poux, la gale ne tardèrent pas à faire leur apparition. Les maladies se multiplièrent. Il y avait 26 médecins juifs parmi les internés, mais ces derniers durent forcer l'infirmerie qui avait été transformée en débarras. Les Allemands ne s'y opposèrent pas… après avoir vidé la pharmacie.

Les interdictions pleuvaient. Interdiction de fumer, interdiction de se montrer aux fenêtres ou de sortir sur les balcons, interdiction de jouer aux cartes, interdiction de sortir des chambres en dehors de l'heure assignée à la promenade. Les internés étaient en outre privés du moindre contact avec leur famille, ni visite, ni correspondance, ni colis, rien pour soulager leur misère physique et morale.

Ces mesures suscitèrent des anticorps immédiats : les cigarettes, qui s'échangeaient à la pièce, devinrent la valeur étalon d'un marché noir alimenté par la pénurie. Dès la mi-septembre, une simple cigarette valait 40 francs. Ce marché noir était la « lèpre du camp », témoignait un interné ; un autre évoquait plutôt le « marché de la misère ». Une ration de pain coûtait 300 francs, puis son prix diminua une fois les colis alimentaires autorisés. Tout était devenu monnayable. 20 francs permettaient de lire *Le Matin* pendant une demi-heure. Les internés se cotisaient et l'un faisait la lecture aux autres. Un interné astucieux se fit même payer la lecture du journal. Les gendarmes alimentaient ce commerce et y trouvaient largement leur compte.

La belote surtout, le bridge ou le poker parfois, permirent aux férus de cartes de tromper leur oisiveté ; cela, à la lumière du jour, car il n'y avait pas d'électricité dans les chambres. Des internés restaient couchés toute la journée. D'autres trouvaient tous les prétextes pour quitter la chambrée. Certains organisèrent des cours d'éducation physique tôt le matin ou des parties de football le dimanche. Il y avait ceux qui profitaient des compétences des autres pour compléter leur instruction. D'autres encore se mettaient au service de moins démunis qu'eux, nettoyant leur coin de chambrée, réparant leurs vêtements, leurs chaussures ou s'occupant de leur petite lessive pour récupérer quelques sous et avoir accès au marché noir.

Très vite, certains internés mirent en place un système de cartes/lettres clandestines. Ces premiers témoignages sur Drancy, écrits en cachette, sans que leur auteur puisse être assuré qu'ils seraient transmis à leur destinataire témoignent de l'extrême dénuement de ces premières semaines. Le chauffeur du car qui avait conduit les raflés au camp fut parfois sollicité ou, dès l'arrivée, l'un ou l'autre des gendarmes du camp dûment rétribué. Maryse Baron reçut une lettre d'Abraham, son mari, trois jours après son arrestation. Paul Zuckermann âgé de 29 ans écrivit une première lettre à Berthe, sa fiancée, quatre jours après son internement. Saul Castro décrit l'un des moyens utilisés pour correspondre dès le 26 août 1941. En face du balcon de l'un des blocs du camp, il y avait des jardins entourés de barbelés et quelques habitations.

> Chaque jour les jardiniers vers 14 heures viennent travailler dans le jardin ; [...] des lettres [...] attachées à une pierre sont lancées dans le jardin ; chaque lettre était accompagnée de dix francs pour le dérangement du jardinier afin que celui-ci les fasse parve-

Vue générale depuis le camp, dessin d'Aizik-Adolphe Feder.

> nir au destinataire. […] Les gendarmes qui se trouvent à l'entrée du camp nous guettent ; quelques-unes ne sont pas bien lancées […] et peuvent tomber dans les mains des gendarmes. Ainsi, c'est une fortune qui tombe du ciel à ces jardiniers car il va y avoir des lettres en masse à expédier.

Les enveloppes s'obtenaient aussi au marché noir.

Enfin, tous les internés déployaient des trésors d'ingéniosité pour apercevoir une épouse, une fiancée, ou un parent qui avait bravé les difficultés pour venir jusqu'au camp. « Petite chérie, je te donne rendez-vous pour mercredi, jeudi ou vendredi », écrivait Abraham Baron à Maryse, sa femme. « À côté du camp, il y a un café, À l'ami Pierre. Je suis dans l'aile gauche des bâtiments, c'est-à-dire juste en face du café. J'aurai ma casquette grise et je l'enlèverai aussitôt que je t'aurai vue. Dès que tu me reconnaîtras, tu te moucheras. Surtout ne fais pas de gestes à la main ; j'ai une chaîne que je ferai tourner, je t'attendrai de 1 heure à 3 heures ». Trouver la bonne fenêtre, faire savoir (clandestinement) où la visiteuse pouvait se poster pour être repérée, et parfois même quelle couleur elle devait arborer pour être reconnue de loin. Combien de fois Berthe a-t-elle écarté les bras pour indiquer qu'elle ne comprenait pas ce que Paul essayait de lui dire ? Quelle joie lorsque Paul la voyait se plier en avant – indiquant ainsi qu'elle avait compris. Quelle crainte lorsqu'un moulinet du bras droit indiquait l'arrivée d'un gardien car sortir sur le balcon ou faire des signes était interdit, donc dangereux. Sans occulter la tristesse que devait éprouver Paul lorsque Berthe élevait les bras en O sur la tête pour signifier son départ ou la torture de voir l'être aimé si proche et si éloigné en même temps.

Un mois après l'inauguration du « camp des Juifs », les 21 et 22 septembre, on célébra le Nouvel An juif (*Rosh ha-shana*). Certains avaient soigné leur toilette mais l'atmosphère était triste. La nourriture fut identique à l'ordinaire. Puis une fouille dans les chambrées fut décrétée et, pour de nombreux internés, cette journée fut consacrée à chercher de nouvelles cachettes. Deux offices – l'un de rite ashkenaze et l'autre de rite sépharade – avaient été organisés la veille, dans des chambres improvisées en oratoires. Ce fut le cas aussi le 30 septembre, à l'occasion du Grand Pardon (*Yom kipour*). Pendant une heure – car c'était la limite assignée à chacun –, quelques centaines d'internés tentèrent d'oublier leur misère. Par ailleurs, un curé venait régulièrement célébrer le culte pour les 20 catholiques qui se trouvaient au camp ; ceci avant que les autorités allemandes ne l'interdisent.

Le temps de la normalisation

Dans un deuxième temps, l'improvisation céda la place à un début d'organisation. Des lits superposés furent livrés, ainsi que des paillasses et des couvertures. Au bout de quinze jours les colis vestimentaires étaient acceptés. Le 1er octobre, la Croix-Rouge obtenait l'autorisation d'installer une permanence au camp. À partir du 23 octobre, l'appel eut lieu dans les chambrées car des internés tombaient d'inanition et le froid hivernal était déjà là. Annoncé par deux coups de sifflets longs, il imposait aux internés de se tenir debout au pied de leur lit, convenablement habillés, les mains lavées, les chambres en ordre et les couvertures proprement pliées sur les lits.

Le 1er novembre, les colis alimentaires furent enfin autorisés à raison d'un colis de 3 kg par semaine. Les premiers paquets arrivèrent le 5 novembre, un mercredi. La remise des colis s'effectua là encore dans l'improvisation : pendant quelques jours ce fut un défilé de femmes d'internés qui venaient déposer les paquets à l'entrée du camp. Ceux qui étaient trop gros étaient refusés. Puis des internés furent organisés en corvée pour aller les chercher avec une charrette avant de les déposer dans la salle de fouille. Bientôt, il fut annoncé que la Croix-Rouge collecterait les colis. Ils furent distribués suivant un rituel consacré. Le samedi généralement, le chef d'escalier appelait les noms des heureux

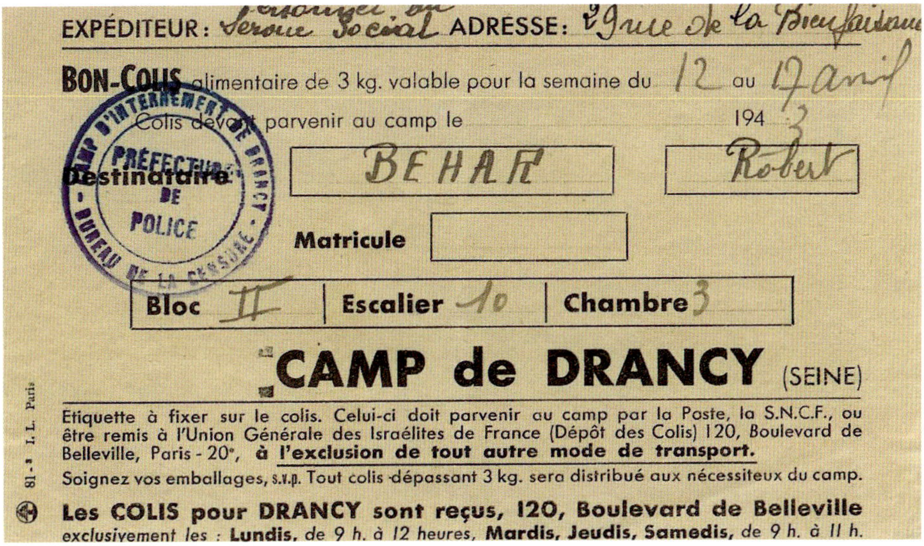

EXPÉDITEUR : Personnel du Service Social ADRESSE : 2 rue de la Bienfaisance

BON-COLIS alimentaire de 3 kg. valable pour la semaine du 12 au 17 avril

Colis devant parvenir au camp le 1943

Destinataire BEHAR Robert

Matricule

Bloc II | Escalier 10 | Chambre 3

CAMP de DRANCY (SEINE)

Etiquette à fixer sur le colis. Celui-ci doit parvenir au camp par la Poste, la S.N.C.F., ou être remis à l'Union Générale des Israélites de France (Dépôt des Colis) 120, Boulevard de Belleville, Paris - 20e, **à l'exclusion de tout autre mode de transport.**

Soignez vos emballages, s.v.p. Tout colis dépassant 3 kg. sera distribué aux nécessiteux du camp.

Les COLIS pour DRANCY sont reçus, 120, Boulevard de Belleville

exclusivement les : **Lundis**, *de 9 h. à 12 heures,* **Mardis, Jeudis, Samedis**, *de 9 h. à 11 h.*

Bon pour un colis alimentaire.

bénéficiaires du moment. Restait à faire la queue et à s'approcher du gendarme chargé de la fouille en criant son matricule et son adresse lorsque son tour était venu. Les gendarmes ouvraient le colis, s'appropriaient le papier d'emballage auquel les internés n'avaient pas droit, puis ils en examinaient le contenu. Bien souvent, ces colis étaient littéralement éventrés par les gendarmes. « Les gardes fendaient le pain de long en large, laissant perdre les miettes. Ils plongeaient les couteaux dans la confiture, y fourrageaient, faisant de même avec le beurre... Ils déchiraient le papier recouvrant les crèmes de gruyère, cassaient les tablettes de chocolat », écrit Calef. Ils y cherchaient en particulier de l'argent, des cigarettes ou des missives clandestines et confisquaient ce qu'ils pouvaient, pour en faire profiter leur propre famille ou le revendre au marché noir. Ils décollaient aussi les doublures des vêtements. « Le gendarme a trouvé le début de la lettre et moi la fin. Dis-moi si tu n'as rien écrit de grave », écrivait Abraham Baron à Maryse le 13 janvier 1942. Deux jours plus tard, il connaissait une nouvelle déception : « Je ne sais pas ce que tu as écrit à l'intérieur de la boîte de camembert, le préposé à la fouille m'a enlevé le couvercle car c'est défendu d'écrire quoi que ce soit. » Au-delà de ces mésaventures et de ces cruelles déceptions, il y avait les mets tant attendus. Le 8 novembre, Paul Zuckermann dégustait une « délicieuse tartine de pain beurrée ». Zacharie Mass écrivait dix jours plus tard que les colis lui permettaient de surmonter la faim qui l'avait tenaillé pendant les trois premières semaines de son internement.

Une fois autorisée, la Croix-Rouge fournit au camp des pâtes, de la farine et des pois chiches pour épaissir la soupe, toutes ces denrées contingentées lui étant fournies pour l'essentiel par le Comité Amelot. Ce dernier coordonnait depuis le 15 juin 1940 l'activité d'entraide des organisations de Juifs immigrés dans la capitale. Le 12 octobre marqua la vie du camp : pour la première fois, une soupe un peu plus épaisse fut servie aux internés. Lorsque les colis individuels furent autorisés, le Comité Amelot organisa un groupe de femmes responsables de collectes pour acheter les denrées nécessaires à la préparation des colis pour les internés indigents. Les femmes d'internés pouvaient également percevoir un secours direct du Comité. À partir du 20 novembre, les colis alimentaires durent obligatoirement être expédiés par la poste, le chemin de fer ou le camion de la Croix-Rouge qui stationnait tous les jours, de 14 à 17 heures, place Jean-Jaurès. C'était insuffisant et le Comité Amelot procura à la Croix-Rouge un camion supplémentaire et ouvrit deux centres de plus pour collecter les paquets préparés par les familles. D'autres colis auraient été confectionnés par les filles de la Charité de Drancy, encouragées par le cardinal Suhard qui avait opté pour une activité sociale discrète.

Et puis il y eut, quasiment dès l'ouverture du camp, les colis clandestins chèrement payés, qui profitaient aux plus riches et alimentaient le marché noir. Certains gendarmes, ainsi que le chauffeur du camion à ordures pratiquaient un trafic juteux : ils réclamaient 500 francs, voire 1 000 francs, soit le montant de leur salaire mensuel, pour rapporter un colis collecté dans la famille de l'interné.

Le 14 février 1942, l'accès du camp fut interdit à la Croix-Rouge. Entre-temps, l'UGIF avait été créée et devait prendre le relais de toute l'assistance dispensée aux Juifs. Le Comité Amelot refusa de se soumettre à une organisation contrôlée par les autorités, et un *modus vivendi* fut trouvé. Officiellement recrutée par l'UGIF, une assistante du Comité, Cécile Grinberg, s'installa à demeure au camp, en remplacement d'Annette Monod, l'assistante sociale de la Croix-Rouge.

D'autres améliorations intervinrent dans le camp. Une fois les douches mises en service, les internés purent se laver une fois par mois, puis une fois tous les quinze jours, mais les pannes étaient fréquentes et les réparations se faisaient attendre plusieurs semaines. Le 4 novembre, on commença à chauffer. Le chauffage central était installé dans tous les dortoirs, mais le charbon vint bientôt à manquer et le chauffage par poêle était insuffisant. De nombreux internés débitèrent alors les planches des lits inutilisés après la vague de libérations de la mi-novembre pour alimenter les poêles. Un mois plus tard, les dortoirs étaient enfin éclairés, sauf pendant les six semaines durant lesquelles le commandant du camp supprima la lumière car des internés avaient gratté le vernis bleu des ampoules pour lutter contre l'obscurité. À partir de la mi-décembre, un service centralisé par la Croix-Rouge dans un local parisien permit l'échange du linge sale contre du linge propre.

Les internés avaient dû attendre quarante jours pour avoir le droit de correspondre officiellement avec leur famille. Mais cette correspondance était réduite à une carte postale tous les quinze jours, sur laquelle il était strictement interdit d'évoquer les problèmes quotidiens : nourriture, tabac, soins médicaux constituaient autant de sujets tabous. Ceux dont la connaissance du français était insuffisante étaient aidés par des internés faisant office d'écrivains publics, car les services de la censure du camp devaient être en mesure de contrôler ces missives. Les lettres clandestines continuèrent donc de circuler, grâce à la bienveillance d'une infirmière ou à la vénalité d'un gendarme. Il en coûtait 10 francs, au début, mais les prix ne tardèrent pas à augmenter : 100 francs une lettre, puis 300 ou même 500 francs – tel était le tarif pratiqué à Drancy à l'automne 1941. Les internés se mettaient parfois à plusieurs pour envoyer une lettre. Rassurantes ou alarmantes, écrites en russe, en français, en yiddish, en allemand ou polonais, ces lettres témoignent bien des préoccupations essentielles des internés. Le contenu des colis alimentaires en constitue l'essentiel : remerciements pour ce qui a été reçu, liste de ce qui serait souhaité. « Tu vas dire que je n'écris que pour les colis, mais, ma petite, si tu savais comme cela nous est nécessaire », écrivait Abraham Baron le 12 novembre 1941. La demande de tel ou tel aliment tient lieu de refrain, comme si l'interné essayait d'écrire autre chose, mais que la pénurie le renvoyait sans cesse à ce qui lui manquait le plus. Une liste reconstituée à partir de ces lettres se composerait des produits les plus nourrissants que l'on pouvait se procurer. « Le principal, c'est le pain. » Il faut « des choses qui tiennent au ventre ». Noix et noisettes – si elles ne sont pas trop chères – doivent être décortiquées, à cause du poids.

On pourrait multiplier à l'infini ces exemples. Transparaît dans ces lettres l'inquiétude de voir la nourriture se gâter à cause d'un emballage insuffisant. On y suit le changement de climat qui dicte l'énumération des vêtements désirés. On y comprend l'importance que revêt la photo de l'être aimé. Louise Jacobson se traîne toute la journée avec des photos de toute sa famille dans son grand sac. Transparaît aussi l'angoisse de ne pas recevoir de nouvelles de l'un des siens, la tristesse du père qui ne voit pas grandir ses enfants, l'incertitude quant au lendemain, les poussées d'optimisme, le désarroi qui leur succède ; on y accompagne les démarches suggérées pour parvenir à se faire libérer. L'écriture est toujours très serrée, pour pouvoir dire le maximum de choses.

Parallèlement, pour ne pas susciter la suspicion de ceux des gendarmes qui ne profitaient pas de l'une des correspondances clandestines, les cartes officielles continuaient d'être envoyées, tandis que les internés, après avoir lu et relu les missives reçues sous le manteau, s'obligeaient souvent à les détruire pour ne pas mettre en danger ce lien ténu avec le monde extérieur.

Ces améliorations intervinrent trop lentement, trop tard et de façon insuffisante. Entre le 20 octobre et le 5 novembre, une trentaine de décès s'étaient produits. Jusqu'alors, les autorités allemandes avaient autorisé très peu de libérations. Le 18 septembre 1941, Saul Castro évoque les premiers libérés du camp : « un sourd-muet, un aveugle, un manchot, un vieux avec des béquilles ». Le 25 octobre, le Dr Jean Tisné, médecin de la préfecture, obtint du Dr Weddige du commandement du Grand Paris et du conseiller Josef Lippert la libération de 140 grands malades, puis le 6 novembre celle de 400 cachectiques et 400 œdémateux. Le 12 novembre, les sorties du camp commençaient. Des volontaires du Comité Amelot vinrent accueillir les libérés à la porte du camp. Elles leur distribuèrent du pain, de la confiture, un verre de Viandox ; elles essayaient de les réconforter dans le petit café de Drancy puis leur donnèrent un ticket de métro pour rentrer chez eux. Quelques jours plus tard, les militants du Comité recueillirent le témoignage de seize d'entre eux et prirent la mesure de l'horreur dans le camp. Mais le 13 novembre, Theodor Dannecker, dont l'absence avait permis ce court relâchement, revint de Berlin et un ordre brutal tomba au camp : les libérations étaient interrompues. La liste s'était arrêtée à la lettre « J ».

Des internés mangent dans leur dortoir, dessin de Joseph Lubitch.

Désormais, seuls quelques privilégiés furent libérés, comme les ressortissants italiens le 23 décembre 1941 grâce à l'intervention de leur consulat. L'évasion devenait la seule issue, mais combien pouvaient en affronter les dangers ? Ramper sous les barbelés, emprunter les égouts ou profiter d'un camion de ravitaillement n'était ni renouvelable, ni à la portée de tous les internés. À chaque évasion suivait un fort resserrement de la discipline. Mais, surtout, l'évasion d'un interné condamnait ses proches à une clandestinité immédiate et totale. D'août 1941 à mars 1942, moins d'une trentaine d'internés réussirent à s'échapper de Drancy.

Tous les malades n'avaient pas été libérés, et de nouveaux vinrent en grossir le nombre. En février 1942, il y avait à Drancy 5 salles d'infirmerie avec 15 lits chacun. Le médecin de la préfecture était secondé par 15 médecins internés, et 19 infirmières, dont 12 internées. L'escalier 11 du bloc III était tout entier occupé par les dépendances du service médical.

Dans l'espoir d'être libérés, de nombreux internés aspiraient à se faire transférer à l'infirmerie, puis à l'hôpital. Ils dépendaient pour cela directement des médecins chargés du tri entre faux et vrais malades.

L'encadrement juif

C'était une des modalités de la gestion confiée aux internés et qui établit entre eux une stricte hiérarchie. Une organisation pyramidale fut mise en place très rapidement, qui permettait de transmettre les ordres, assurer la discipline, organiser les corvées et maintenir la propreté dans le camp. À la tête se trouvait le chef juif du camp, officiellement qualifié de « gérant du bureau administratif ». Alfred Asken, tricoteur de son état, assura le premier cette fonction avant sa libération le 11 novembre 1941. Il fut dépeint par Calef sous les traits de Kénas « le tout-puissant », entouré d'une cour à sa botte, qui imposait son bon-vouloir au commun des internés avec des « airs de prince en exil ». Il fut remplacé jusqu'en janvier 1942 par Raymond Smoliak, un ingénieur, officier de réserve converti au catholicisme puis par l'avocat François Montel jusqu'à son transfert à Compiègne le 29 avril 1942.

Le bureau administratif fonctionnait sous la direction du chef juif du camp et diffusait ses instructions. Ensuite venait un chef à la tête de chacun des quatre blocs, sous l'autorité directe de laquelle se trouvaient les chefs d'escaliers (de 19 à 22 selon les époques) qui servaient d'intermédiaires entre les internés et les gendarmes. Enfin, un chef de chambre, responsable de la discipline et de la propreté, allait chercher les repas et les distribuait dans les dortoirs. L'autorité des différents chefs reposait sur la possibilité qu'ils avaient de faire infliger des sanctions par la gendarmerie ou le commandant du camp : corvées pénibles, suppression de correspondance pendant une semaine et jusqu'à deux jours de prison. La chaîne hiérarchique jouait pour toute réclamation. Un escalier par jour était chargé des corvées : nettoyage, déchargement des vivres, transport des seaux de soupe de l'une des trois cuisines du camp à la chambrée, etc. Le chef des corvées devait empêcher le vol des légumes lorsqu'ils étaient déchargés par les internés des camions qui assuraient le ravitaillement du camp et s'assurer de leur répartition entre les trois cuisines.

Les internés géraient en outre des services spécialisés ; le service social transmettait à l'UGIF les demandes de secours concernant les familles des internés, il se procurait les médicaments, s'occupait de la réparation des lunettes ou des montres ; les services des colis de linge et colis de vivres étaient placés sous le contrôle de la gendarmerie chargée des fouilles ; le service du vaguemestre avait la responsabilité du courrier ; le service du matériel sous les ordres de l'économe était responsable de l'entretien des différentes installations et de la distribution des tables, tabourets, etc. ; un service de comptabilité existait aussi et enfin un bureau des effectifs était chargé de la tenue d'un fichier détaillé de tous les internés, dont l'importance s'accrut. Toutes sortes de renseignements y figuraient. La qualité d'ancien combattant, la présence d'autres membres de la famille dans le camp, la fonction éventuelle dans l'administration du camp accompagnaient d'autres informations, comme les noms, prénoms, nationalités, etc. Le bureau des effectifs employa jusqu'à 12 internés en mai 1943.

Trois services jouissaient d'une indépendance relative à l'égard du commandant juif du camp : le bureau des effectifs, directement lié aux inspecteurs de police du camp, l'économat, sous les ordres d'un économe « aryen », et le service médical, rattaché au médecin « aryen » de la préfecture et qui fut dirigé par le Dr Samuel Steinberg jusqu'à sa déportation en juin 1942.

Les chefs d'escaliers, le personnel des quatre cuisines et des services officiels mangeaient à part, ce qui leur assurait un quotidien largement amélioré. L'escalier 9 leur avait été affecté : les internés y bénéficiaient d'un peu plus d'espace et avaient pu y aménager des étagères. Ils pouvaient prendre leur douche dans de meilleures conditions que le commun des internés. « Il vaut mieux être quelqu'un dans ce camp où règne une sorte de "200 familles" », écrivait Paul Zuckermann le 2 novembre 1941. Il se porta candidat pour servir de secrétaire au chef du camp : « bureau chauffé, réfectoire des chefs, logement séparé avec lumière électrique » – cette nouvelle fonction transforma les conditions de son internement.

Les médecins juifs aussi étaient des privilégiés dans le camp. On en retrouve un bon nombre parmi les libérés – les deux tiers des médecins présents à cette date –, ce qui renforça la frustration des médecins plus récemment internés qui, l'ordre d'ancienneté étant appliqué, ne furent pas du lot. Par ailleurs, les médecins, le chirurgien et le dentiste du camp qui secondaient le Dr Tisné logeaient dans la seule partie du camp (escalier 11 dans le bloc III) où les appartements avaient été terminés : deux petites pièces, un WC, une cuisine et un cabinet de toilette – il fallait l'accord de Tisné pour y être transféré.

Parmi les privilégiés se trouvaient aussi les plus riches ayant les moyens de s'approvisionner au marché noir ; ou les cuisiniers pouvant se servir directement à la cuisine, pour améliorer leur quotidien, aider leurs copains ou monnayer la nourriture du camp ; enfin ceux qui étaient liés d'amitié avec un interné bien placé, etc. ; car comme dans tout assemblage humain, des liens se créaient, des disputes éclataient, des caractères se révélaient. La pénurie et la promiscuité ne pouvaient qu'exacerber les disparités immenses entre les différents groupes d'internés.

Une immense tour de Babel

À la hiérarchie établie par le commandement du camp s'ajoutaient d'autres facteurs de diversification parmi la population internée. Dans « cette immense tour de Babel où s'affrontaient tant de mentalités diverses, au moyen de tant de langages divers », pour reprendre les termes utilisés par Paul Zuckermann, l'harmonie était loin de régner. « La première impression qui vous frappe », écrivait de son côté Benjamin Schatzman, « c'est qu'on doit ne pas être en France. Suivant les origines des internés, on entend naturellement beaucoup de yiddish, puis du hongrois, de l'espagnol, du russe, du turc, etc. » En décembre 1941, après les libérations du mois précédent, il restait 3 146 internés à Drancy. Dans la classification alors établie, les 1 074 Français étaient répartis en cinq catégories différentes, selon qu'ils étaient Français d'origine, naturalisés, par option, etc. Or depuis la création par la loi du 22 juillet 1940 d'une commission chargée de réviser les naturalisations effectuées depuis 1927, ces distinctions n'étaient pas sans conséquence, rendant certains particulièrement vulnérables. Parmi les Juifs étrangers, les Polonais constituaient la majorité, suivis par les Russes. Ces groupes ne se mélangeaient pas. Christian Lazard évoque dans son Journal « l'invraisemblable horde de Polaks, d'Allemands, d'Algériens et de Levantins, au milieu de laquelle notre petite poignée de "Français d'origine" est complètement noyée ». Tout séparait en effet les deux groupes que seule la persécution avait regroupés : la condition sociale, l'identité culturelle, les

Portraits d'internés, dessin d'Étienne Rosenfeld.

Drancy, 10 septembre 1941 – photographie pour le journal *Le Matin*.

habitudes quotidiennes. Les accusations fusaient d'un groupe à l'autre, les Français attribuant aux étrangers la responsabilité du sort qui était devenu le leur ; les seconds reprochant aux premiers de bénéficier de conditions de faveur à l'intérieur du camp. « Il est impossible d'imaginer à quel point ont été solides les groupements nationaux et avec quelle hostilité ils se sont confrontés », écrira Théo Bernard en 1946. La pénurie n'arrangeait rien et les vols étaient fréquents. Pourtant, ils étaient condamnés à coexister. Or la confusion des milieux ne s'arrêtait pas là.

Georges Horan évoque ainsi l'hétérogénéité sociale de la population internée : « une population où les plus extravagants mélanges de classes juxtaposent intellectuels, trafiquants, commerçants honnêtes et spéculateurs indésirables, pourvoyeurs de Buenos Aires, savants, érudits, hommes politiques hors course, littérateurs et tous les types de la pègre louche, professionnels du bonneteau, de la passe, du poker, célébrités de la correctionnelle (côté inculpés) et côté cour (président C.L.), administrateurs de sociétés, carambouilleurs mêlés par les bas-côtés à des affaires parisiennes retentissantes, marlous, caïds, etc. » – autant de catégories et d'autres encore qui se côtoyaient dans la promiscuité la plus étroite. « J'ai pour voisin à l'infirmerie un entrepreneur de pompes funèbres. Mon autre voisin de lit est un metteur en scène

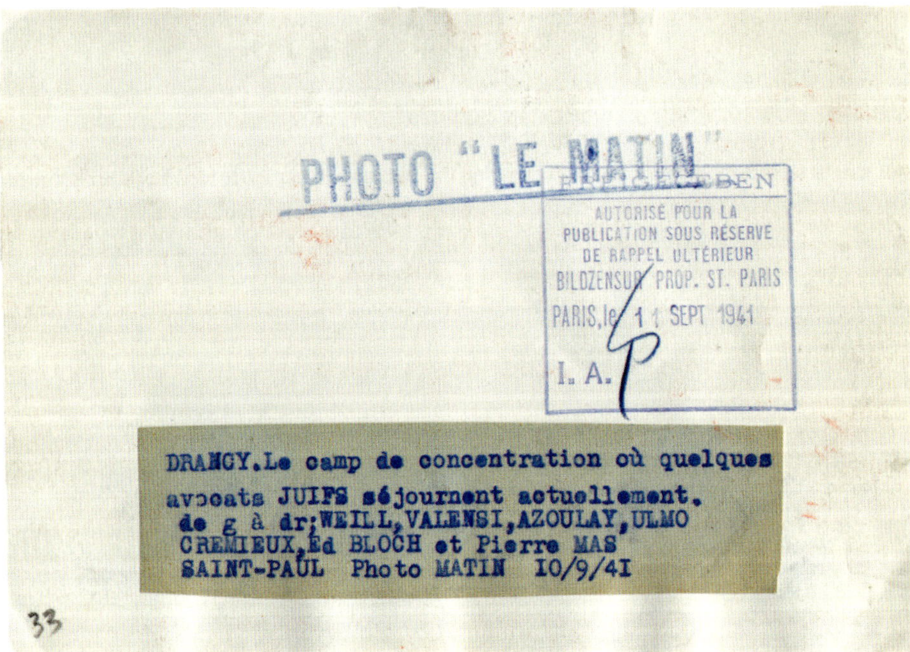

PHOTO "LE MATIN"

AUTORISÉ POUR LA PUBLICATION SOUS RÉSERVE DE RAPPEL ULTÉRIEUR
BILDZENSUR PROP. ST. PARIS
PARIS, le 11 SEPT 1941
I. A.

DRANCY. Le camp de concentration où quelques avocats JUIFS séjournent actuellement.
de g à dr: WEILL, VALENSI, AZOULAY, ULMO
CREMIEUX, Ed BLOCH et Pierre MAS
SAINT-PAUL Photo MATIN 10/9/41

33

hongrois », écrivait Benjamin Crémieux, matricule 21565, le 26 juin 1943. « Peut-on s'imaginer qu'on puisse vivre pendant des mois dans un compartiment de chemin de fer, pour y manger et coucher avec d'autres voyageurs ? » se demandait Benjamin Schatzman. C'était bien pourtant la réalité quotidienne du camp.

Les avocats occupaient une place à part dans le lot des internés. Logés pour la plupart dans l'escalier 1, ils étaient une quarantaine à avoir été ciblés lors de la rafle d'août 1941. À leur arrivée au camp, ils avaient été applaudis par les autres internés, car ils avaient souhaité partager le sort de tous. Ils firent l'objet tantôt de soins particuliers, tantôt de brimades.

Le 12 septembre 1941, *Paris-Soir* publiait la photo de sept avocats parisiens réputés pour accompagner l'article d'André Chaume avec ce titre évocateur : « Juifs millionnaires, ex-célébrités du barreau parisien, internés dans un camp proche de la capitale ». Les avocats avaient été photographiés la veille, en même temps qu'une meule de gruyère et que d'autres internés choisis parce qu'ils correspondaient par leur physique à la caricature du Juif. Jusqu'à cette date, ils avaient eu droit à une chambre « réservée ». Une fois leur photographie publiée, ils furent répartis dans l'ensemble du camp sur ordre de Dannecker avec interdiction de se réunir. Ils avaient désormais le statut d'otages.

Cette cohabitation forcée entre hommes si différents accrut encore une démoralisation que les conditions de l'internement avaient généralisée. D'autant que les fonctions de gestion – celles-là même qui assuraient de meilleures conditions d'internement – étaient généralement attribuées aux internés français.

Les internés du camp passaient de l'« optimisme béat » à un « cafard monstre » – deux expressions trouvées dans les lettres de Zacharie Mass à son épouse. La fabrique à rumeurs, qualifiée de « Radio-chiottes » ou de Radio-Drancy, fonctionnait à plein. Après sa libération, l'un des médecins rapporta qu'il avait été lui-même à l'origine de la rumeur selon laquelle le camp serait supprimé dans un délai de trois semaines pour secouer l'apathie ambiante et la démoralisation générale. Dans les premières semaines, certaines velléités de réaction collective s'étaient bien manifestées. Le 30 août, des sifflets se firent ainsi entendre de toutes les fenêtres d'un escalier pour protester contre la conduite d'un gendarme. « Cela a fait un beau chahut », écrivait Abraham Dymenstajn. Il en coûta 24 heures de privation de nourriture à tout l'escalier. Le 5 septembre, une grève de la faim fut envisagée pour protester contre une autre privation de nourriture. Mais elle était trop dure à respecter. Le 1er octobre, la manifestation de la faim n'apporta finalement aucune amélioration. Ce fut l'ultime tentative ; l'énergie fut vaincue par la famine.

La lecture – après que l'autorisation de recevoir des livres dans les colis a été accordée – permettait aux uns de s'évader, à d'autres d'espérer une répétition de la défaite de Napoléon dans les plaines de Russie, à d'autres encore de renforcer leur attachement identitaire à une France qu'ils se refusaient à renier. Le moindre événement donnait lieu à des extrapolations. Les internés cherchaient les augures d'une libération possible : les Italiens avaient quitté le camp, le consulat hongrois aurait réclamé la liste de ses ressortissants internés, la police judiciaire faisait établir une liste d'anciens combattants, d'autres listes précisaient les noms des moins de 18 ans ou des plus de 59 ans. « Ici, il n'y a que deux choses qui comptent : la libération et les colis », écrivait Abraham Baron le 15 janvier 1942.

Une réserve à otages

Le quotidien des internés du camp s'était certes amélioré après les libérations de la première moitié de novembre 1941, mais le répit avait été très court. En effet, avec l'adoption de la politique des otages, le « camp des Juifs » devenait une réserve commode pour y puiser les victimes à fusiller. Le 12 décembre, l'arrivée soudaine à Drancy de Dannecker accompagné de 50 soldats créa la surprise et la terreur. Les 3 300 internés du camp furent sommés de descendre avec tous leurs bagages ; pendant une trentaine de minutes, « gelés, trempés jusqu'aux os, mordus par le vent » et tétanisés d'angoisse, ils attendirent dans la cour. Dannecker repartit avec 300 d'entre eux qui furent conduits dans des camions allemands sous la menace de mitraillettes braquées sur eux « à grands renforts de coups de crosses et de brutalités ». Tous les témoignages se rejoignent sur cette terrible journée. Georges Horan ne fut interné que le 11 juillet 1942, mais il rapporte ici le récit de l'un de ses compagnons d'internement :

> Ils arrivaient dans l'après-midi. Nous étions dans nos chambres, assis, sombres, silencieux. La tuile inévitable était annoncée par les trois coups de sifflet appelant les chefs d'escaliers au bureau administratif. Au pas de gymnastique. Nous attendions les jambes molles, le dos rond, la tête vide, lourde de toutes les angoisses possibles. À qui le tour ? À moi ? Combien aujourd'hui ? Le temps semblait d'une lourdeur de plomb. Nous étions comme des bêtes traquées, enfermées dans un piège où une main de fer nous cherchait inexorablement. Cette réunion des chefs d'escaliers durait un quart d'heure, traînait parfois une demi-heure. Ils revenaient mornes, atterrés. Nous étions sans réaction, vidés de toute énergie, le cœur mort. « Untel... Untel... Untel... Préparez vos affaires. Dans dix minutes rassemblement dans la cour. L'arrêt de mort. »

Deux jours après cette première saignée, c'était le départ des 44 internés emmenés par le détachement de la Wehrmacht ; puis 8 personnalités, dont Pierre Masse, suivirent le même destin quelques heures plus tard. On savait au camp, grâce aux

« Séparation des restants et des partants », dessin de David Brainin, la veille de la déportation du 5 juin 1942 depuis Compiègne, avec des internés de Drancy transférés.

bons soins de Radio-chiottes, que les Allemands avaient annoncé la déportation de 1 000 hommes à l'Est, que 100 otages allaient être fusillés ; on apprit rapidement que les 300 internés du premier groupe avaient été transférés au camp de Royallieu-Compiègne, tout comme les 8 personnalités et que les 44 Juifs prélevés au camp faisaient partie des 70 fusillés du Mont Valérien le 15 décembre.

Paul Zuckermann comprit dès lors que Drancy était une « sorte de salle d'attente ». 50 volontaires pour aller s'essayer à des travaux agricoles quittèrent Drancy le 27 janvier 1942, 48 autres le 6 février ; puis, le 20 février, 13 internés furent puisés à Drancy. Les deux premiers groupes furent en fait transférés à Compiègne, les 13 Juifs du troisième groupe furent fusillés au Mont Valérien par les Allemands deux jours après leur départ du camp. Ces prélèvements se poursuivirent. Un jour, 3 Turcs étaient libérés mais le lendemain 7 Juifs étaient emmenés pour être fusillés comme otages. Ce n'était là qu'un début, le temps des déportations approchait.

Le 18 mars, les internés furent soumis à une visite médicale pour repérer les « aptes au travail ». Le lendemain, 178 Juifs qui, depuis la rafle du 12 décembre 1941, croupissaient au camp de Royallieu-Compiègne arrivèrent à Drancy, menottes aux poignets. « C'étaient des cadavres vivants », écrit Zacharie Mass à sa femme. Il y avait parmi eux Georges Kohn, un ingénieur de l'École centrale, converti au protestantisme, qui, le 7 mai 1942, remplaça François Montel à la tête du camp et

Depuis la rafle du 20 août 1941, le camp de Drancy avait fait son entrée dans la vie de chaque famille juive. Au lendemain de la rafle, des centaines d'indigents assiégeaient les bureaux des comités de bienfaisance et des cantines dont les ressources étaient notoirement insuffisantes, écrit André Baur qui allait devenir le président de l'UGIF-Nord. 600 demandes d'allocation pour les familles les plus nécessiteuses étaient parvenues aux mairies.

Les épouses, sœurs, mères d'internés devaient pourvoir au quotidien, seules avec leurs enfants, et se démener pour préparer les colis malgré la pénurie, malgré les difficultés financières liées à l'internement de leur conjoint. Elles devaient les acheminer et passaient une bonne partie de leur temps à réunir les documents nécessaires ou à contacter qui de leurs connaissances pourrait faire libérer leur époux ou leur père. Et puis, elles devaient faire bonne figure devant leurs enfants et dissimuler leur désarroi, surmonter leur solitude. Le 2 octobre 1941, Maryse reprenait son Journal dont elle avait interrompu la rédaction dans les années 1930 : « Je n'y tiens plus ; j'ai trop de noir ce soir, il faut que je parle un peu avec toi, encore dix-huit jours et cela fera deux mois, mais jusqu'à quand cela va durer, ce n'est pas possible... Que veulent-ils faire de nous ? » écrit-elle, s'adressant à son mari, si

Un interné imagine sa famille, dessin de David Brainin.

« Séparation des restants et des partants », dessin de David Brainin, la veille de la déportation du 5 juin 1942 depuis Compiègne, avec des internés de Drancy transférés.

bons soins de Radio-chiottes, que les Allemands avaient annoncé la déportation de 1 000 hommes à l'Est, que 100 otages allaient être fusillés ; on apprit rapide ment que les 300 internés du premier groupe avaient été transférés au camp de Royallieu-Compiègne, tout comme les 8 personnalités et que les 44 Juifs prélevés au camp faisaient partie des 70 fusillés du Mont Valérien le 15 décembre.

Paul Zuckermann comprit dès lors que Drancy était une « sorte de salle d'attente ». 50 volontaires pour aller s'essayer à des travaux agricoles quittèrent Drancy le 27 janvier 1942, 48 autres le 6 février ; puis, le 20 février, 13 internés furent puisés à Drancy. Les deux premiers groupes furent en fait transférés à Compiègne, les 13 Juifs du troisième groupe furent fusillés au Mont Valérien par les Allemands deux jours après leur départ du camp. Ces prélèvements se poursuivirent. Un jour, 3 Turcs étaient libérés mais le lendemain 7 Juifs étaient emmenés pour être fusillés comme otages. Ce n'était là qu'un début, le temps des déportations approchait.

Le 18 mars, les internés furent soumis à une visite médicale pour repérer les « aptes au travail ». Le lendemain, 178 Juifs qui, depuis la rafle du 12 décembre 1941, croupissaient au camp de Royallieu-Compiègne arrivèrent à Drancy, menottes aux poignets. « C'étaient des cadavres vivants », écrit Zacharie Mass à sa femme. Il y avait parmi eux Georges Kohn, un ingénieur de l'École centrale, converti au protestantisme, qui, le 7 mai 1942, remplaça François Montel à la tête du camp et

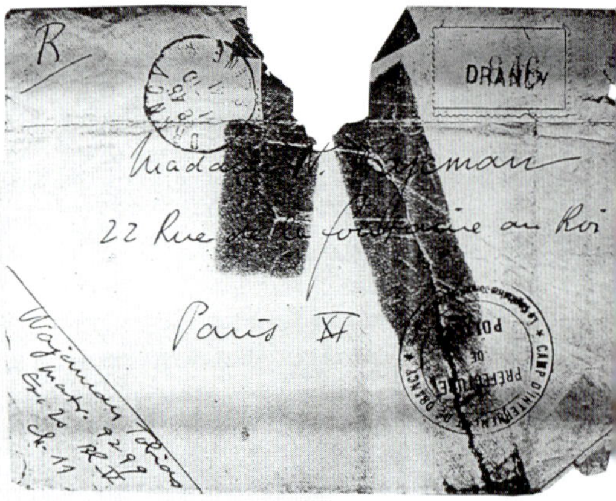

De ma fenêtre ....

De ma fenêtre, au loin, je vois Paris.
Là, où se trouvent tous les miens chéris.
Devant mes yeux, se dessine la grande ville
Où tant d'années, j'ai vécu tranquille.

Devant ma fenêtre, s'étale la grande cité,
Que par la force, on m'a obligé de quitter.
Avec douleur, Paris, je pense à toi
Que de la guerre, tu subis la dure loi.

A ma fenêtre, les yeux en larmes,
Je t'admire, Paris, avec tout ton charme;
Car devant un ennemi de moins en moins capable,
Tu le conduiras à une fin inévitable.

De ma fenêtre de Drancy, ce camp de souffrances
Où l'on nous a jetés par basse vengeance!
Ici, où règne la faim et la désolation,
Paris, te sentir de près, est une grande consolation.

Derrière les barbelés, avec une calme patience,
J'accueillerais avec joie le grand jour de la délivrance,
Car le peuple de Paris, libéré du cauchemar
Pourra suivre à nouveau sa glorieuse Histoire.

Thomas.

Camp de Drancy.

Septembre 41

dont le journal de bord est une mine de renseignements sur les quinze mois durant lesquels il assuma ces fonctions. Les nouveaux venus furent affectés aux escaliers 4 à 6, attirant les trafiquants de marché noir, car ils recevaient des colis « plantureux » pour se remettre du régime qui leur avait été imposé à Compiègne.

La déportation était bien à l'ordre du jour. Une note de service du commandant du camp reprenait – la veille de la première déportation – l'essentiel des règles de circulation dans le camp : elle était interdite dans la cour intérieure ; les corvées devaient veiller à se déplacer en « bon ordre, régulièrement groupés sous la conduite du chef de corvée en se rendant seulement des chambres à l'emplacement de la corvée » ; la visite au château rouge était soigneusement réglementée ; toute infraction à ces prescriptions serait suivie d'une « punition de 2 jours de prison avec sursis pour la première infraction et de 2 jours effectifs pour une récidive » ; enfin, la promenade d'une heure et demie, obligatoire, était organisée par bloc.

Le 27 mars 1942 à 17 heures, 565 internés de Drancy embarquèrent à la gare du Bourget-Drancy, et rejoignirent 547 Juifs à Compiègne. Les médecins du camp avaient dû sélectionner les aptes au travail, sous la menace d'être eux-mêmes déportés. Zacharie Mass fait partager son désarroi à son épouse et, le 31 mars, il lui écrit : « Sache qu'il faut s'estimer heureux que je sois resté dans le paradis de Drancy. »

Ces divers mouvements d'internés diminuèrent alors de façon drastique la population du camp.

Drancy en France

« Il m'arrive de voir le journal et ce qui m'émeut le plus, c'est la lecture de la page des spectacles, ainsi que des petites annonces. Tu ne peux soupçonner quelle impression... savoir qu'on va encore au cinéma, au café, au théâtre, etc. Pendant que nous sommes là, à l'écart du monde et noués peut-être à un destin plus sombre encore », écrit Paul à sa fiancée. À plusieurs reprises, il craint qu'on ne les ait oubliés et que leur « souvenir sombre dans l'indifférence générale ». Dès le 23 août 1941, Saul Castro notait que de sa chambrée, « par le balcon, c'est la vie (la liberté), la campagne à quelques pas qui se déroule sous [ses] yeux ». Le 1er septembre, il regardait avec envie « des gens, des femmes qui se promènent ». Le 17 septembre, ce sont « les tomates rouges et de belles salades » dans les jardins cultivés qui attiraient son regard. Pour Benjamin Schatzman : « La proximité de Paris vous fait sentir plus amèrement l'état de prisonnier. "On voit à quinze ou vingt mètres de distance des êtres en liberté poursuivre leurs occupations habituelles qui vous rappellent les douceurs de la liberté. Ce sont des raisons d'être ramené à la réalité, celle de l'état de prisonnier" », constate-il amèrement.

Depuis la rafle du 20 août 1941, le camp de Drancy avait fait son entrée dans la vie de chaque famille juive. Au lendemain de la rafle, des centaines d'indigents assiégeaient les bureaux des comités de bienfaisance et des cantines dont les ressources étaient notoirement insuffisantes, écrit André Baur qui allait devenir le président de l'UGIF-Nord. 600 demandes d'allocation pour les familles les plus nécessiteuses étaient parvenues aux mairies.

Les épouses, sœurs, mères d'internés devaient pourvoir au quotidien, seules avec leurs enfants, et se démener pour préparer les colis malgré la pénurie, malgré les difficultés financières liées à l'internement de leur conjoint. Elles devaient les acheminer et passaient une bonne partie de leur temps à réunir les documents nécessaires ou à contacter qui de leurs connaissances pourrait faire libérer leur époux ou leur père. Et puis, elles devaient faire bonne figure devant leurs enfants et dissimuler leur désarroi, surmonter leur solitude. Le 2 octobre 1941, Maryse reprenait son Journal dont elle avait interrompu la rédaction dans les années 1930 : « Je n'y tiens plus ; j'ai trop de noir ce soir, il faut que je parle un peu avec toi, encore dix-huit jours et cela fera deux mois, mais jusqu'à quand cela va durer, ce n'est pas possible... Que veulent-ils faire de nous ? » écrit-elle, s'adressant à son mari, si

Un interné imagine sa famille, dessin de David Brainin.

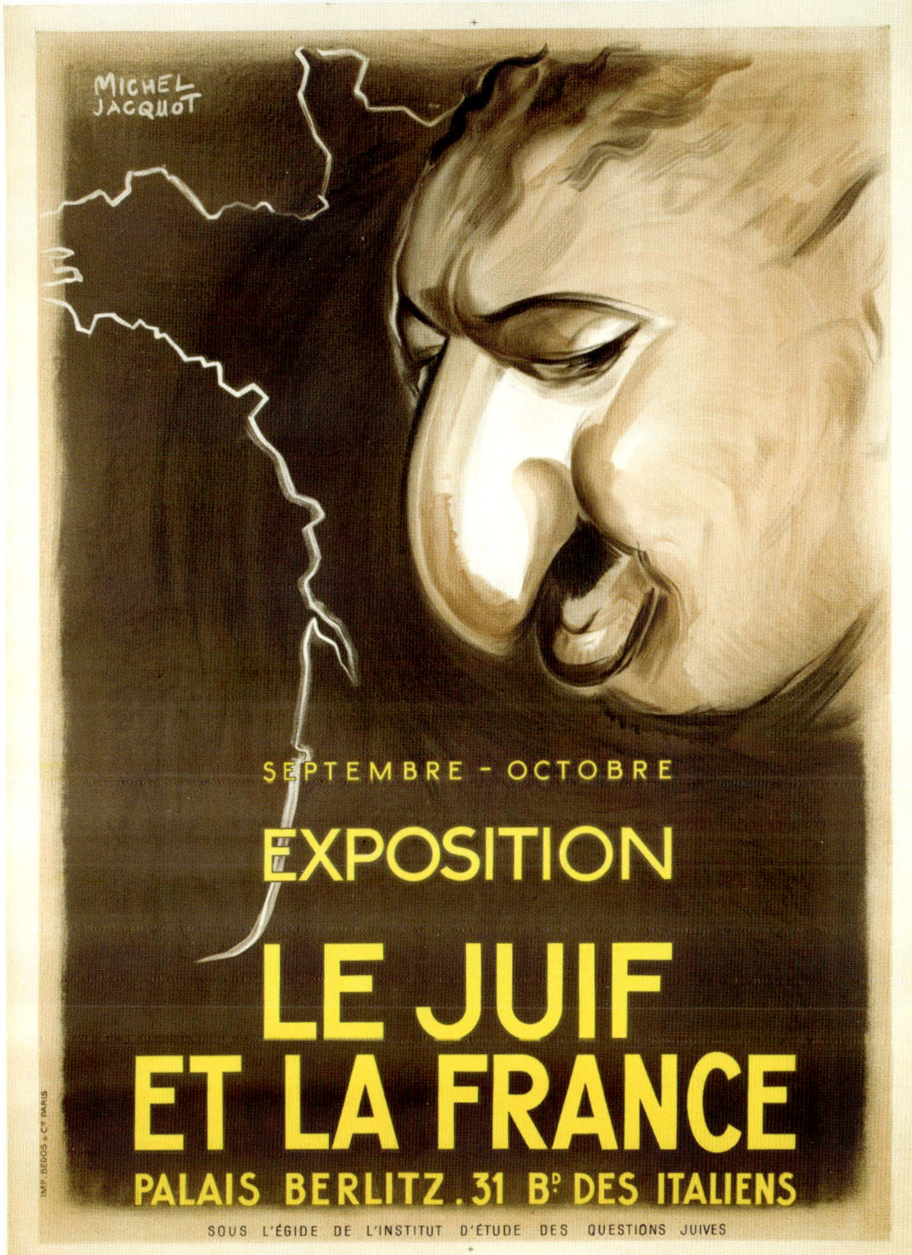

Michel Jacquot, « Exposition Le Juif et la France », lithographie couleur, vers 1941-1942.

proche et si lointain. Mais « je ne verse des larmes que lorsque je suis seule, le soir, quand tout dort ».

Celles qui voulaient apercevoir, serait-ce de loin, la silhouette de l'être cher devaient se faufiler dans les queues interminables de femmes qui, au métro Jaurès, essayaient de monter dans le bus 51, sachant que deux Juives seulement étaient admises par voiture et que les Renseignements généraux y exerçaient une surveillance constante, ou prendre le train à la gare du Nord puis marcher une bonne vingtaine de minutes pour arriver aux limites du camp. Lorsqu'elles se présentaient aux portes du camp, elles étaient refoulées par les gendarmes.

La population de la capitale était restée pour sa part dans sa majorité indifférente à l'arrestation des Juifs. Selon les rapports sur l'état de l'opinion préparés par la préfecture de Police, de nombreux Parisiens approuvaient l'entreprise d'« assainissement » que la rafle semblait annoncer. D'aucuns auraient souhaité qu'un traitement plus clément soit accordé aux Juifs français anciens combattants. La propagande antisémite des quelques semaines qui suivirent se focalisa sur l'exposition *Le Juif et la France* inaugurée au palais Berlitz, le 5 septembre.

Drancy ne se trouvait pourtant pas sur une autre planète. Édith Thomas notait dans son Journal à Noël 1941 qu'à « Drancy, les gens meurent de faim ». Pour se rendre de la station de bus au camp, les femmes d'internés passaient devant le marché, le dernier commerce avant le camp était une boulangerie. En face du camp il y avait un café-restaurant, « À l'ami Pierre », dans lequel les femmes d'internés louaient parfois une chambre pour essayer, par les fenêtres situées à l'étage, d'apercevoir leur mari, notamment lors de l'appel du dimanche matin. Le patron n'avait pas oublié de monnayer ce service. Lorsque les déportations commencèrent, les femmes d'internés stationnaient devant le café.

Les habitants du quartier étaient dérangés par la forte lumière des projecteurs tournant jour et nuit. « De très grands vitraux, très rapprochés les uns des autres, permettaient aux gens de l'extérieur (malgré le bleuté de la défense passive) de voir l'installation de fortune des pauvres internés », décrit Raymond Gallais, l'un des policiers du camp. Des bruits circulaient bien à Paris sur la misère des internés de Drancy.

Ce sont les libérations de novembre 1941 qui semblent avoir marqué une première prise de conscience dans certains milieux de l'existence de cet « enfer » aux portes de la capitale. Les communistes, mais aussi les catholiques, regroupés derrière le journal *La France continue* qui publia 13 numéros à Paris à partir de juin 1941, furent les premiers à se manifester sur la scène clandestine. *Unzer vort* (*Notre parole*), un journal clandestin en yiddish publié par les communistes juifs réunis au sein de la section de langue yiddish de la MOI (Main d'œuvre immigrée) citait dans son numéro de décembre 1941 un tract du parti communiste dénonçant l'internement des Juifs et appelant le peuple de France à entrer dans la lutte « pour

Le marché de Drancy.

libérer les malheureux internés de Drancy, pour ouvrir les portes des prisons et des camps où souffrent des patriotes, les ennemis de l'Allemagne nazie ».

Durant ce même mois de décembre 1941, *La France continue* décrivait les arrestations d'août 1941 : « Il importe de souligner que ces arrestations, l'internement qui les suivit, l'organisation des camps, ont été exclusivement l'œuvre des autorités françaises qui ont lâchement fait la besogne du vainqueur. » Une longue description des conditions de détention à Drancy suivait cet acte d'accusation. Bien informée, *La France continue* avait pris le parti de partager ses informations.

Cette voix était isolée par sa clarté. Elle n'était guère comparable qu'à celle des journaux émanant des organisations juives. *Di Yiddishe shtime* (*La Voix juive*), par exemple, était l'organe du Comité d'union des partis ouvriers, alliant sionistes de gauche, bundistes (socialistes juifs) et communistes juifs, une organisation unitaire qui venait de voir le jour et coordonna pendant les courtes semaines de son existence l'activité militante du Comité Amelot et des organisations communistes juives. Le numéro de la fin novembre 1941 fut consacré aux conditions épouvantables à Drancy, replacé dans le contexte de « la situation du peuple juif dans le monde ». Il y avait eu les lois de Nuremberg, les horreurs antijuives en

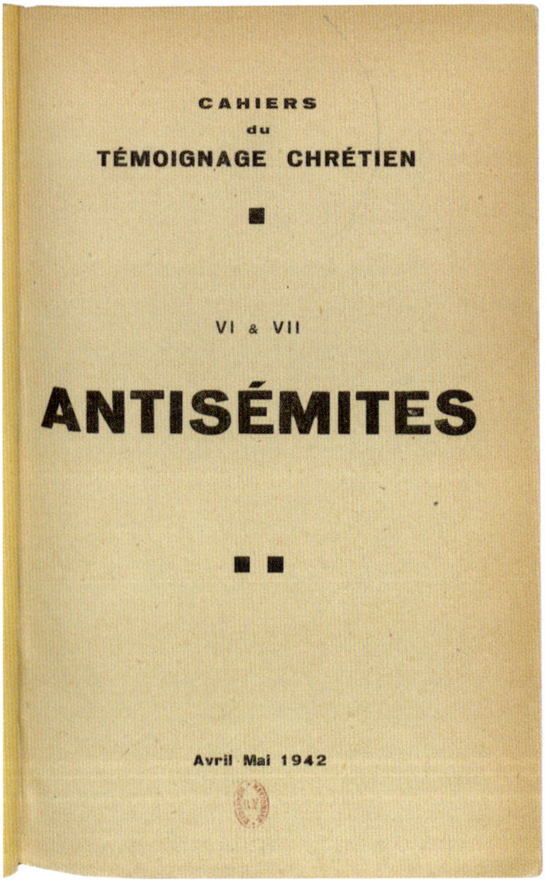

CAHIERS du TÉMOIGNAGE CHRÉTIEN

VI & VII

ANTISÉMITES

Avril Mai 1942

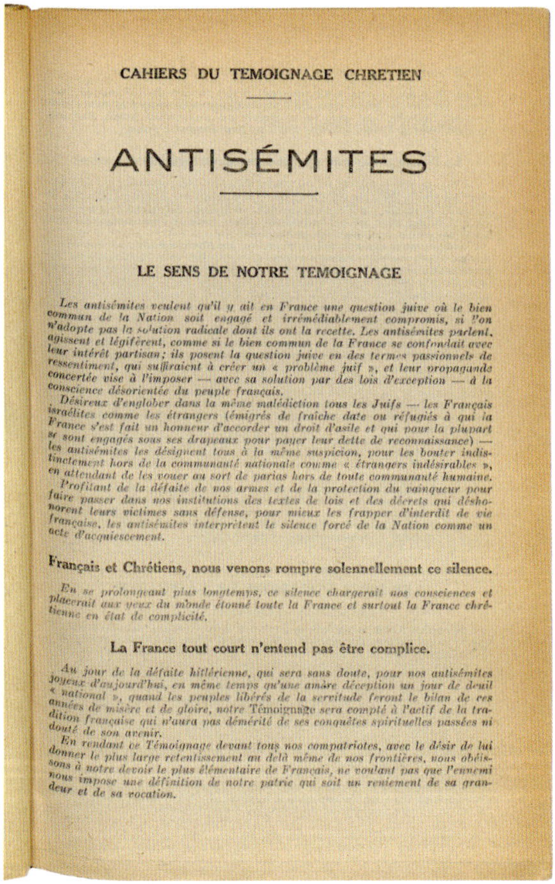

CAHIERS DU TEMOIGNAGE CHRETIEN

ANTISÉMITES

LE SENS DE NOTRE TEMOIGNAGE

Les antisémites veulent qu'il y ait en France une question juive où le bien commun de la Nation soit engagé et irrémédiablement compromis, si l'on n'adopte pas la solution radicale dont ils ont la recette. Les antisémites parlent, agissent et légifèrent, comme si le bien commun de la France se confondait avec leur intérêt partisan; ils posent la question juive en des termes passionnels de ressentiment, qui suffiraient à créer un « problème juif », et leur propagande concertée vise à l'imposer — avec sa solution par des lois d'exception — à la conscience désorientée du peuple français.

Désireux d'englober dans la même malédiction tous les Juifs — les Français israélites comme les étrangers (émigrés de fraîche date ou réfugiés à qui la France s'est fait un honneur d'accorder un droit d'asile et qui pour la plupart se sont engagés sous ses drapeaux pour payer leur dette de reconnaissance) — les antisémites les désignent tous à la même suspicion, pour les bouter indistinctement hors de la communauté nationale comme « étrangers indésirables », en attendant de les vouer au sort de parias hors de toute communauté humaine.

Profitant de la défaite de nos armes et de la protection du vainqueur pour faire passer dans nos institutions des textes de lois et des décrets qui déshonorent leurs victimes sans défense, pour mieux les frapper d'interdit de vie française, les antisémites interprètent le silence forcé de la Nation comme un acte d'acquiescement.

Français et Chrétiens, nous venons rompre solennellement ce silence.

En se prolongeant plus longtemps, ce silence chargerait nos consciences et placerait aux yeux du monde étonné toute la France et surtout la France chrétienne en état de complicité.

La France tout court n'entend pas être complice.

Au jour de la défaite hitlérienne, qui sera sans doute, pour nos antisémites joyeux d'aujourd'hui, en même temps qu'une amère déception un jour de deuil « national », quand les peuples libérés de la servitude feront le bilan de ces années de misère et de gloire, notre Témoignage *sera compté à l'actif de la tradition française qui n'aura pas démérité de ses conquêtes spirituelles passées ni douté de son avenir.*

En rendant ce Témoignage devant tous nos compatriotes, avec le désir de lui donner le plus large retentissement au delà même de nos frontières, nous obéissons à notre devoir le plus élémentaire de Français, ne voulant pas que l'ennemi nous impose une définition de notre patrie qui soit un reniement de sa grandeur et de sa vocation.

L'un des rares journaux à accorder une large place à la dénonciation de l'antisémitisme.

Allemagne, les conditions effroyables qui sévissaient dans les ghettos de Pologne, les rafles de Juifs en Hollande et il y avait Drancy, ce « nom terrible ».

Au même moment, les communistes juifs intégraient la description du « camp de la mort » dans le cadre d'une répression qui frappait l'ensemble des Français. Les libérations étaient intervenues grâce à la pression de l'opinion publique française : « le maire et les habitants de Drancy [avaient] été bouleversés par ces atrocités ». Les femmes juives avaient joué un rôle prépondérant dans cette prise de conscience en alertant la Croix-Rouge, l'Organisation des anciens combattants, etc. Il convenait donc de poursuivre dans cette voie. « Que tous les enfants écrivent des lettres à leur instituteur, à leurs professeurs, à leur médecin et dentiste. Que toutes les familles écrivent à la Préfecture, à la Croix-Rouge, à l'officier allemand Danecker

AIDE AUX INTERNES DE DRANCY

DEJA VINGT VICTIMES DU REGIME MEURTRIER

JUIFS DE FRANCE!

Les premiers libérés du camp de concentration de DRANCY nous ont apporté un témoignage frappant sur les sinistres méthodes de torture qui sont appliquées contre les 6.000 Juifs internés.

LES LIBERES SONT MECONNAISSABLES!

Tous ont perdu du poids, certains même jusqu'à 15 kilos, tous ont les traits tirés par la famine et le manque d'air; tous ont les yeux rouges à cause des fenêtres barbouillées en bleu qui ne laissent pas pénétrer un rayon de lumière ; une importante partie de ces rescapés est gravement malade et nécessite des soins d'urgence. Vingt d'entre eux sont morts aussitôt après leur "libération"

NOUS DEVONS SAUVER LES SURVIVANTS

Un régime de pénitencier très grave a été appliqué à ces internés dont certains sont morts de faim. Leur unique nourriture consistait en une louche de soupe claire et un peu de pain; on n'admettait pas l'envoi de colis alimentaires, ni de linge. Le règlement comprenait différentes mesures d'un sadisme monstrueux; deux fois par jour tous les internés étaient obligés de se présenter à l'appel; même les malades graves ayant de la fièvre n'en étaient pas exempts; on devait les transporter sur leur lit dans la cour. Pour la moindre erreur d'un interné on punissait tout un étage en supprimant la maigre nourriture durant 24 heures. Des grands malades, des opérés se trouvant à l'hôpital furent renvoyés au camp. Telles sont les mesures inhumaines qui ont été infligées aux internés par l'administration française sous les ordres des autorités allemandes d'occupation. Les gouvernants provisoires de France montrent ici toute leur bestialité. Ils croient pouvoir sauver par la terreur le régime pourri et chancelant.

MAIS LE SCANDALE EST DEVENU TROP GRAND

Les premiers signes de la dysenterie, du scorbut et d'autres maladies épidémiques ont fait leur apparition, le danger du typhus commence à se propager et l'administration du camp, craignant une épidémie générale, a ordonné aux gendarmes des vaccinations préventives. Le maire et les habitants de DRANCY ont été bouleversés par ces atrocités. Des familles d'internés ont vu le grand danger et ont alarmé jour après jour la Croix Rouge, la Préfecture, l'Organisation des Anciens Combattants, la Kommandantur. Il est clair pour tout le monde que DRANCY est un camp de la mort.

NOUS NE DEVONS PAS NOUS TAIRE

Cela ne peut pas continuer ainsi. Oui, les mêmes sadiques qui ont organisé la chasse aux Juifs le 20 Août et les jours suivants, les mêmes qui ont interné les Juifs à PITHIVIERS, à BEAUNE-LA-ROLANDE, au MANS, à POITIERS, aux TOURELLES, etc... les mêmes qui tous les jours arrêtent les

— 39 —

Tract *Solidarité* (organe des Juifs communistes à Paris), novembre 1941.

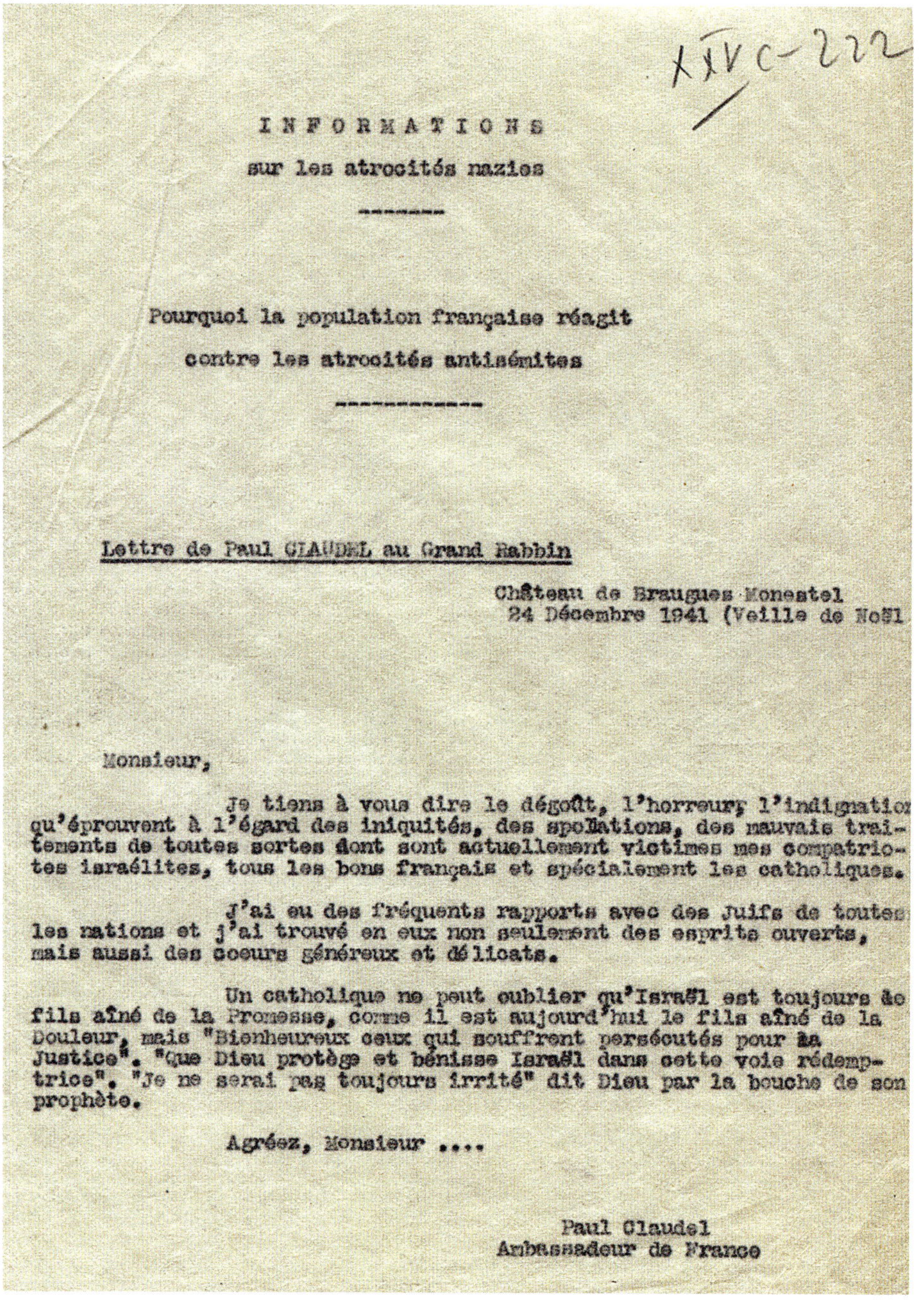

XXV C-222

I N F O R M A T I O N S

sur les atrocités nazies

Pourquoi la population française réagit
contre les atrocités antisémites

Lettre de Paul CLAUDEL au Grand Rabbin

Château de Braugues Monestel
24 Décembre 1941 (Veille de Noël

Monsieur,

Je tiens à vous dire le dégoût, l'horreur, l'indignation qu'éprouvent à l'égard des iniquités, des spoliations, des mauvais traitements de toutes sortes dont sont actuellement victimes mes compatriotes israélites, tous les bons français et spécialement les catholiques.

J'ai eu des fréquents rapports avec des Juifs de toutes les nations et j'ai trouvé en eux non seulement des esprits ouverts, mais aussi des coeurs généreux et délicats.

Un catholique ne peut oublier qu'Israël est toujours le fils aîné de la Promesse, comme il est aujourd'hui le fils aîné de la Douleur, mais "Bienheureux ceux qui souffrent persécutés pour la Justice". "Que Dieu protège et bénisse Israël dans cette voie rédemptrice". "Je ne serai pas toujours irrité" dit Dieu par la bouche de son prophète.

Agréez, Monsieur ....

Paul Claudel
Ambassadeur de France

Lettre de Paul Claudel au Grand Rabbin de France, qui sera reproduite dans *Libération* (Sud) de mars 1942.

[*sic*], aux différentes personnalités françaises et en général à tous les Français. Le scandale de Drancy doit être connu de tout le monde. » Comme toujours, la dénonciation s'inscrivait dans une démarche militante.

Les exécutions d'otages entraînèrent, quelques semaines plus tard, une nouvelle évocation du camp de Drancy. Ainsi en janvier 1942, *Libération-Nord* évoquait les otages de Nantes – « 50 Français » –, avant qu'un second article relate le sort de 1 000 hommes « ramassés dans les prisons, dans les camps, à Drancy et ailleurs ». Un paragraphe était consacré à Drancy où 30 otages avaient été choisis.

C'est aussi par la lecture de l'ultime lettre d'un otage fusillé que le camp de Drancy fit une première apparition sur l'antenne de la BBC en français le 23 avril 1942. « Ces Français, pris au hasard [...] sont les soldats de la guerre qui continue », concluait Jean Oberlé à l'antenne.

Ces « soldats » n'avaient pas été pris au hasard ; ils étaient juifs et, bien souvent, ils n'étaient pas français. Mais la guerre continuait en effet. *J'accuse*, un nouveau journal créé par des communistes juifs immigrés sous le couvert d'une organisation qui prendra plus tard le nom de Mouvement national contre le racisme (MNCR), publiait un premier numéro en avril 1942 dans lequel on pouvait lire des détails sur les souffrances endurées par les internés de Drancy et sur les otages extraits du camp pour être fusillés. Suivait une phrase, courte, mais qui annonçait la nouvelle menace : « Et les déportations "vers l'Est" commencent... »

LES CAMPS FRANÇAIS D'INTERNEMENT (AOÛT 1942)

Camps d'internement de l'Afrique du Nord

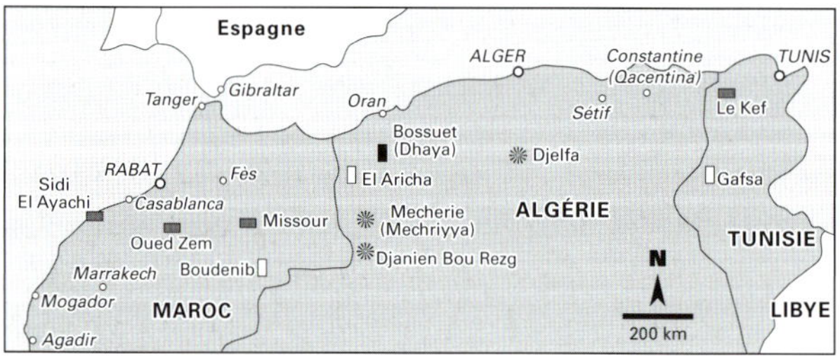

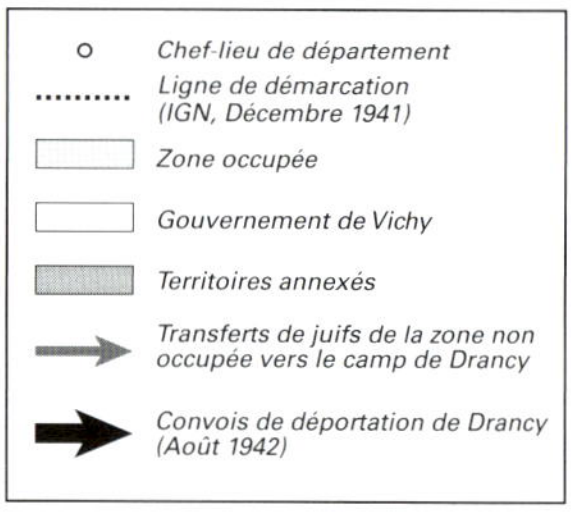

Sources: Klarsfeld S., Grandjonc J., Grundtner T., Peschanski D.
Rapport de l'inspecteur général des camps, mai 1942 F7 15111, AN
Archives départementales de l'Isère

Sources cartographiques: Nora Esperguin
Musée de la Résistance et de la Déportation
CPI. Grenoble 2000.

Chapitre IV

Le Drancy français de la Solution finale (juillet 1942-juillet 1943)

Difficile de trouver carte plus parlante ! Nous sommes en août 1942. La ligne de démarcation sépare toujours une zone occupée et une zone dite libre. La centralité de Drancy est signalée par la convergence des convois : ce camp est devenu le lieu de transit pour les Juifs de France promis à la déportation. Il a donc changé de statut. Les camps d'internement en général acquièrent dès lors une nouvelle fonction, qui prend souvent le pas sur la précédente : destinés à l'exclusion, ils sont devenus des lieux de rassemblement et de transfert pour la mise en œuvre de la Solution finale. Les flèches venant du sud signent la participation de Vichy à ce processus. Un seul chiffre suffira : 10 000 Juifs ont été livrés par Vichy entre août et novembre 1942, soit avant même l'entrée des troupes allemandes en zone sud. Voilà qui exige des explications sur les stratégies allemande et française.

Entre l'occupant et Vichy

Parler de la « stratégie allemande » au singulier est toujours compliqué. On a vu que les points de vue et les moteurs de l'action pouvaient varier d'un service à l'autre, d'un homme à l'autre. Pour autant le schéma d'ensemble était bien commun. Jusque-là, l'occupant s'était fixé deux priorités absolues : assurer la sécurité des troupes d'occupation et organiser la ponction des richesses du pays. Drancy était concerné sur ces deux plans : le vol des biens dans le cadre de l'aryanisation qui toucha les déportés – futurs ou potentiels – s'inscrivait directement dans le second de ces objectifs, tandis que la transformation, à l'automne 1941 et au printemps 1942, du « camp des Juifs » en réserve à otages relevait du premier. Rappelons que le premier convoi avait été prévu par Otto von Stülpnagel pour répondre aux vagues d'attentats. Comme ceux qui suivirent jusqu'au 17 juillet, il fut qualifié de convoi de représailles, même si la dimension idéologique de l'opération était prégnante dans le choix des cibles. Mais la déportation systématique des Juifs de France, désormais à l'ordre du jour, devint une autre des priorités de l'occupant.

Les débats sur la part de la décision et celle de la conjoncture dans le processus d'application de la Solution finale ont divisé les historiens. Or l'exemple français est, à son échelle, fort instructif. Au moment du basculement géopolitique de l'été 1941, la réactivation idéologique de la figure du judéo-bolchevique avait retrouvé un rôle structurant dans la vision du monde des élites allemandes. Dans le même temps, l'influence d'individus comme Dannecker et Zeitschel, antisémites militants et obsessionnels, ne peut être minorée. Ils anticipèrent en effet la décision prise à l'échelle européenne. Ainsi Dannecker poussait à l'organisation de convois dès le printemps 1941. Quelques mois plus tard, dans une lettre que Zeitschel adressait à Dannecker, le 8 octobre, il faisait référence à une note « que [Dannecker] connaissait » et qu'il avait transmise à l'ambassadeur Abetz lors de sa dernière visite au quartier général. Dans cette note, précisait-il, se trouvait « la proposition de transférer dans l'Est, à bref délai si possible, nos Juifs internés dans les camps de concentration, étant donné le peu de places disponibles dans les camps ». Himmler aurait réagi favorablement et promis un tel transfert « vers l'est », « dès que les moyens de transport le permettront ». Et de conclure : « Je vous prie, en conséquence, de tenir ferme de votre côté dans cette voie par laquelle j'ai réussi à obtenir l'accord de principe du *Reichsführer* et de lancer toutes les quelques semaines un rapport à Berlin demandant avec insistance le transfert des Juifs de la zone occupée dans le plus bref délai possible ».

Il faut certes faire la part entre l'autosatisfaction grandiloquente et la réalité des processus de décision, mais la conviction des deux responsables allemands s'exprime clairement dans cette missive. Car l'essentiel se décidait, et se réalisa, au-dessus ou au-delà de ces deux hommes dont le fanatisme pouvait créer des problèmes dans la mise en œuvre de ce nouvel objectif. C'est au printemps 1942 que l'application de la Solution finale dans l'ouest de l'Europe fut organisée. En France, le changement d'hommes et de tutelles favorisa sa réalisation.

Le nouvel homme fort n'était plus le gouverneur militaire en France. En effet, l'essentiel du pouvoir de police avait été transféré à Karl Oberg, nommé le 1er juin chef suprême des SS et de la police allemande. Pour la politique d'internement et de déportation, il s'appuyait sur quelques personnes clés : Herbert Hagen, son adjoint ; Helmut Knochen, qui dirigeait la Sipo-SD en France occupée, avec pour

adjoint aux affaires juives Kurt Lischka. À la tête de la Gestapo, l'une des composantes de la Sipo-SD, on trouvait Karl Boemelburg. De ce dernier dépendait en théorie la section anti-juive IV-J mais ses deux titulaires successifs, Dannecker jusqu'à la fin juillet 1942 puis Heinz Röthke, relevaient aussi directement d'Eichmann à Berlin et plutôt de Oberg, Hagen ou Knochen en France.

Ce changement de donne politique fut décidé et organisé au plus haut niveau. C'est Reinhard Heydrich en personne, le chef du Reichssicherheitshauptamt (RSHA) qui vint l'annoncer à Paris les 5 et 6 mai 1942. En recevant personnellement, plusieurs heures durant, René Bousquet, le nouveau secrétaire général à la police dans le gouvernement de Pierre Laval, il donna son accord à l'engagement de négociations pour favoriser la collaboration des polices. Il est vrai que les Allemands avaient accueilli très favorablement l'évolution politique à Vichy. Car là aussi les responsables avaient changé.

Depuis avril 1942, Pierre Laval était revenu aux commandes, rappelé par Pétain qui l'avait chassé seize mois plus tôt. Doté de pouvoirs élargis, il pouvait profiter de liens privilégiés qu'il avait encore renforcés depuis le 13 décembre 1940 avec les Allemands et les collaborationnistes parisiens. Mais, dans la mesure où la déportation des Juifs ne faisait pas partie des objectifs propres de l'État français, comment expliquer que Vichy et Laval lui-même aient accepté de cogérer la mise en œuvre de la Solution finale en France ?

Certes l'antisémitisme était largement partagé dans les allées du pouvoir, avant comme après le retour de Laval. Vichy avait développé un antisémitisme d'État, central dans l'idéologie et les pratiques d'exclusion du régime. Le ressort principal de la politique de Laval était d'un autre ordre. Non qu'il fût un philosémite caché ; il suffit de rappeler que, dans l'un des rares comptes rendus de Conseil des ministres qu'on ait conservés, celui du 3 juillet 1942, il justifiait sa décision de déporter les Juifs de la zone non occupée en disant qu'il n'avait pas de réticence à renvoyer chez eux les « déchets » qui résidaient en France. Mais l'essentiel se trouvait ailleurs. Son ministre de la Justice, Maurice Gabolde, résumait ainsi sa position dans des mémoires inédits : « Il croyait dur comme fer à la victoire de l'Allemagne et voulait que la France restât dans la meilleure position possible lors du traité de paix. »

Mélange de maquignon et de géopoliticien de seconde zone, Laval s'imaginait pouvoir négocier avec Hitler la place de la France dans une Europe allemande. Cette position n'était pas liée à l'ouverture du front de l'Est contre le « bolchevisme » en juin 1941, car elle était déjà la sienne en septembre 1940. Tandis qu'il faisait un point sur la guerre devant quelques journalistes, Laval explorait alors diverses hypothèses dans le conflit qui opposait l'Allemagne à l'Angleterre : la victoire de l'Angleterre ne pourrait jamais être assez complète pour être utile ; la paix de compromis était la plus catastrophique à ses yeux car la France en ferait les

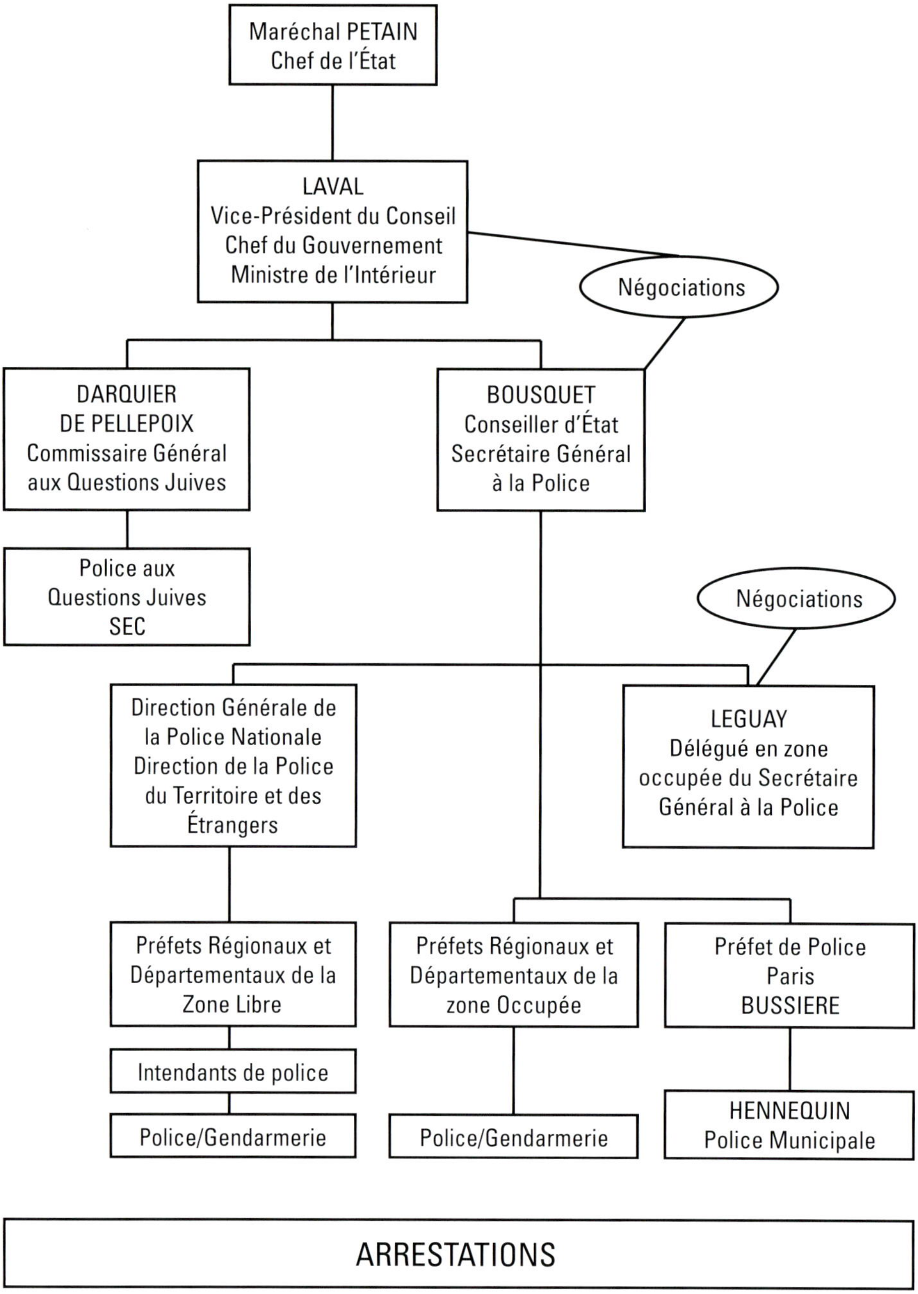

Organigramme français à partir du printemps 1942.

René Bousquet, Pierre Laval et le maréchal Pétain à la sortie du Conseil des ministres, Pavillon Sévigné à Vichy, 3 juillet 1942.

frais ; la défaite totale de l'Angleterre (la plus probable à ses yeux) permettait d'espérer partager le fardeau entre elle et la France, voire que l'Angleterre en prenne une plus grande part si la France faisait le bon choix. « Sur le plan pratique, la seule politique consiste à collaborer avec l'Allemagne. Dans le domaine des souhaits, il faut désirer la victoire allemande », concluait-il.

Le 22 juin 1942, Laval reprenait pratiquement mot pour mot cette formulation dans son discours-programme. Il pensait alors discuter avec Hitler en position de force ; ou du moins pensait-il disposer de deux atouts majeurs aux yeux de son interlocuteur. Et, de fait, il les lâcha immédiatement : la main-d'œuvre française, avec l'instauration de la Relève (puis du service du travail obligatoire, le STO) ; les Juifs étrangers, avec l'organisation des grandes rafles en zone occupée et en zone non occupée par la seule police française. Par conséquent, s'il partageait l'antisémitisme et la xénophobie de la droite parlementaire des années 1930 dont il constituait l'une des figures majeures, Laval n'en faisait pas le moteur principal de sa politique, ni même de sa politique antisémite.

Le positionnement de René Bousquet, son secrétaire général à la Police, et, au-delà, celui d'une partie de la haute administration, s'appuyait sur une logique différente. La place de la France dans la nouvelle Europe lui importait moins que la possibilité d'affirmer l'autorité de l'État français sur l'ensemble du territoire national, quitte à prendre en charge les mesures voulues par l'occupant. C'est dans cette logique que Bousquet négocia, au nom de Laval, une vraie collaboration des polices avec Karl Oberg et que put s'engager la préparation de la rafle dite du Vél' d'hiv des 16 et 17 juillet 1942.

Interrogé à son procès après-guerre par un tribunal français, Oberg expliquait la portée de ce choix au regard de l'occupant :

> Nous avions intérêt à ce que la police française soit réunie dans une seule main [...]. Conformément à l'accord que j'avais établi avec Bousquet la police française agissait de façon indépendante dans une ligne de conduite commune avec la police allemande et sous la responsabilité de Bousquet ; cela était aussi valable pour les actions concernant la question juive.

L'origine de cette politique date donc du 6 mai 1942. Ce jour-là, Heydrich s'accordait avec Bousquet sur deux principes liés : une réelle autonomie laissée à la police française sur le terrain, mais une totale collaboration avec la police allemande. Dans une première note datée du 18 juin, Bousquet résumait à Oberg ses entretiens avec Heydrich et confirmait, en conclusion, l'importance de cet enjeu du côté des Français :

> Le Gouvernement français aura ainsi la possibilité d'assumer la pleine responsabilité du maintien de l'ordre public sur l'ensemble du territoire au moyen des forces de police et de gendarmerie dont il dispose. Celles-ci pourront être portées en zone occupée, en accord avec les autorités allemandes, au niveau exigé par la mission qui leur incombe et dotées, à cet effet, des moyens nécessaires.

À l'issue de ce processus, Oberg présentait le texte de l'accord le 8 août 1942 aux préfets régionaux de la zone occupée et aux commandeurs régionaux des SS réunis pour l'occasion. Cinq jours plus tard, Bousquet le transmettait à tous les préfets, en zone nord comme en zone sud. Son commentaire ne laissait aucune place à l'ambiguïté quant aux implications de cet accord :

> Il ne vous échappera pas que, si la note de M. le Général Oberg donne à la police française, tant sur le plan moral que matériel, des moyens d'action qu'elle n'avait pas jusqu'à présent, il importe que par une activité encore accrue et par les résultats qu'ils obtiendront, les services de police fassent la preuve de leur efficacité réelle. Il vous appartiendra de donner à ces services une impulsion vigoureuse dont vous sentez comme moi la nécessité dans les circonstances actuelles.

Si l'accent est mis sur la lutte contre les résistants, communistes en tête, on comprend bien que cette même diligence est attendue des services de police dans les arrestations de Juifs qui sont alors en préparation. On relèvera aussi le poids de l'initiative française une fois entériné l'accord d'Heydrich. C'est bien Bousquet qui a proposé un texte d'accord, puis relancé son interlocuteur allemand.

Tout y est en ces quelques citations : la volonté allemande ; l'intérêt d'Oberg et de l'occupant ; les motivations de l'État français ; l'ampleur de la collaboration ; le lien entre lutte contre la Résistance et organisation des déportations antisémites.

Dannecker à la manœuvre

La dynamique était lancée. Le *Judenreferat* Dannecker y imbriqua son propre agenda. Le 4 mars 1942, quelques semaines après la conférence de Wansee, il participait à la conférence organisée par Eichmann à Berlin où il avait demandé à ce dernier de « proposer au gouvernement français quelque chose de vraiment positif, la déportation de plusieurs milliers de Juifs par exemple ».

Toujours aussi volontariste, Dannecker proposa, *via* Lischka, dans une lettre au RSHA, le 15 mai, la déportation d'au moins 5 000 Juifs, avec le double en perspective.

Le 11 juin 1942 se déroulait au RSHA à Berlin une conférence qui fut décisive dans l'organisation des déportations à venir. En présence de ses collègues de Belgique et de Hollande, et bien sûr sous la direction d'Eichmann, Dannecker annonça que 100 000 Juifs seraient déportés de France, ce qui dépassait largement, en proportion, les promesses de ses collègues. Il mettait la barre très haut.

Le 26 juin 1942, Dannecker se tourna d'abord vers ses interlocuteurs français. Il discuta de la déportation des Juifs des deux zones avec Jean Leguay, le représentant de Bousquet en zone nord. Il exigeait l'arrestation de 22 000 Juifs en région parisienne et demandait déjà un plan pour en arrêter 50 000 autres en zone sud. Il n'était pas encore question de déporter les enfants, mais Dannecker jouait sur les limites d'âge : tandis qu'à l'origine étaient visés les Juifs de 16 à 40 ans, il obtint de relever l'âge limite à 55 ans pour les femmes et 60 ans pour les hommes. Reste que le chiffre de 100 000 n'était pas aisé à atteindre. Dannecker aurait souhaité inclure les Juifs français dans les convois prévus, mais Vichy s'y refusait. C'est alors que Laval proposa, début juillet 1942, de déporter les enfants juifs de zone non occupée, en ajoutant qu'il se désintéressait du sort de ceux qui se trouvaient en zone nord. Crime de l'indifférence et du calcul, cette proposition s'expliquait par deux raisons. Laval s'inquiétait de l'impact qu'aurait dans l'opinion la séparation des enfants et de leurs parents et il craignait d'avoir à gérer à l'arrière des enfants juifs restés en

Le Vél d'hiv' le 16 juillet 1942.

Un homme avec l'étoile, dessin d'Aizik-Adolphe Feder.

Une étoile jaune portée par les Juifs de France à partir du mois de juin 1942.

France sans leurs parents. Pour Dannecker il s'agissait d'une nouvelle opportunité pour remplir ses objectifs. Dans un télégramme qu'il envoya à Eichmann le 6 juillet 1942, il demandait son autorisation en appuyant fortement la demande. Quelques semaines plus tard la réponse revenait de Berlin. Elle était positive. Ainsi se préparèrent les déportations de zone sud. Ainsi fut scellé aussi le sort des enfants internés après la rafle du Vél' d'hiv, mais qui, pour la plupart, étaient restés internés dans les camps du Loiret dans l'attente de la réponse de Berlin, tandis que leurs parents avaient été déportés seuls dans les convois de la seconde quinzaine de juillet.

La configuration avait donc bien changé. Du côté français, Laval avait fait le choix de la collaboration pour organiser la déportation massive des Juifs de France exigée par les Allemands. Bousquet et son représentant en zone nord, Jean Leguay, devenaient les personnages clés du dispositif et souhaitaient garder la main en zone occupée. Au moment même où une ordonnance allemande y fragilisait davantage encore les Juifs en imposant le port de l'étoile jaune dès l'âge de 6 ans, Laval donnait un nouveau gage aux Allemands en remplaçant Xavier Vallat au Commissariat général aux questions juives par un activiste fasciste ultra des années 1930, Louis Darquier de Pellepoix. La nomination de ce dernier fut saluée par les collaborationnistes parisiens. « C'est un de nos compagnons de bagarres d'avant-guerre », écrivait Lucien Rebatet, l'auteur des *Décombres*, dans *Je suis partout*. « Nous connaissons son énergie, ses convictions solides, sa pertinence. Il était admirablement désigné pour la place qu'il occupe [...] Il sait déjà quels sont nos désirs. Nous voulons que la France participe positivement à la défense aryenne contre les Juifs. Il y va de son prestige et elle travaillera ainsi à son salut ». Mais, on le mesura lors des grandes rafles, l'instrument central de la mise en œuvre en France de la Solution finale se trouvait dans l'administration traditionnelle. Cela avait été d'emblée le choix de Laval et de Bousquet, et Oberg les soutint.

Du côté allemand, Oberg et Knochen, aidés de Hagen et Lischka, se retrouvèrent au cœur du dispositif. Dannecker et Zeitschel purent sembler prendre la main dans la première phase des déportations, à partir de leurs postes à la Sipo-SD et à l'ambassade, mais Oberg pensait, comme Laval, que les ultras risquaient de faire échouer leur collaboration en exigeant trop et trop vite. La réalisation de la rafle du Vél' d'hiv conforta Knochen dans l'idée que la négociation avec le partenaire français était essentielle, là où Dannecker plaidait pour un rapport de forces sans concession. Ce dernier, par son extrémisme, finit par représenter une menace et, à la fin juillet, Knochen obtint d'Eichmann son rappel et son remplacement par Heinz Röthke, déjà son adjoint mais au profil plus classique. Moins présent dans Drancy que Dannecker et moins violent à l'égard des internés juifs, il n'en avait pas moins l'efficacité d'un bureaucrate de la mort. Son jeune second, Ernst Heinrichsohn, en revanche, se rendait régulièrement dans le camp. Durant ce même été 1942, le complice de Dannecker à l'ambassade, Zeitschel, fut lui aussi rappelé à Berlin. Oberg et Knochen avaient gagné la partie. Ils furent plus efficaces encore car ils pouvaient s'appuyer sur l'administration française pour mettre en œuvre les plus grandes rafles antisémites de toute la guerre.

Les grandes rafles

La rafle dite du Vél' d'hiv, premier résultat de cette collaboration harmonieuse, marqua un tournant majeur. La réunion décisive eut lieu le 7 juillet dans le bureau de Dannecker, avenue Foch. L'administration française était représentée au plus haut niveau : il y avait Darquier de Pellepoix pour le CGQJ, Jean Leguay, delégué en zone nord du secrétaire général à la police Bousquet, Jacques Schweblin, le directeur de la Police aux questions juives (PQJ) et les principaux cadres concernés de la préfecture de Police de Paris, à savoir Jean François, le directeur de la police générale, André Tulard en charge du fichier juif, Émile Hennequin, le directeur de la

police municipale, Guidot, le commissaire de police à l'état-major de la police municipale, et Garnier, le sous-directeur du ravitaillement à la préfecture de la Seine. On dispose d'un compte rendu de cette réunion, rédigé par Hennequin, sans surprise puisque la police municipale fut en première ligne pour cette rafle. Dannecker fixa les objectifs : 22 000 Juifs du Grand Paris (incluant la Seine, la Seine-et-Oise et la Seine-et-Marne). N'étaient concernés *a priori* que les Juifs allemands, autrichiens, polonais, tchécoslovaques, russes et apatrides, âgés de 16 (voire 15) à 50 ans.

Tous les fonctionnaires participant aux arrestations seraient « personnellement responsables de l'exécution des instructions communiquées » et « Monsieur Dannecker [avait] spécifié que l'action devrait être rapide, pour éviter que les intéressés ne puissent s'enfuir ». Or c'est là que le bât blessa. Le même Hennequin lançait un appel général à ses troupes le 10 juillet, soit trois jours plus tard. Il se plaignait car des Juifs « quittaient clandestinement leur domicile pour la province », anticipant une rafle imminente.

Dès lors, les consignes se succédèrent, émanant de Leguay ou de la direction de la police municipale : nouvelles limites d'âge ; rigueur accrue : qu'il y ait un doute sur l'identité de la personne ou que son état de santé soit difficile, l'ordre était le même : ne pas se poser de question et transférer en tout état de cause vers un centre primaire de tri. Les clés de l'appartement devaient être remises au gardien ou au plus proche voisin. Les opérations devaient être effectuées « avec le

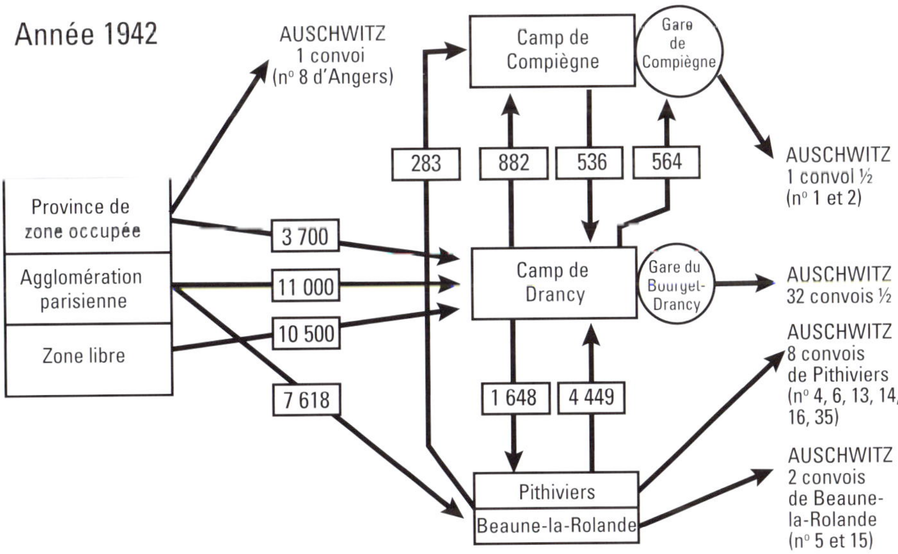

Arrestations, internements, transferts et déportations en 1942.

Au départ du camp de Rivesaltes pour Drancy.

maximum de rapidité, sans paroles inutiles et sans aucun commentaire ». Puis, le 13 juillet, la circulaire secrète n° 173-42 donna toutes les consignes aux commissaires de Paris et banlieue. Tout était prévu jusqu'au moindre détail.

La chasse à l'homme débuta dans les rues de la capitale à l'aube du 16 juillet, à 4 heures du matin. 4 500 policiers français avaient reçu pour mission d'arrêter 27 361 Juifs apatrides – Allemands, Autrichiens, Polonais, Tchèques, Russes ou de nationalité indéterminée, âgés de 2 à 55 ans pour les femmes, à 60 ans pour les hommes. La Compagnie du chemin de fer métropolitain avait mis à leur disposition 50 autobus. Les victimes étaient d'abord rassemblées dans un garage, un commissariat ou une école, appelés centres primaires de rassemblement. Puis, les adultes seuls et les couples sans enfants étaient acheminés en autobus à Drancy, tandis que les familles – 8 160 hommes, femmes et enfants – étaient envoyées au Vélodrome d'hiver, confié pour la circonstance à la garde de la gendarmerie.

Le 20 juillet, Hennequin dressait le bilan chiffré des opérations. Elles s'étaient terminées à 13 heures le 17 juillet. Il décomptait 3 118 hommes, 5 919 femmes et 4 115 mineurs (moins de 16 ans) : 13 152 Juifs avaient donc été arrêtés en l'espace de deux jours ; 4 992 d'entre eux (dont 3 003 femmes) avaient été envoyés directement à Drancy.

Puis, pendant le même été 1942, un processus assez proche fut appliqué en zone sud. Pour remplir l'objectif qu'il s'était fixé, René Bousquet augmenta les catégories de déportables en supprimant une majorité des exemptions prévues dans un premier temps. Scandée par des réunions internes des services français et conjointe avec les services allemands, l'opération se déroula principalement en deux séquences. Une première série de convois vida les camps de la zone sud des internés qui s'y trouvaient encore. Le premier convoi partit de Gurs le 6 août et arriva le lendemain à Drancy d'où la plupart prenaient la route d'Auschwitz-Birkenau trois jours plus tard par le convoi n° 17. D'autres convois suivirent, vidant les camps de Rivesaltes, des Milles, du Vernet, de Noé et de Récébédou de leurs internés juifs. Puis on cibla les Groupements de travailleurs étrangers où avait été transférée les mois précédents une partie des hommes internés. Une vaste rafle était ensuite organisée le 26 août dans toute la zone sud. La dernière phase, qui débuta en septembre, fut le fruit de traques individuelles, au domicile, au passage de la ligne de démarcation ou aux frontières. La coordination alla jusqu'à désigner Rivesaltes comme le centre interrégional de transit, ce que Serge Klarsfeld appelle le « Drancy de zone sud ». Au total, quelque 10 000 Juifs furent ainsi déportés de zone sud avant l'invasion allemande de novembre.

Le Vél' d'hiv à la mi-juillet et la grande rafle de zone sud à la fin août bornent une période de collaboration harmonieuse dans la persécution antisémite. Scellés au plus haut niveau, les accords furent appliqués, et si les protestations commencèrent, elles n'enrayaient pas encore la machine. Le camp de Drancy changea à nouveau de statut : il devint le camp de transit pour les déportés juifs de France. L'antichambre de la mort.

Gendarmes et police aux questions juives

Cela n'avait pas été le cas d'emblée. Les deux premiers convois étaient partis de Compiègne les 27 mars et 5 juin 1942. Ils n'en étaient pas moins constitués pour la grande majorité d'internés du « camp des Juifs » : plus de 75 % dans le premier convoi et la totalité dans le second. Les quatre convois suivants partirent de Pithiviers (2 fois), Beaune-la-Rolande et Drancy. Nous étions alors le 17 juillet 1942. Dès lors, à quatre exceptions près, tous les convois partirent de Drancy, y compris le dernier, celui du 17 août 1944. Il était apparu que c'était la meilleure solution, compte tenu des capacités du camp et, surtout, de sa position dans le réseau ferroviaire de l'est parisien.

Mais la situation du camp de Drancy avait été complètement bouleversée par les grandes rafles de l'été. On pouvait penser que la présence d'hommes et de femmes, de nourrissons et de vieillards et la transformation du camp d'internement en camp de transit allaient changer le dispositif d'encadrement. Or, pour l'essentiel, il n'en fut rien : la préfecture de Police gardait la main sur la direction du camp, la garde intérieure et extérieure était toujours assurée par la gendarmerie. Mais, pendant l'été 1942, la Police aux questions juives intervint aussi directement à Drancy. En revanche, le comportement des uns et des autres se transforma, conduisant les autorités à revoir le partage des responsabilités et le rôle de l'administration internée.

Le commissaire Auguste Guibert assurait la continuité. On peut imaginer qu'il souffrait de la concurrence de la gendarmerie, mais surtout de la personnalité du chef de groupe, le capitaine de gendarmerie Marcelin Vieux. Le 1er juillet, ce dernier avait pris la suite du capitaine Robert Richard à la tête du groupe de gendarmes affecté à la garde du camp. Il avait alors 42 ans. Sa famille avait été très marquée par la guerre de 14 puisque son père avait été mobilisé et qu'il avait perdu son frère, mort à Verdun. Il avait été envoyé à l'école des enfants de troupe de Saint-Hippolyte de Fort, contre l'engagement de servir 5 ans dans l'armée. Il participa provisoirement à la guerre du Rif et prépara une école d'officiers. Les rapports de ses supérieurs étaient négatifs, relevant des « moyens ordinaires qu'il cherche à compenser en servant avec activité et zèle », un personnage « sans envergure », « en dessous de la moyenne », et il obtint à l'ancienneté son grade de capitaine. Il gagna bien l'Angleterre avec l'évacuation de Dunkerque, mais il quitta très vite Plymouth pour Brest. Le 31 octobre 1940, il était affecté aux « forces de gendarmerie de Paris-Est ».

Malgré un dossier professionnel peu brillant, Vieux réussit néanmoins à gravir lentement les échelons d'une carrière laborieuse. Il prit le commandement de la gendarmerie du camp le 1er juillet 1942. Si l'on en croit plusieurs témoignages, dont celui de Georges Kohn, les premiers contacts avaient été favorables. Le 14 ou le 15 juillet, le capitaine avait même assisté à une réunion au cours de laquelle Kohn avait donné des instructions aux chefs d'escaliers. Il se serait alors montré compréhensif et aurait approuvé tout le dispositif proposé. Mais le bouleversement consécutif à l'arrivée massive des 16 et 17 juillet provoqua un changement radical. Dépassé par les événements, le capitaine Vieux parcourait le camp, la cravache à la main, et frappait les internés, les hommes comme les femmes.

De multiples témoignages évoquèrent la brutalité du capitaine, dans les écrits de la Libération tout comme au second procès qui lui fut intenté en sa présence, en 1957. Il semble avoir voulu se mettre en avant face aux Allemands, comme lors de ce jour de déportation, le 17 août 1942, quand une enfant de 6 ans s'approcha de lui pour lui demander d'aller aux cabinets. « Veux-tu me f... le camp », lui répondit-il avant de lui asséner trois coups de cravache, sans oublier de se tourner vers l'officier allemand qui se trouvait près de lui : « Il faut les dresser », dit-il à ce dernier.

Georges Horan dans les semaines qui suivirent sa libération du camp en février 1943 rendait compte de cette brutalité :

> Les gendarmes font du zèle. Capitaine Vien [Vieux] en tête (commandant la gendarmerie du camp), lieutenants, sous-lieutenants, adjudants, maréchaux-de-logis chefs, maréchaux de logis, gendarmes, excités au maximum, rivalisent de brutalité. Le capitaine Vien fait montre de bestialité indigne d'un officier. Un soudard ne s'abaisserait peut-être pas à de telles manières : coups de bottes, de poings, de pèlerine, de cravache contre les femmes. [...] Nous nous regardons consternés. Des femmes ! Rien ne les arrêtera, les salauds.
> [...] Le chef Va... [Van Neste, NDLR] se distingue : il deviendra adjudant. Tous les chiens hargneux s'enragent et retournent à leur origine louvetière ; rudoient leurs victimes, tournent autour d'elles, les ahurissent par des engueulades, des bousculades éhontées, des coups.

Furent également évoqués des trafics en tous genres, ainsi sur les cigarettes vendues au tarif du marché noir en liaison avec un chef d'escalier que Vieux avait fait nommer à ce poste. Dès septembre, Georges Kohn avertissait l'inspecteur Louis Thibaudat d'un détournement de pièces d'or. L'inspecteur alerta sa hiérarchie, comme il le rapporta au moment de l'épuration. Il fallut mobiliser des faux témoignages pour enterrer l'affaire, ce dont se chargea Van Neste en exerçant du chantage à la déportation. Deux autres gendarmes furent mêlés à l'affaire. Les

Gendarmes sur les miradors.

déportations offraient d'autres opportunités : en liaison avec une prostituée et son protecteur, Vieux organisa le « nettoyage » des « escaliers de départ », cherchant ce que les internés avaient éventuellement laissé derrière eux.

Le tableau du comportement des gendarmes n'est pas uniformément noir. Pour reprendre la distinction faite par Horan, il y avait la « bonne brigade, celle qui fait son service correctement, nous embête réglementairement, nous tracasse suffisamment selon les principes admis ». Et la « mauvaise brigade, celle qui nous déteste, qui invente des vexations inutiles, multiplie les brimades, les fouilles, les punitions, les injures et les sévices de toutes sortes. [...] Qu'importe la race de chien qui nous mord, pourvu qu'il ne soit pas trop enragé. Lorsque j'entends les voisins déclarer "C'est la mauvaise brigade" cela me suffit. J'apporte davantage de soin à l'éviter ».

Il dépeint avec les mots d'un homme qui vient de vivre l'expérience traumatisante les deux comportements dominants de gendarmes, entre ceux qui font le

travail sans zèle, mais sans désobéir, et ceux qui rajoutent la haine et les sévices à l'horreur de la situation.

Le maréchal des logis chef Emmanuel Vexiau, arrivé à Drancy en mai 1942, faisait partie de la première catégorie. Il alla même plus loin, à lire le témoignage d'Henri Bulawko. Vexiau le prit comme secrétaire et c'est par son biais que passaient, par exemple, toutes les informations glanées sur Radio Londres et diffusées parmi les internés. Il réussit même à cacher Bulawko, lui faisant éviter un convoi massif qui, sans doute, lui aurait été fatal. Bulawko fut bien déporté, après un passage à Beaune-la-Rolande, mais il revint d'Auschwitz et considéra toujours qu'il devait la vie à Vexiau. On mesure ici ce que signifiaient de tels actes : sous le contrôle très vigilant des Allemands et de collègues gendarmes plus zélés, ces hommes devaient faire le choix de la Résistance, mais aussi désobéir à l'autorité de tutelle française alors même que, depuis toujours, leur métier était fondé sur le devoir d'obéissance.

Un autre gendarme, interviewé par Didier Epelbaum en 2009, fit plus encore. Camille Mathieu fut accusé en janvier 1943 par Van Neste de trafic de lettres et de cigarettes. De fait, on trouva l'objet du délit dans ses poches ; il servait en effet régulièrement d'intermédiaire pour ces échanges clandestins avec l'extérieur – sans jamais se faire payer. En février 1975, Adela Herzberg le confirmait : « D'arrangements financiers nous n'en avons eu aucun, la question ne s'est jamais posée, les Mathieu sont des gens intègres et ce qu'ils ont fait n'était pas rémunérable… Ils ne l'auraient pas compris. » Camille Mathieu aida en outre l'un des internés à s'échapper et, avec l'aide de sa femme, Denise, lui proposa leur maison familiale pour que le couple, les Fuks puissent se cacher. Ils y passèrent toute la guerre et réalisèrent des petits travaux de couture rémunérés pour les amis et les voisins. C'est ainsi qu'ils furent sauvés. Camille Mathieu fut dès 1943 révoqué de la gendarmerie. Replié dans le Loiret, il intégra un groupe résistant du réseau Buckmaster, s'engagea dans les FFI et l'armée, où il finit sa carrière militaire. Il fut le seul gendarme de Drancy à avoir été reconnu Juste parmi les nations par l'institut Yad Vashem de Jérusalem. Camille Mathieu était en effet l'exception.

Car la règle, c'était plutôt l'horreur, amplifiée encore par les comportements, partagés, de la PQJ chargée de la fouille des internés. La PQJ était une sorte de police parallèle créée à l'été 1941 par le ministre de l'Intérieur Pierre Pucheu au sein même de la police nationale. À côté du Service de police anticommuniste (SPAC) et du Service des sociétés secrètes (SSS), Pucheu souhaitait disposer d'un arsenal supplémentaire dans le cadre d'une étatisation-centralisation de la police. Dans les trois cas, cependant, les responsables avaient profité de leur statut particulier pour se construire une forme d'autonomie.

Nous sommes à Drancy, le 9 août 1942 et c'est encore Horan qui évoque leur comportement lors de la fouille des déportés :

> Cette fouille est un viol. Les péqujistes [c'est-à-dire les hommes de la PQJ] ne se contentent pas d'enlever les objets de luxe, de valeur, les bijoux (il n'y en a guère), les montres, l'argent, les cigarettes. C'est tout. C'est le dépouillement total. C'est le déshabillage, l'extorsion, le déballage cynique, pièce par pièce, l'étalage indécent depuis les chaussures ôtées, les chaussettes, les cols de pardessus décousus, les rembourrages tailladés, les coutures défaites, les palpations écœurantes, les canailleries obscures.
> Le butin s'accumule dans les caisses. C'est le stock de tout un grand magasin. Les valises sont triturées pour découvrir des doubles fonds. Cela dure des heures. Cela est indescriptible. Nous en avons mal au ventre. C'est çà l'humanité...
> Français ça ? Pègre internationale, gangsters, pillards. Racaille fleurie et parfumée.

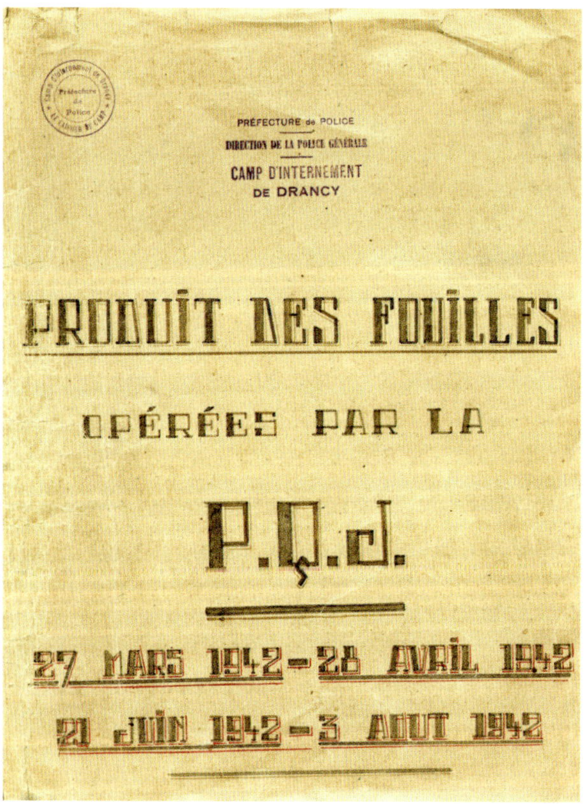
PRÉFECTURE de POLICE
DIRECTION DE LA POLICE GÉNÉRALE
CAMP D'INTERNEMENT DE DRANCY

PRODUIT DES FOUILLES
OPÉRÉES PAR LA
P.Q.J.

27 MARS 1942 – 28 AVRIL 1942
21 JUIN 1942 – 3 AOUT 1942

Le produit des fouilles des Juifs raflés consigné dans les rapports de la PQJ.

Qu'il s'agisse des gendarmes ou de la PQJ, le scandale fut tel que l'administration décida d'intervenir. Dès le 23 août 1942, le secrétaire général de la préfecture de Police de Paris vint au camp sans prévenir afin de s'enquérir des brutalités exercées par les gendarmes. Le lendemain, c'est à la préfecture de Police que des mesures importantes étaient prises. La réunion était présidée par le préfet ; y assistaient également le général commandant la gendarmerie de la région parisienne et l'inspecteur François.

Le capitaine Vieux fut interdit de cravache quand il pénétrait dans le camp et, plus encore, il était demandé aux internés de mettre sur pied un service de surveillance qui prendrait tout ou partie des prérogatives de la gendarmerie à l'intérieur du camp.

La situation se compliqua encore pour le capitaine cravache. Il eut bientôt à rendre des comptes à la suite d'une dénonciation liée à l'une de ses initiatives. Le 9 novembre 1942, le convoi n° 44 partait pour une « destination inconnue » avec 1 000 personnes, dont une majorité de Grecs qui venaient d'être raflés. Or Marcelin Vieux envoya le gendarme Jean Wattez exiger du chef interné du bureau des effectifs, Marcel Levy-Kunzi, une liste de Grecs déjà internés à Drancy afin de compléter le convoi. Levy-Kunzi refusa : l'ordre ne pouvait venir d'un gendarme mais d'un inspecteur relevant de la préfecture de Police, voire du commandant Guibert. Vieux fit un rapport à la Gestapo et un ordre de déportation visant l'interné désobéissant fut immédiatement transmis par les Allemands. L'inspecteur Koerperich témoigna à la Libération qu'il avait bien reçu cet ordre allemand mais qu'il réussit à le faire annuler.

Koerperich remit un rapport à son supérieur, le commandant Auguste Guibert, qui le fit remonter jusqu'au général de gendarmerie Léon Guilbert, en ajoutant l'accusation de trafic de tabac. Une enquête interne fut diligentée et, avant la fin de l'instruction, le 21 novembre, ayant reçu confirmation des faits dénoncés, Guilbert relevait le capitaine Vieux de ses fonctions. Il était transféré à Limoges mais l'accusation de trafic ne fut pas retenue, faute de preuves suffisantes. Il était trop gradé pour une telle affaire, le scandale aurait été trop important.

Pour autant, l'affaire ne s'arrêta pas là. On annonça même dans la presse parisienne collaborationniste l'inculpation de trois autres gendarmes pour trafics avec les internés. Avant la fin de l'année, trois gendarmes furent renvoyés de la gendarmerie et trois autres relevés de leurs fonctions pour trois mois. Bientôt, huit autres furent punis, dont six renvoyés et deux suspendus. La gendarmerie faisait le ménage.

À la tête du détachement, Vieux avait été remplacé entre-temps par le capitaine Richard. Si l'homme était discipliné, il n'avait rien à voir avec son prédécesseur. En ce dimanche 22 novembre, il prenait en outre ses fonctions au moment où les déportations avaient été arrêtées depuis une dizaine de jours – une interruption qui dura trois mois. Le trio qu'il formait avec Guibert, le commandant du camp, et Kohn, le chef des internés, fonctionnait bien. Les mesures prises contre les gendarmes trafiquants, de nombreuses améliorations et, surtout, un nouveau climat changèrent la vie quotidienne dans le camp.

D'autant que le secrétariat général à la police s'occupait, de son côté, des débordements de la PQJ. Au-delà des exactions trop voyantes aux yeux des Allemands, René Bousquet le fit d'autant plus aisément qu'il avait décidé, derrière Laval, de s'appuyer sur l'administration traditionnelle et donc de minorer le rôle des polices parallèles. C'était une affaire d'efficacité et de conviction. Dans une lettre en date du 30 septembre 1942, le délégué de Bousquet en zone nord, Leguay, demandait des comptes à Schweblin, le patron de la PQJ. La réponse de ce dernier, une semaine plus tard, montre la porosité entre services français et allemands. Il s'abrite, en effet, derrière un ordre des autorités allemandes qui avaient précisé que la police des camps, la surveillance et la fouille des déportés devaient être assurées par son service, en collaboration le cas échéant avec les autres forces de police françaises. Ce sont ces autorités qui auraient fixé le protocole des fouilles. D'abord destinées aux autorités d'occupation, les espèces, bijoux et autres objets de valeur revenaient en fin de compte à la PQJ « tant pour les besoins de mon Service que pour récompenser les divers concours des autres Services ayant collaboré à ces opérations », précisait-il. Pour le reste il avouait simplement une certaine « fermeté » dans les fouilles. Le 9 novembre 1942, le secrétariat général à la police (zone occupée) annonçait aux autorités allemandes que la PQJ était remplacée par les sections d'enquête et de contrôle (SEC) placées près le Commissariat général aux questions juives, avec des pouvoirs de police restreints. À Paris, la préfecture de Police reprenait la main avec un service des affaires juives confié à Charles Permilleux.

Policiers et gendarmes étaient visibles dans le camp même, mais nombre d'autres administrations devaient être sollicitées pour mettre en œuvre un programme de transfert forcé dans le pays et de déportation d'une telle ampleur, comme la SNCF.

Le rôle de la SNCF

L'organisation des déportations impliquait en effet la SNCF. On a vu qu'elle fut associée à la préparation de la rafle du Vél' d'hiv, mais l'acheminement des convois de toute la France vers Drancy (sauf exception) puis la déportation vers les centres de mise à mort l'impliquaient également. Reprenons la chaîne de commandement en cette année 1942. Un officier, Franz Novak, était auprès d'Eichmann en charge des transports. Une fois averti, il contactait à Paris les responsables de la Hauptverkehrsdirektion (HVD) qui relevait du ministère civil d'Albert Speer. Ne possédant en propre aucun matériel, la HVD se tournait vers la SNCF pour s'assurer des disponibilités et transmettait les consignes du bureau de liaison auprès du service central du Mouvement (en zone sud, c'était avec la délégation technique de Vichy). Des structures interministérielles intervenaient évidemment dans le processus décisionnel, mais les aspects purement techniques se réglaient entre la HVD et la SNCF. Les cheminots français conduisaient les trains jusqu'à Novéant, poste frontière du réseau Est entre la France et le Reich. La convention d'armistice avait bien précisé que les cheminots allemands n'avaient pas l'autorisation d'intervenir sur le réseau français. Le directeur général de la SNCF faisait un point hebdomadaire

Carte postale de la gare « voyageurs » du Bourget-Drancy.

En face, le quai de « marchandises », lieu de déportation.

et le président présentait un compte rendu mensuel devant son conseil d'administration. Tel fut le processus tout au moins jusqu'à la fin de l'été 1943, quand furent coupées les relations directes entre les deux administrations ferroviaires. On notera que les convois partis de Compiègne étaient, quant à eux, accompagnés des seuls Allemands ce qui, jusqu'en juin 1943, distingua les convois de répression des convois de persécution. Car Compiègne était sous tutelle allemande dès l'origine.

Qu'en fut-il pour Drancy, qu'il s'agisse des trains amenant les internés de province ou de ceux partant avec les déportés ? Les commissaires François (préfecture de Police) et Guibert (commandant du camp), mais aussi le capitaine Vieux assistèrent à la plupart des départs pendant la « période française » du camp. Il y avait 25 gendarmes dont un officier par escorte, chiffre porté bientôt à 33 à la demande de Röthke. Les trois groupements de gendarmerie de Paris-Est étaient mobilisés, celui de Vieux moins que les autres puisqu'il avait la garde du camp. Ils devaient se trouver à la gare à 7 heures 30 où ils étaient accueillis par les militaires allemands. Une liste fournie par la police municipale, un bon de transport pour le retour, un casse-croûte pour deux jours : le convoi était prêt à partir. Cela ne fut pas sans poser de problème à la direction de la gendarmerie. L'inspecteur général Balley, celui-là anciens combattants les moins intéressants », pour reprendre les termes du commandant de Drancy, ne furent pas épargnés.

Le rituel du départ s'instaurait : évacuation des escaliers (les cinq premiers) qui deviendront les escaliers de départ et répartition des internés restant dans les autres escaliers du camp ; la fouille des préposés au départ par les inspecteurs de la PQJ après que leur tête avait subi l'épreuve d'un rasage intégral, puis l'isolement des futurs déportés dans ces cinq escaliers ; et le départ, le lendemain à l'aube. « Le grand drame est terminé », conclut Paul Zuckermann le 23 juin ; il ne restait plus dès lors que 1 276 internés au camp, « des malades et des vieux ». Jusqu'à cette date, 5 700 Juifs avaient été internés à Drancy ; 1 300 avaient été libérés et 2 700 avaient été « remis aux autorités occupantes », bel euphémisme pour désigner les départs en déportation pour le terrible « inconnu ».

La rafle du Vél' d'hiv vue de Drancy

« Drancy sera la gare d'où l'on déportera tous les Juifs. » Paul rapporte ces propos de Dannecker le 23 juin et évoque un départ tous les mois. Il est loin du compte, mais cette remarque montre qu'on savait parfois à Drancy ce que l'on ne savait pas encore ailleurs. Les rumeurs qui se répandaient à Paris sur l'imminence d'une rafle massive trouvent en partie leur source dans les lettres clandestines envoyées du camp. Les 8 et 9 juillet, Paul évoque l'arrivée prochaine de 7 000 Juifs, des familles entières, de zone occupée comme de zone libre ; tous seront immédiatement déportés. Sa panique ne cesse de s'accroître durant la première quinzaine de juillet 1942. Il tenait sans doute l'information de l'UGIF, car, une semaine plus tôt, le directeur de cabinet de Darquier de Pellepoix avait demandé à André Baur, le président de l'UGIF-Nord, de constituer d'urgence un « stock pouvant répondre aux besoins d'environ 7 000 personnes en matériel de campement, d'habillage et de couchage ». Au bureau des effectifs de Drancy, on était mieux renseigné. On s'attendait à l'arrestation de 22 à 24 000 Juifs dans la région parisienne.

Le 3 juillet 1942, à 6 heures du matin, un cordon de forces policières françaises cernait l'hôpital Rothschild. En moins d'une heure, tous les malades juifs hospitalisés dans les deux pavillons réservés aux internés étaient renvoyés à Drancy – sans la moindre exception, quel que fût leur état. Là ils furent assignés à l'escalier 13 qui venait d'être vidé, tout comme les escaliers 1 à 12, tandis que les internés avaient été regroupés dans les escaliers 14 à 22. Drancy se préparait à accueillir les victimes de la grande rafle parisienne, la rafle du Vél' d'hiv, tandis qu'arrivaient quelques dizaines de Juifs arrêtés dans diverses villes de la zone occupée.

et le président présentait un compte rendu mensuel devant son conseil d'administration. Tel fut le processus tout au moins jusqu'à la fin de l'été 1943, quand furent coupées les relations directes entre les deux administrations ferroviaires. On notera que les convois partis de Compiègne étaient, quant à eux, accompagnés des seuls Allemands ce qui, jusqu'en juin 1943, distingua les convois de répression des convois de persécution. Car Compiègne était sous tutelle allemande dès l'origine.

Carte postale de la gare « voyageurs » du Bourget-Drancy.

En face, le quai de « marchandises », lieu de déportation.

Qu'en fut-il pour Drancy, qu'il s'agisse des trains amenant les internés de province ou de ceux partant avec les déportés ? Les commissaires François (préfecture de Police) et Guibert (commandant du camp), mais aussi le capitaine Vieux assistèrent à la plupart des départs pendant la « période française » du camp. Il y avait 25 gendarmes dont un officier par escorte, chiffre porté bientôt à 33 à la demande de Röthke. Les trois groupements de gendarmerie de Paris-Est étaient mobilisés, celui de Vieux moins que les autres puisqu'il avait la garde du camp. Ils devaient se trouver à la gare à 7 heures 30 où ils étaient accueillis par les militaires allemands. Une liste fournie par la police municipale, un bon de transport pour le retour, un casse-croûte pour deux jours : le convoi était prêt à partir. Cela ne fut pas sans poser de problème à la direction de la gendarmerie. L'inspecteur général Balley, celui-là même qui avait, quelques années plus tôt, signé un rapport très sévère à l'encontre de Vieux, mettait en lumière les difficultés et les implications de la collaboration le 11 août 1942, alors que se succédaient les convois et donc les transferts d'internés jusqu'à la frontière sous la surveillance de gendarmes français :

> Les gendarmes français escortent les internés jusqu'à la frontière allemande, sous les ordres d'un officier et de gendarmes allemands. Il est regrettable qu'ils soient chargés de ces services en compagnie de *Feldgendarmes*, car la juxtaposition d'uniformes français et allemands pour ces opérations de transplantation d'office de familles dissociées provoque la réprobation muette de la population française.

Dans l'immédiat il ne fut pas entendu mais son rapport en dit long sur l'état d'esprit de la gendarmerie et de l'opinion.

Là encore le témoignage de Georges Horan est crucial pour comprendre comment et où, précisément, cela se passait. En effet, il fit partie à plusieurs reprises de l'équipe d'internés chargée de réceptionner les uns ou de faire partir les autres. Une dizaine de minutes séparent le camp de Drancy de la gare du Bourget-Drancy qui fut utilisée jusqu'à l'été 1943. Le 19 août 1942, il s'agissait d'accueillir un convoi d'enfants et de femmes venus des camps du Loiret. Sur les 1 199 Juifs on comptait 965 enfants, 233 femmes, qui n'étaient donc pas leurs mères, déjà déportées, et un homme.

> Virages, ponts, barrière. Nous sommes sur voie de bord – sur le quai haut – Descente. Quel service d'ordre !... Plusieurs centaines de gendarmes, gardiens de la paix, partout, nous entourent. Il y en a de faction tout le long de la grille d'enceinte : à l'intérieur, à l'extérieur. Des pelotons en bordure du quai, aux extrémités. Sur le quai opposé, des « poulets » (inspecteurs en civil) qui d'un air désinvolte ne cessent de nous scruter.

Tous les grades sont représentés et, de fait, on sait que le commissaire François a assisté à tous les départs. En majorité ce sont des stagiaires qui gardent l'« équipe du Bourget ». Puis arrivent les Allemands.

La description se poursuit ainsi : « La rame approche à reculons, lentement... Wagons à bestiaux, en bois... » L'expertise technique a confirmé le propos : l'ampleur du faisceau de voies à traverser est un vrai casse-tête si le train entre directement sur le quai proche des habitations ; la solution la plus simple et la plus efficace est d'opérer une marche arrière jusqu'au quai de marchandises qui fut donc le lieu exact du transfert, ainsi qu'ont pu le localiser Thomas Fontaine et Benoît Pouvreau. Dès lors, le quai de voyageurs se trouve de l'autre

côté du train garé sur ce quai et, pour ceux-ci, il n'y a pas de vue directe sur les opérations.

« Double haie de gendarmes ; autobus à trois mètres de la porte roulante des wagons. Le désordre inévitable de tous les contrordres… donnés par les autorités différentes, la houle des mouvements de masse, la porte s'ouvre. Les criminels attendent. »

Les gendarmes pénétraient les premiers dans le wagon, puis ils faisaient le va-et-vient entre le wagon et l'autobus. Une fois le wagon vide, l'autobus de la STCRP partait pour le camp et le suivant prenait la suite. C'était alors à la brigade d'internés d'entrer dans le wagon vide pour sortir les valises et ballots qui attendront les derniers autobus pour être chargés. Une mince couche de paille couverte de déjections et d'épluchures ; un seau hygiénique plein qui avait débordé ; des excréments écrasés autour du seau. Pour les internés, ce fut un choc. Dans le Drancy de l'été 1942 ce n'était pas le premier.

Du côté des internés : de la première déportation à l'étoile jaune

Depuis la fin du mois de mars 1942, le camp semblait se vider de sa population. Au lendemain de la première déportation, Drancy comptait près de 2 600 internés. Mais arrivaient constamment de nouveaux pensionnaires. Outre les victimes d'arrestations individuelles à Paris ou en province, s'ajoutaient régulièrement des lots d'internés de Compiègne ou de malades hospitalisés à Rothschild que Dannecker renvoyait subitement au camp. La distinction entre les différentes catégories d'internés s'affinait : on évoquait depuis le début du mois d'avril les « conjoints d'Aryennes » qui, comme les anciens combattants, conservaient une petite lueur d'espoir. Les prélèvements d'otages se poursuivaient. Tirant leurs enseignements de la hâte qui avait présidé au choix des déportés du 27 mars, les médecins du camp prirent à la mi-avril l'initiative de classer les internés en tenant compte de leur aptitude au travail. D'autres déportations auraient lieu, personne n'en doutait : les journaux, les correspondances font tous état de l'angoisse qui étreignait les internés de Drancy. D'autant que la sélection des déportés du convoi du 29 avril ne semblait obéir à aucun critère : 521 « travailleurs » avaient été choisis par le commandant du camp mais deux représentants de la PQJ avaient ajouté 300 internés à cette liste, puis les Allemands, après en avoir retiré les Juifs hongrois, non déportables, l'avaient enrichie de 13 internés supplémentaires, dont François Montel et Pierre Masse. Tous pensaient que le train prenait la route de l'Est ; en fait, il était dirigé sur Compiègne.

Un exemple d'étoile détournée.

Pour la Pâque juive, au début du mois d'avril, mets spéciaux et vins rituels étaient disponibles, un service religieux avait été prévu à la synagogue installée au premier étage de l'escalier 10 où, depuis l'automne 1941, se célébraient des offices religieux tous les samedis matin. En juin 1942, Dannecker ordonnait sa fermeture ; mais les internés avaient d'autres soucis. Chaque mouvement dans le camp était guetté et interprété. Lorsqu'une rumeur annonça la libération prochaine des jeunes de 18 à 25 ans et qu'ils furent regroupés dans l'escalier 2, l'optimisme l'emporta chez certains. Mais pour d'autres, ce regroupement laissait présager un « départ imminent ».

Puis les internés les plus avertis pressentirent que « le plus dur arriv[ait] ». Paul Zuckermann comprit le 20 mai, à la lecture du *Pilori*, que l'étoile jaune serait prochainement imposée. Dès que la nouvelle devint officielle, après l'adoption le 29 mai 1942 de l'ordonnance, il pensa aux siens, comme Zacharie Mass : « Du calme, de la dignité », écrit l'un ; « ce sera très pénible », s'inquiète le second. Il ne s'était pas trompé. « Mon Dieu, je ne croyais pas que ce serait si dur » : c'est en ces termes qu'Hélène Berr s'épanchait dans son Journal après sa première sortie « décorée de l'étoile » dans les rues de Paris. « C'était comme si j'avais eu une marque au fer rouge sur le front. [...] J'étais naturelle, superficiellement. Mais je vivais un cauchemar. »

L'étoile jaune leur réservait des surprises : le 8 juin arrivaient à Drancy les trois premiers non-Juifs arrêtés pour avoir porté un insigne fantaisiste en signe de solidarité avec ceux que l'ordonnance allemande voulait ostraciser. Le 12 juin, ils étaient 12 dans ce cas. Autre surprise, les internés du « camp des Juifs » apprenaient le 9 juin qu'ils étaient également soumis à l'obligation d'arborer l'étoile jaune. Chaque interné en reçut deux. La note de service n° 73 précisait même quelques jours plus tard que les « internés séjournant à l'infirmerie devront avoir le vêtement portant l'insigne juif étendu sur le lit ou à côté du lit, de façon que l'insigne soit en tout temps facilement visible ». Celui qui était surpris sans son étoile était passible de 8 jours de prison et, à partir du 14 août 1942, il risquait de se retrouver dans « le premier départ en formation ». Mais les véritables vedettes du

camp furent pendant quelques jours les « Aryens », dispersés entre les escaliers avec interdiction absolue de communiquer entre eux. Dannecker leur avait infligé le port de l'étoile jaune ainsi qu'une large bande blanche portant l'inscription « ami des Juifs ». Ils avaient été accueillis avec émotion par les internés du camp qui les exemptèrent des corvées. Le 13 août, 10 autres « amies des Juifs » étaient transférées de la prison des Tourelles à Drancy. Françoise Siefridt décrit son arrivée dans le camp où « tout est gris », au milieu de ce qui lui apparaît comme « un entassement prodigieux de Juifs » ; elle évoque l'accueil chaleureux que leur réservent les internés, la « fouille sur un terrain charbonneux », leur dispersion dans les différents dortoirs, les remerciements prodigués par la cinquantaine de Juives polonaises, russes, allemandes ou apatrides de sa chambrée qui « se font signe les unes les autres pour bien se tenir » en sa présence. Comme tous les « amis des Juifs », elle fut libérée du camp le 31 août mais, avant cela, elle fut confrontée à l'horreur inimaginable qui, depuis la mi-juillet, avait pris ses quartiers d'été à Drancy.

Un ami des Juifs, dessin de David Brainin.

Le 19 juin s'amorçait la préparation du troisième convoi de déportés qui partirait de la gare du Bourget-Drancy trois jours plus tard : les jeunes qui avaient été regroupés dans l'escalier 2 en faisaient partie, ainsi que deux notables choisis par Dannecker lors de l'une de ses visites au camp ; s'y trouvaient aussi 66 femmes provenant de la prison des Tourelles, ainsi que des « inaptes » dont chacun se demandait comment ils avaient été désignés comme travailleurs. Rien de plus simple, pourtant : les autorités allemandes ayant fixé à 930 le nombre d'internés pour la prochaine déportation, le Dr Tisné avait adjoint des « inaptes temporaires » aux 502 internés déclarés aptes au travail. Pour atteindre ce chiffre impératif, « les anciens combattants les moins intéressants », pour reprendre les termes du commandant de Drancy, ne furent pas épargnés.

Le rituel du départ s'instaurait : évacuation des escaliers (les cinq premiers) qui deviendront les escaliers de départ et répartition des internés restant dans les autres escaliers du camp ; la fouille des préposés au départ par les inspecteurs de la PQJ après que leur tête avait subi l'épreuve d'un rasage intégral, puis l'isolement des futurs déportés dans ces cinq escaliers ; et le départ, le lendemain à l'aube. « Le grand drame est terminé », conclut Paul Zuckermann le 23 juin ; il ne restait plus dès lors que 1 276 internés au camp, « des malades et des vieux ». Jusqu'à cette date, 5 700 Juifs avaient été internés à Drancy ; 1 300 avaient été libérés et 2 700 avaient été « remis aux autorités occupantes », bel euphémisme pour désigner les départs en déportation pour le terrible « inconnu ».

La rafle du Vél' d'hiv vue de Drancy

« Drancy sera la gare d'où l'on déportera tous les Juifs. » Paul rapporte ces propos de Dannecker le 23 juin et évoque un départ tous les mois. Il est loin du compte, mais cette remarque montre qu'on savait parfois à Drancy ce que l'on ne savait pas encore ailleurs. Les rumeurs qui se répandaient à Paris sur l'imminence d'une rafle massive trouvent en partie leur source dans les lettres clandestines envoyées du camp. Les 8 et 9 juillet, Paul évoque l'arrivée prochaine de 7 000 Juifs, des familles entières, de zone occupée comme de zone libre ; tous seront immédiatement déportés. Sa panique ne cesse de s'accroître durant la première quinzaine de juillet 1942. Il tenait sans doute l'information de l'UGIF, car, une semaine plus tôt, le directeur de cabinet de Darquier de Pellepoix avait demandé à André Baur, le président de l'UGIF-Nord, de constituer d'urgence un « stock pouvant répondre aux besoins d'environ 7 000 personnes en matériel de campement, d'habillage et de couchage ». Au bureau des effectifs de Drancy, on était mieux renseigné. On s'attendait à l'arrestation de 22 à 24 000 Juifs dans la région parisienne.

Le 3 juillet 1942, à 6 heures du matin, un cordon de forces policières françaises cernait l'hôpital Rothschild. En moins d'une heure, tous les malades juifs hospitalisés dans les deux pavillons réservés aux internés étaient renvoyés à Drancy – sans la moindre exception, quel que fût leur état. Là ils furent assignés à l'escalier 13 qui venait d'être vidé, tout comme les escaliers 1 à 12, tandis que les internés avaient été regroupés dans les escaliers 14 à 22. Drancy se préparait à accueillir les victimes de la grande rafle parisienne, la rafle du Vél' d'hiv, tandis qu'arrivaient quelques dizaines de Juifs arrêtés dans diverses villes de la zone occupée.

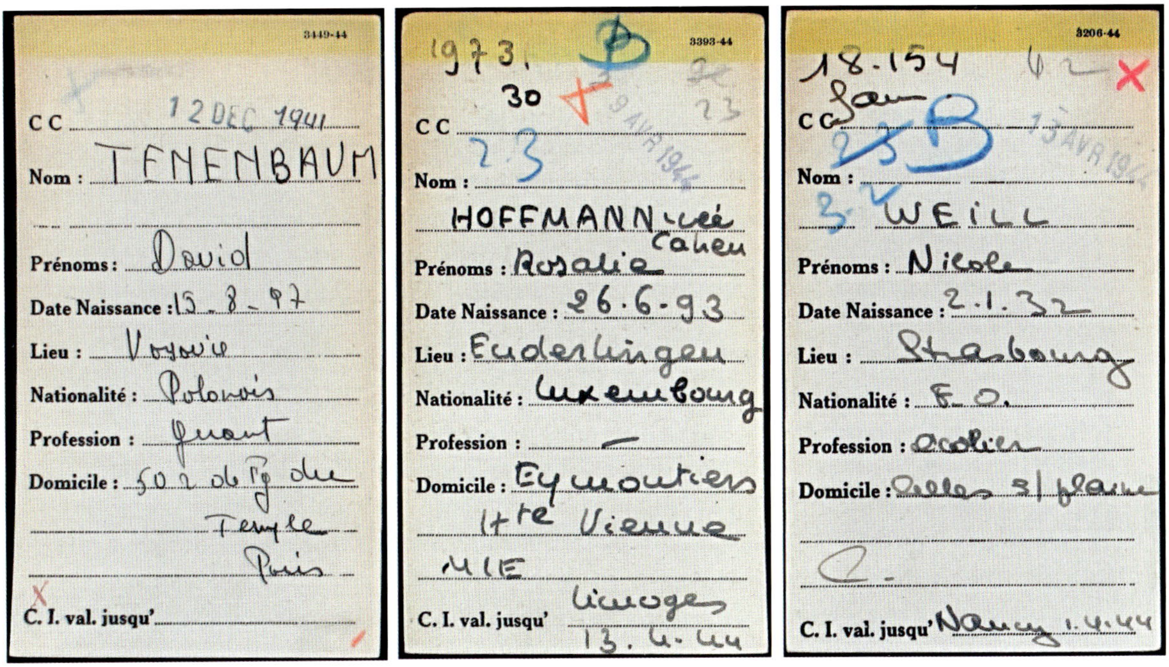
3449-44
CC 12 DEC 1941
Nom : TENENBAUM
Prénoms : David
Date Naissance : 15-8-97
Lieu : Varsovie
Nationalité : Polonais
Profession : Gérant
Domicile : 50 r du Fg du Temple Paris
C. I. val. jusqu'

3393-44
1973. 30 23
9 AVR 1944
CC 23
Nom : HOFFMANN née Cahen
Prénoms : Rosalie
Date Naissance : 26-6-93
Lieu : Enderlingen
Nationalité : Luxembourg
Profession : —
Domicile : Eymoutiers Hte Vienne MIE
C. I. val. jusqu' Limoges 13.4.44

3206-44
18.154 62
13 AVR 1944
CC 23 B
Nom : WEILL
Prénoms : Nicole
Date Naissance : 2.1.32
Lieu : Strasbourg
Nationalité : F. O.
Profession : écolier
Domicile : Celles s/ Plaine
C. I. val. jusqu' Nancy 1.4.44

Fiches d'internés à Drancy.

Cela causait des inquiétudes à l'économe : le nombre de seaux destinés à distribuer la nourriture serait insuffisant. Il décida donc de supprimer un repas sur deux. Il fallut attendre quelques semaines pour qu'il se rallie à la proposition de Georges Kohn qui, depuis le 7 mai 1942, assumait les fonctions de chef du camp et accepte d'utiliser les seaux hygiéniques neufs entreposés dans ses magasins. Comme au moment de l'ouverture du camp, l'improvisation fut reine.

À Paris, les rumeurs s'étaient répandues dans la rue juive. Les Juifs de la capitale savaient depuis quelques jours qu'une grande opération se préparait. Certains n'ajoutèrent aucune foi à cette énième rumeur, d'autres se croyaient protégés, confiants qu'ils étaient dans leur nationalité française, leur qualité d'ancien combattant ou leur âge. « Il paraît que les Juifs et Juives de 18 à 45 ans seront arrêtés pour être envoyés aux travaux forcés en Allemagne », notait Jacques Biélinky dans son Journal à la date du 15 juillet ; par mesure de précaution, il se réfugia pour quelques jours chez une amie protestante au Plessis-Robinson.

D'autres encore préparèrent leur baluchon car verser en famille dans la clandestinité leur paraissait irréalisable. Et puis nombreux furent les hommes qui se cachèrent pour la nuit, laissant femme et enfants à la maison, car les détails de l'opération prévue n'étaient pas connus et, jusque-là, les rafles de Juifs n'avaient concerné que des hommes.

Les premiers autobus arrivèrent au camp le 16 juillet à 7 heures 30 du matin. « Nous sommes agglutinés derrière les fenêtres fermées par ordre de la gendarmerie [...] 75 consignés dans les chambres, toutes fenêtres fermées. L'atmosphère est à peu près irrespirable », écrit François Montel. Les femmes commencèrent à arriver à 9 heures. Ce fut la consternation générale ; les rumeurs étaient donc fondées, les femmes n'étaient désormais plus épargnées. Un interné reconnut sa femme, un autre sa sœur, un autre encore sa fille – ce n'était que le début de ces retrouvailles familiales qui mettaient les nerfs à rude épreuve. Les femmes étaient dirigées vers les escaliers 6 à 10, tandis que les hommes se retrouvaient dans les escaliers 1 à 5. « La journée se traîne, pénible, triste. L'atmosphère est atroce », écrit François Montel. Ce Français qui jusqu'alors n'avait pas ménagé ses remarques méprisantes à l'égard de la population du camp ne voyait plus de Polaks, mais une « humanité souffrante, des malheureux ».

L'effectif de chaque dortoir gonfla démesurément : 85 internés pour les chambrées d'hommes, obligés de coucher à deux ou même trois par litière, 95 dans les chambrées de femmes. « À l'intérieur des escaliers de femmes, c'est le drame », écrit Montel. Elles « sont entassées les unes sur les autres ; certaines sont désespérées ». Le 18 juillet, ils étaient 6 690 internés à Drancy ; certains jours, il y en avait plus de 7 000 dans le camp. Jusqu'à la fin du mois d'août, en l'espace d'un mois et demi, 18 000 Juifs passèrent par Drancy, qui avait une capacité officiellement déclarée de 4 500 internés, mais dont 2 000 seulement bénéficiaient d'un lit ou d'un châlit. Souvent, ils n'y couchaient guère que deux nuits : un premier convoi partit le 19 juillet, un autre le 22 juillet, puis le 24 juillet, le 27, le 29 et le 31 juillet. Plus de 15 000 Juifs furent déportés de Drancy entre la mi-juillet et la fin août 1942. Jusqu'à la fin du mois de septembre, 3 convois par semaine quittèrent le camp, en route pour la « destination inconnue ». Entre le 27 mars et le 30 septembre 1942, 38 306 étaient déportés de France en 41 convois qui aboutirent tous à Auschwitz.

Le rituel des arrivées

D'emblée, un rituel des arrivées s'installa au camp. Raymond Gallais, un policier qui fut affecté au camp de Drancy à la mi-septembre 1942, nous en décrit les modalités. Des tables étaient disposées dans la cour ; un inspecteur se tenait derrière chacune, le caissier comptable derrière la dernière. Des internés du bureau des effectifs préparaient une fiche par personne pour le contrôle nominatif. Cela permettait le recensement des nouveaux et leur classement en catégories : conjoints d'« Aryens », demi-Juifs, femmes enceintes, employés dans les entreprises allemandes ou italiennes, ressortissants de telle ou telle nationalité. Autant de catégories qui pouvaient décider du sort de l'interné.

Puis les Juifs étaient immatriculés et fouillés, par les gendarmes cette fois. Il n'y avait aucun contrôle à cette étape et les gendarmes se servaient dans le lot des confiscations. Ensuite, le caissier prenait l'argent et les objets de valeur. Une fiche était établie pour chacun et ils n'avaient droit qu'à 50 francs. Les gendarmes étaient le plus souvent dépassés par les événements et se montraient brutaux. Tout dépendait du nombre d'internés qui arrivaient ce jour-là et de l'équipe de garde. Les services étaient souvent débordés : « Ce spectacle était navrant. Des gens de toutes sortes, de tous âges. Des mères tenant d'un bras un bébé qui pleurait, de l'autre une valise ou un sac. Des gens âgés qui pouvaient à peine marcher et que des espèces de sauvages de gendarmes poussaient en les injuriant », décrivait Gallais. Puis il ajoutait :

> Lorsqu'il n'y avait qu'une cinquantaine d'arrivées, ils étaient matriculés, fichés, enregistrés, fouillés et dépouillés dans les salles des inspecteurs. [...] Des gendarmes les faisaient circuler, de la cour de la préfecture de Police, par le couloir [...]. Dans la première pièce on leur retirait leurs cartes de textiles et d'alimentation ; on leur prenait leur argent. Dans la troisième pièce ils étaient fouillés. Dans la quatrième, par leurs coreligionnaires travaillant au bureau, ils étaient inscrits.

Le 7 août, le lendemain de l'entrée au camp de 435 Juifs raflés à Poitiers, arrivait au camp le premier convoi de la zone encore appelée libre. Ces 1 003 nouveaux internés, des Juifs allemands, avaient été transférés du camp de Gurs. Le 10 août, tous étaient déportés. Ils avaient emporté tous leurs effets, mais ne pouvaient conserver que deux colis à mains au moment de leur déportation. Kohn nous décrit comment ils durent procéder « au triage de leurs affaires pendant la nuit, à tâtons sans lumière, laissant à terre ce qu'ils n'emporteront pas » et le « désordre indescriptible » de leurs chambrées le lendemain : « plus de 50 cm d'épaisseur d'objets de toutes sortes, de vêtements, de linge », tandis que, dans la cour, il y avait « un entassement de centaines de valises ». Cet amoncèlement aiguisa des convoitises et des internés fouillèrent dans le tas pour y récupérer tout ce qu'ils pouvaient – sous les yeux des malheureux de Gurs qui se trouvaient encore dans l'enceinte du camp.

Les représentants de l'aumônerie israélite et des œuvres avaient assisté de l'extérieur des camps au départ de ce « misérable troupeau dans des wagons à bestiaux, parfois plombés ». Les raflés de la zone sud furent dirigés sur Drancy à partir du 29 août. Arrêtés à leur domicile ou dans les tramways, ou même sur la plage comme à Nice, nombreux étaient ceux qui n'avaient pas eu la possibilité de se munir de l'indispensable. 17 convois de la zone dite libre prenaient le chemin de Drancy avant la fin octobre 1942 : plus de 10 500 Juifs rejoignaient le « camp des Juifs », première étape connue avant la destination inconnue.

De leurs fenêtres, car au moment des arrivées et des départs ils étaient consignés dans leurs dortoirs, les internés assistaient à ces allées et venues. Les arrivées suivies de départs quasi immédiats se succédaient dans la cour du camp. Les Juifs des pays Baltes, puis les Bulgares, les Néerlandais et les Yougoslaves le 14 septembre, avant les Roumains le 23 septembre, suivis par les Belges, les Dantzigois et les Luxembourgeois le 28 septembre, puis par les Grecs les 4 et 5 novembre, furent visés par les rafles qui alimentaient le camp en vue des déportations à venir. Certains ne passèrent qu'une nuit au camp – ainsi, dès leur arrivée à Drancy, les Juifs roumains furent dirigés à la fouille et aux formalités de départ pour être déportés le lendemain. Arrivèrent également au « camp des Juifs » ceux qui avaient été transférés d'un autre camp, comme ces 745 Juifs raflés à Marseille en janvier 1943, « des cadavres ambulants », transférés de Compiègne le 9 mars 1943. Hormis ces « arrivées », il y avait aussi les « entrées à Drancy » comme on désignait, à la préfecture de Police, les victimes qui étaient interpellées individuellement ou faisaient l'objet d'une rafle ponctuelle et limitée : 10 un jour, 2 le lendemain, 30 le surlendemain – ces entrées à Drancy étaient quotidiennes et le flot ne s'est jamais tari.

De bien tristes va-et-vient auxquels les internés finissaient par s'habituer, les qualifiant de Paris-Midi ou de Paris-Soir selon l'heure : c'était pour eux l'occasion de vérifier qu'aucun membre de leur famille n'en faisait partie. Mais il y avait aussi les départs – et le soulagement de ne pas en faire partie – pas encore. Car le « camp fixe » était poreux et la hantise de tous était de se retrouver dans le « camp de transit » et de faire partie du prochain convoi. Cette hantise s'accroissait lorsque le camp se vidait momentanément et que les nouvelles fournées de Juifs n'arrivaient pas assez vite pour alimenter les convois prévus en accord avec les Allemands.

Mais, à l'été 1942, le camp de Drancy connut l'horreur absolue qui traumatisa tous ceux qui en furent témoins et resta gravé dans la mémoire des survivants : l'arrivée massive et la déportation des enfants dont les parents avaient déjà été déportés.

Les enfants à Drancy

C'est à la mi-août que le premier groupe d'enfants faisait son entrée à Drancy. Ils avaient d'abord passé trois jours ou plus au Vélodrome d'hiver où rien n'avait été préparé pour accueillir ces familles soudain arrachées de leurs foyers. Puis, du 19 au 22 juillet, tous furent transférés dans les camps de Pithiviers et Beaune-la-Rolande où, là encore, l'improvisation était reine.

Ils arrivèrent à Drancy en wagons plombés qui avaient mis 10 à 16 heures pour couvrir quelques dizaines de kilomètres. Ces enfants avaient vu partir leurs pères, puis leurs mères – parfois avec leurs aînés. C'est donc avec un accompagnement minimal que plus de 3 000 enfants arrivèrent entre le 15 et le 25 août à Drancy, nouvelle étape du périple qui s'achèverait dans un camp d'extermination.

Georges Horan était de corvée pour réceptionner à la gare du Bourget-Drancy l'un de ces groupes d'enfants. Ce jour-là, les internés purent remplacer les gendarmes et pénétrer dans un wagon pour aider au transfert vers le bus pour Drancy.

L'arrivée des enfants en gare du Bourget-Drancy, dessin de Georges Horan.

> Je vais vers les enfants. Dans mes bras ils ne pèsent guère. J'ai à peine le temps de les prendre et de les placer. La chaîne fonctionne. Plus vite. Les pleurs, les lamentations se perdent dans les pétarades des moteurs, les mouvements des mécaniques, le tumulte humain de cette passe actionnée, les sifflets des locomotives haut-le-pied. Nous ne cherchons pas à analyser. Le plus rapidement possible transférer cette misère à Drancy. L'abriter sous un toit, lui donner pitance, sommeil, repos si possible. Les autobus se succèdent.

Avant de conclure cette journée du 19 août 1942 :

> Je suis entré un peu plus profondément dans la misère humaine ; je l'ai touchée de plus près ; je l'ai pétrie, comme une argile plastique.

C'était « un troupeau lamentable », écrivait Kohn dans son Journal le jour de l'arrivée du premier groupe. Les plus jeunes étaient âgés de 3 ans, les plus âgés de

13 ans, écrit-il. « Les petits n'ont reçu aucun soin depuis plusieurs jours. Ils ont fait leurs besoins dans leur culotte, sont couverts de crottes et de saleté. » Cette nuit-là, « le silence nocturne [fut] déchiré par des appels douloureux d'enfants : Maman, Maman, Maman, par des gémissements des malades, les hurlements de quelques femmes délirantes », expressions d'une « longue chaîne de douleurs » qui « tissait une trame d'angoisse » sur le « sommeil intermittent » de Georges Horan et des autres internés. Le lendemain de l'arrivée des enfants, Georges Kohn n'écrivait qu'un seul mot dans son Journal : « Pitié ! »

Françoise Siefridt, une « amie des Juifs », et d'autres jeunes femmes, dont certaines devaient être bientôt déportées, s'organisèrent pour prendre soin d'eux, avec les pauvres moyens du bord. Elles organisèrent quatre équipes de volontaires pour s'acquitter de cette mission, qualifiée de « gigantesque » par Georges Wellers. « De 4 heures à 10 heures du soir, nous faisons faire leurs besoins à ces petits qui ont presque tous la colique », raconte Françoise Siefridt. « Nous faisons leur toilette, nous leur donnons à manger ; des hommes nous aident. Nous les couchons sur des paillasses dégoûtantes et pleines de punaises. Ils n'ont ni couverture, ni récipients pour manger. Je vais chercher ma couverture, je ramasse toutes les gamelles que je peux trouver. Il y a des vieilles boîtes rouillées et tordues, c'est mieux que rien. Quant aux cuillères, il n'y faut pas penser. On mange avec ses doigts [...]. La plupart sont bien élevés et polis. Leurs parents sont déjà déportés. Une petite fille garde précieusement sur elle l'alliance de son père et celle de sa mère, une autre a une pièce de dix francs, souvenir de son père. On va les fouiller et leur prendre tout ce qui a de la valeur ». Le lendemain ils devaient être déportés. « La fouille effraie les petits et ils cherchent des astuces pour mettre à l'abri les souvenirs de leurs parents. »

Le 17 août, un premier groupe de 500 enfants, suivi par d'autres groupes dans les convois qui se succédèrent, quittait le camp. Après avoir eu la tête rasée, les garçons comme les filles, après une fouille minutieuse et brutale, après avoir, comme les adultes, été consignés dans les escaliers de départ sans pouvoir en sortir pour faire leurs besoins, ils partaient eux aussi vers une « destination inconnue », mêlés à des adultes dans les wagons. Les enfants les plus petits ne connaissaient plus leur nom et c'est en anonymes qu'ils partirent « rejoindre leurs parents ». Le 19 août, Françoise Siefridt passait la nuit avec les enfants qui devaient être déportés le lendemain :

> Nuit lugubre. Il y a un orage terrible. Averse, tempête déchaînée, éclairs tels que toutes les 5 minutes on y voit comme en plein jour. Le vent arrache les fenêtres qui ferment mal, l'eau chasse sur nos paillasses boueuses, le grésil répandu par terre nous racle la gorge. Les projecteurs qui surveillent le camp et les éclairs illuminent alternativement le dortoir de clartés jaunâtres et verdâtres. La pluie cingle les vitres, le tonnerre gronde sans cesse. Le tout a quelque chose d'infernal.

Une fois la grande majorité des enfants déportés, il en restait encore 80, âgés de 2 à 12 ans, dont la déportation avait été repoussée, car ils étaient trop malades. Mais le temps de leur départ vint aussi et ils furent consignés dans les escaliers de départ. Odette Daltroff-Baticle raconte comment, à 3 heures du matin, elle « prépara » les enfants avec l'une de ses amies. « En rentrant dans ces chambrées, il y avait de quoi se trouver mal », écrit-elle.

Un enfant avec l'étoile, dessin d'Aizik-Adolphe Feder.

> Je trouvais mes enfants endormis, les petits déjà infectés avec leur dysenterie. Sans lumière, je commençais à les préparer ; je ne savais pas par quel bout commencer. Vers 5 heures du matin, il fallait les descendre dans la cour, pour qu'ils soient prêts à monter dans les autobus de la STCRP qui menaient les déportés à la gare du Bourget. Impossible de les faire descendre ; ils se mirent à hurler, une vraie révolte, ils ne voulaient pas bouger. L'instinct de la conservation. On ne les mènerait pas à l'abattoir aussi facilement. Cette scène était épouvantable ; je savais qu'il n'y avait rien à faire ; coûte que coûte, on les ferait partir. En bas, on s'énervait. Les enfants ne descendaient pas. J'essayais de les prendre un par un pour les faire descendre, ils étaient déchaînés, se débattaient, hurlaient. Les plus petits étaient incapables de porter leur petit paquet. Les gendarmes sont montés et ont bien su les faire descendre. [...] Je ne puis oublier la voix de ce petit garçon de quatre ans qui répétait sans arrêt sur le même ton, avec une voix grave, une voix de basse incroyable dans ce petit corps : « Maman, je vais avoir peur, Maman, je vais avoir peur. »

Les déportables, dessin de Georges Horan. Sur chaque étiquette, le nom de l'enfant, lorsqu'il était connu.

Le rituel des départs

Au rituel des arrivées s'était donc ajouté le rituel de la déportation, avec ses étapes consacrées et l'habitude qui s'installa durant ces semaines d'été puisque, invariablement, trois déportations hebdomadaires étaient planifiées, toujours les mêmes jours. Pourtant, chacune de ces déportations présentait un caractère particulier. Certaines se déroulaient sous la pluie et d'autres par une chaleur écrasante. Certaines se passèrent dans l'ordre et d'autres dans des conditions de désordre inimaginables. Mais surtout, la composition des convois faisait la différence. Le 17 août 1942, Georges Horan ne décrivait plus. Il se contentait d'une phrase : « Les enfants ont été déportés – 9ème déportation. » Toute autre précision était inutile, comment exprimer une telle horreur ? Le convoi du 28 août 1942, composé de 500 enfants et, mélangés à eux, des vieillards, des impotents et tous les malades qui avaient moins de 39° de température marqua plus particulièrement les esprits. Après une interruption de plusieurs semaines, les déportations de février 1943 furent particulièrement pénibles. Georges Kohn évoque des « visions hallucinantes », notamment lorsque des vieillards de l'hospice Rothschild arrivèrent au camp en vue de leur déportation immédiate. Le 13 février 1943, Röthke exigeait que 1 000 Français soient désignés pour une déportation immédiate. À 4 heures du matin, ils montaient dans les autobus en chantant *La Marseillaise* et le *Chant du Départ*. À la gare, sur ordre de Röthke, les femmes furent brutalement séparées des hommes ; or ils avaient préparé bagages et couvertures en commun. Dès lors, cette séparation s'appliqua systématiquement, dans les escaliers de départ comme dans les convois.

Mais au-delà de ces différences, les étapes étaient les mêmes : la composition des listes, les victimes consignées dans les escaliers de départ, la tête rasée, la fouille et le départ au petit matin après avoir parfois écrit une dernière lettre.

Les SS et la PQJ décidaient des critères à utiliser dans la composition des convois de Juifs à déporter, et le bureau des effectifs dressait les listes préparatoires. Pourtant, les différentes catégories d'internés voués à la déportation étaient élastiques. Ces listes, une fois le chiffre fixé, devaient beaucoup à l'arbitraire : l'état de santé, la qualité d'ancien combattant, la nationalité ou l'ancienneté de la citoyenneté française, les tâches accomplies dans le camp – ces critères ne jouèrent jamais de façon absolue. Les ordres de déportation arrivaient parfois à la dernière minute et la précipitation qui s'ensuivait accentuait encore le caractère arbitraire des choix opérés par le bureau des effectifs placé sous la direction de Marcel Levy-Kunzi du 5 novembre 1941 au 20 avril 1943, date à laquelle il parvint à « prouver » qu'il n'était pas juif et à se faire libérer.

Sur la base de la liste préparée par le service des effectifs, l'administration du camp établissait la sienne, soumise au contrôle des Allemands à l'heure du départ.

Elle n'était définitive qu'à la dernière minute. Les gendarmes pouvaient décider d'en retirer un de leurs protégés et de le remplacer par un autre, les Allemands d'y inclure un interné ou un autre, au gré de leur humeur. Toutes les listes comportaient une « réserve » pour parer aux difficultés, comme le décès subit d'un « déportable ». Ceux qui se trouvaient sur cette liste annexe subissaient le même traitement que tous les candidats à la déportation et n'étaient renvoyés à leur dortoir qu'à la dernière minute. Les cadres juifs du camp, ceux notamment qui travaillaient au service des effectifs, pouvaient essayer de sauver un de leurs proches. Mais le chiffre qui avait été fixé devait impérativement être atteint. Le bonheur de l'un faisait toujours le malheur d'un autre.

Durant les mois d'intense déportation, on craignait à Drancy de n'être pas en mesure de remplir les wagons. Ainsi, la constitution du convoi du 14 septembre 1942 causa des inquiétudes à l'administration du camp. Le 9 septembre, les consignes se firent donc très précises et l'on prévoyait d'y inclure 30 à 40 invalides signalés par le service médical. La liste des « déportables » suivait dans un tableau : les femmes enceintes de plus de 8 mois échappaient provisoirement à la déportation, mais les femmes nourrissant au sein devaient être déportées ; les époux légitimes d'un non-Juif restaient au camp, mais ce n'était plus le cas s'ils étaient veufs ou veuves. Les Turcs, Hongrois ou Roumains « douteux » devaient être déportés. Les enfants de moins de 16 ans étaient également déportables si l'un des parents avait été déporté. Cela valait aussi pour les enfants français ; âgés de 16 à 21 ans, ils devaient être déportés si leurs parents étaient déportables – qu'importe qu'ils fussent français. Les aveugles non accompagnés étaient « à retenir », mais accompagnés ils devaient être déportés. Les plus de 70 ans n'échappaient pas non plus au départ vers l'est.

La peur de se voir inclure dans le prochain convoi s'accroissait encore lorsque l'on apprenait au camp que la série des déportations connaîtrait bientôt un répit. Trois jours avant d'être libéré du camp, Paul Zuckermann était informé que les arrivées et les départs de la semaine suivante étaient annulés. « En attendant, pour le départ de lundi [le 7 septembre 1942], il faut prendre 700 personnes sur Drancy. Et comme les gens savent que c'est le dernier départ du moment, la lutte est âpre, personne ne consent à partir », écrit-il. Le lendemain, une fois les listes communiquées, il entend « les pleurs et les cris des femmes qui se précipitent » vers le bureau des effectifs « comme on se précipite sur une bouée ». Puis il ajoute : « Nous ne pouvons rien : il en faut mille. Je suis partagé entre deux sentiments ; ne m'occuper de rien pour ne plus rien voir, ne plus rien entendre, mais je risque alors de laisser partir des gens qui devraient rester. » Paul se dit « tourmenté par son rôle ». Georges Kohn évoque un « poids nouveau sur la conscience » chaque fois qu'il obtient de « retenir un partant » qui sera remplacé.

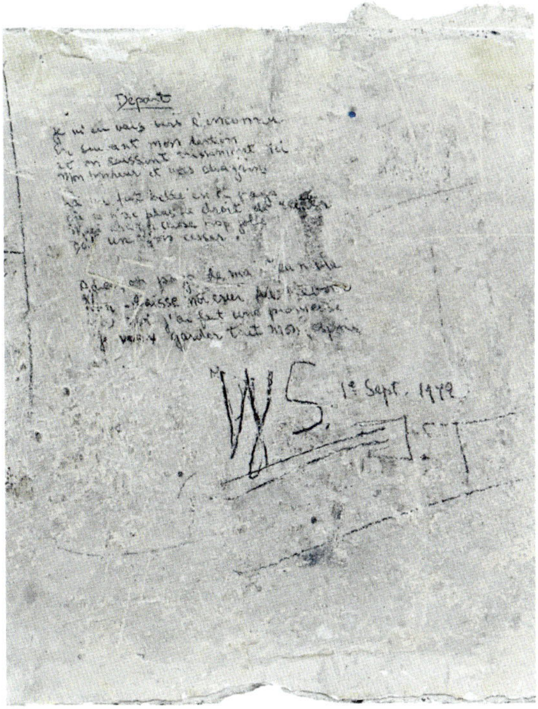

Départ
Je m'en vais vers l'inconnu
En suivant mon destin
Et en laissant tristement ici
Mon bonheur et mes chagrins

La vie fut belle en ce pays
Ou je n'ai plus le droit de rester
[...] chose trop jolie
Doit une fois cesser

Adieu, oh pays de ma jeunesse
Non, laisse moi crier Au Revoir
[...] moi j'ai fait une promesse
Je veux garder tout mon espoir
WS. / 1er sept. 1942

« Départ », graffiti, septembre 1942.

Une fois les listes constituées, c'est le chef d'escalier qui devait prévenir, puis réunir les victimes. « Les cris et les pleurs », les supplications accompagnaient ce moment terrible. Et puis, notamment lors de l'été 1942, les suicides se multiplièrent, surtout des femmes qui se jetaient par la fenêtre.

Au 31 décembre 1942, on comptait 70 morts au camp de Drancy. Le cadavre de ceux qui mouraient, parce qu'ils s'étaient suicidés, que les conditions du camp avaient eu raison de leurs dernières forces ou qu'ils n'avaient plus l'énergie de survivre à tout prix, était « dépouillé même de [son] linge de corps et enveloppé dans du papier d'emballage, dont seule la tête dépassait ». Raymond Gallais décrit la procédure qui s'ensuivait : « [Le cadavre] était ensuite ficelé comme une marchandise sans valeur. Une petite voiture à bras recouverte servait pour le transfert des corps du camp au Commissariat de Police de Drancy, où un cabanon faisait office de morgue. Chaque convoi était composé de deux israélites poussant la voiture mortuaire et de deux inspecteurs. » Puis les corps étaient enterrés dans la fosse commune de la municipalité.

Certains déportés s'efforçaient de se soustraire au départ et de se cacher dans l'enceinte du camp au moment fatidique. Le 10 novembre 1942, 16 Grecs manquaient à l'appel. Ils furent retrouvés le lendemain ; ils n'avaient gagné qu'un sursis. En mars 1943, ils étaient 9 autres « déportables » à tenter d'échapper au sort qui leur était réservé. Eux aussi furent retrouvés, puis punis de 30 jours de prison, sans possibilité de recevoir ni correspondance ni colis alimentaire ; ils furent expédiés vers l'est dans le convoi suivant. Cette sanction fut affichée dans le camp pour l'exemple.

Les déportés potentiels – avant d'être isolés dans les « escaliers de départ » – avaient encore deux épreuves à subir. Ils passaient d'abord dans la cour du camp entre les mains d'internés-coiffeurs qui leur rasaient la tête – une humiliation de plus. « J'ai la tête tondue et je suis content d'avoir un béret » : Benjamin Schatzman resta soucieux jusqu'au bout de conserver sa dignité. Georges Horan décrit les « kilogrammes de tignasse [qui traînaient] dans le camp et [s'enfuyaient] au moindre souffle de vent » à la suite de cette opération.

Après la tonte, l'interné remontait dans sa chambrée et attendait l'appel du chef d'escalier. Des adieux rapides, puis il se rendait à la baraque de fouille. C'était sans doute l'un des moments les plus difficiles. Jusqu'au 13 août 1942, elle se déroulait dans la cour ; ensuite une salle du rez-de-chaussée lui fut réservée et les internés n'y assistaient plus de leurs fenêtres. Cette fouille, souvent brutale, durait des heures. Elle était méticuleuse et tout était examiné, sans considération aucune pour les efforts déployés par les internés pour ranger leurs paquets. Les confiscations étaient légion. Elle était particulièrement humiliante pour les femmes, confrontées à des gestes obscènes ou des réflexions grasses. Le capitaine Vieux intervenait parfois directement, surtout lorsque les femmes étaient jeunes et jolies. « En vue de la fouille, les femmes désignées pour le départ furent priées de ne porter sur elles ni gaine, ni ceinture, ni soutien-gorge, ni cache-sexe. »

Pour les inspecteurs chargés de la fouille c'était souvent le temps des bonnes affaires. Ils ne se privaient pas de dérober ce qu'ils convoitaient, au temps où gendarmes et policiers de la PQJ eurent la main. À partir de février 1943, les inspecteurs des cadres réguliers de la préfecture remplacèrent les policiers de la PQJ. Mais les internés sur le départ étaient avisés au moment de leur embarquement qu'ils ne pourraient conserver qu'un peu de nourriture et une couverture. Tout autre bagage serait transporté séparément à la gare et placé dans un wagon spécial. Cette nouvelle directive, comme la séparation des hommes et des femmes, fut appliquée sans avoir été annoncée au moment du départ du 9 février 1943. Le 26 février, elle était officialisée par une note et fut observée dès lors dans les convois qui suivirent.

Enfin suivait l'ultime étape à Drancy du parcours du déporté : l'isolement dans les « escaliers de départ ». Il était absolument défendu d'en bouger entre la fouille

VEILLE D'UNE DEPORTATION

Les déportés quittent la baraque de fouille et, entre barbelés, sont dirigés vers l'escalier de départ.

MAIRIE de DRANCY (93) - Service Culturel

photo clandestine

Une veille de déportation à Drancy.

et le départ. Deux tinettes au pied de chaque escalier et un seau dit « hygiénique » dans chaque chambrée : on aurait dit « une étable mal tenue », écrivait Georges Kohn.

Des impératifs de commodité déterminaient les modalités des départs, commodité du personnel s'entend. Les internés des catégories vouées à la déportation étaient placés, dès leur arrivée, dans les escaliers de départ. Cela simplifiait l'embarquement lorsque tombait l'ordre d'organiser une déportation. Le classement était ainsi bien plus facile, expliqua-t-on au chef du camp ; tant pis si cette situation était psychologiquement intolérable pour les déportés potentiels qui y passaient parfois plusieurs jours.

Le soir précédant le départ, on apportait une soupe un peu plus épaisse aux « partants », puis un sandwich pour le voyage. Enfin, chacun recevait une carte pour écrire un dernier message – ils avaient une heure pour rédiger ces adieux à leurs familles avant que les internés juifs du service du vaguemestre ne viennent ramasser les lettres.

Le départ avait lieu au petit matin. En présence du chef du camp, les « partants » recevaient un « café », puis ils descendaient dans la cour. Là, ils étaient appelés par leur nom et ils étaient réunis par ordre alphabétique, en groupes de 50, sans pouvoir communiquer entre eux. Encore une règle qui facilitait les contrôles mais disloquait les groupes déjà constitués.

Des bus stationnaient avenue Jean-Jaurès et chargeaient leur lot de « déportables » pour les conduire à la gare du Bourget-Drancy : 50 par bus comme ils seraient 50 par wagon. Parfois, certains internés étaient conduits en brancards vers les bus. En février 1943, les internés au départ étaient en si piteux état que les autobus les chargèrent au pied de leurs escaliers.

À partir du 3 novembre 1942, les déportés furent embarqués la veille du départ et passèrent la soirée et la nuit entassés dans les wagons. Si l'un de ces malheureux s'avisait de mourir pendant la nuit, il était immédiatement remplacé par un autre interné.

Les wagons dans lesquels les internés étaient embarqués étaient plombés. Il y avait de la paille dans certains d'entre eux, mais d'autres en étaient dépourvus ; le plus souvent, ils n'avaient pas été nettoyés des restes de plâtre, d'engrais ou de noir animal. Du pain pour trois jours, un seau dit « hygiénique » et c'était le départ.

Le 22 septembre 1942 arrivaient à Drancy du camp de Pithiviers un groupe de 23 Juifs français qui devaient être déportés le lendemain : René Blum, le frère de Léon Blum, se trouvait parmi eux. « Tous étaient âgés, tous décorés de la légion d'honneur, tous combattants de l'autre guerre, tous étaient exténués, couchés par terre, mais tous avaient un excellent moral », écrit Georges Wellers. « Amitiés et affections à tous. Mon cœur est serré et oppressé et ajoute les plus tendres baisers » – c'est par ces lignes que se termine la dernière lettre envoyée de Drancy par Benjamin Schatzman. Le lendemain il écrira son ultime lettre, « installé dans un wagon à bestiaux », essayant de surmonter les trépidations et le ballottement du wagon pour exprimer sa tristesse d'avoir été cruellement dépouillé lors de la fouille, évoquer sa fatigue, mais rappeler qu'il n'avait perdu ni courage ni espoir. Le courage et l'espoir transparaissent dans la majorité de ces « dernières lettres ». Était-ce pour rassurer ses proches ? Sans doute aussi pour se renforcer face à de futures épreuves dont on ne savait rien.

Car on ne savait rien de la destination de ces convois. Georges Horan énumère les destinations évoquées sur lesquelles « les imaginations [brodaient] » : « les mines de sel en Silésie, le travail aux fortifications, [...] un immense ghetto près de Lemberg », l'Ukraine, la Bessarabie, Stalingrad ou Metz, pour les plus optimistes. En janvier 1943, grâce à un lot de lettres reçues à l'UGIF, certains apprirent que le « camp de travail » vers lequel se dirigeaient les convois était situé en Haute-Silésie et qu'il avait nom Birkenau. Mais les enfants avaient déjà contourné la difficulté : ils imaginèrent *Pitchipoï* – un lieu mythique sorti tout droit du folklore yiddish – où aboutissaient les convois de déportation. Ce terme désigna très vite pour tous les internés le lieu inconnu et terrifiant dont on ne savait rien.

Le camp fixe

Il y avait ceux qui partaient, et il y avait ceux qui restaient – provisoirement le plus souvent. Leur quotidien fut bouleversé par la transformation du camp. Les arrivées et les départs entraînaient des déménagements incessants d'un dortoir à un autre, ajoutant un facteur d'instabilité dans l'existence des internés qui se déroulait tout entière sous le signe de la précarité et du provisoire. Les promenades avaient été réorganisées et raccourcies. Le régime de l'eau avait été réduit : deux fois une heure et demie le matin, une heure en début de soirée.

En outre, l'usage des latrines était perturbé, car elles étaient situées près des escaliers de départ et leur accès s'en trouva limité. Un nouveau règlement assignait les heures impaires aux femmes et les heures paires aux hommes, avec des plantons pour surveiller l'application stricte de cette séparation et des queues qui s'allongeaient au changement d'heure. Le 14 août 1942, les « feuillées » que des internés avaient commencé de creuser un mois plus tôt dans le terrain ouest extérieur au bâtiment étaient terminées et les hommes n'eurent plus accès au château rouge jusqu'au 26 du même mois, date à laquelle les maçons engagés pour doubler les latrines finirent leur travail. Enfin, tous les services du camp étaient débordés : ainsi, le courrier tant attendu et si précieux ne parvenait pas pendant plusieurs jours. La nourriture, déjà insuffisante, se ressentait aussi de tout ce « brassage » humain.

Le nombre d'internés était pour le moins fluctuant durant cette seconde moitié de 1942. Les chiffres suivants, communiqués par la préfecture de la Seine au ministère de l'Agriculture et du Ravitaillement, rendent bien compte des allées et venues continuelles durant ces semaines intenses : du 15 juillet au 1er novembre 1942, 35 000 Juifs avaient « séjourné » à Drancy pendant un nombre variable de journées, tandis qu'on comptait une moyenne de 6 000 arrivées ou départs par semaine.

À la préfecture de la Seine on s'inquiétait : de toute évidence, assurer le ravitaillement de la population du camp posait problème, d'autant qu'il fallait préparer des stocks suffisants. Or ils ne seraient pas déportés assez vite et, entre-temps, il fallait les nourrir. En décembre 1942, aucune solution n'était envisagée.

Stable ou flottante, c'est une population hétérogène qui se trouvait ou passait par le camp. Mais voilà – tous étaient juifs. « Je ne suis pas à mon aise dans la juiverie », écrivait Horan le 1er août 1942, au point de se demander s'il est antisémite. Il ne se sentait rien de commun avec les croyants. Il en voulait aux « Juifs étrangers qui dénigrent la France trahie et aplatie ». Il ne se sentait à l'aise qu'avec « ceux qui laissent dans l'ombre les revendications juives, qui acceptent d'être nés israélites, et tendent à s'assimiler dans le peuple français ». Puis, comme pour Christian Lazard, ces différences devinrent dérisoires à ses yeux.

> Le problème juif, les problèmes juifs, les solutions juives ? Race, peuple, religion, nation, hébraïsme, isrélisme [*sic*], judaïsme, sémitisme ? [...] Mais il y a la déportation qui efface tout. [...] Juifs de tous pays, de toutes races, de toutes subtilités confessionnelles, vous n'êtes plus qu'un bétail immensément miséreux, déshumanisé auquel toute ma sensibilité s'attache en bloc pour la première fois que je vis par vous. Je vous ai tenus, aidés, secourus, sentis humainement semblables à tous les miséreux humains.

Mais ces différences persistèrent pour d'autres et les moments d'empathie cédaient parfois la place aux manifestations d'hostilité entre les divers groupes.

Il y eut un certain nombre de libérations – près de 1 600 du 1er avril 1942 au 1er juillet 1943. Pour certains, leur nationalité – turque, italienne ou suisse – une fois indubitablement établie les avait protégés. D'autres avaient enfin réuni les documents nécessaires pour prouver leur « non-appartenance à la race juive ». Le 31 mai 1944, plus de 10 000 certificats de « non appartenance à la race juive » avaient été distribués en France. Georges Horan était de ceux qui en bénéficièrent. Mais il lui fallut de longs mois pour obtenir la libération tant attendue. Les papiers reçus de sa femme n'étaient jamais assez complets, il manquait des informations sur tel membre de sa famille ou bien les documents n'étaient pas authentifiés ; Georges Montandon, cet « anthropologue » dont l'examen déterminait l'identité raciale des candidats et qui délivrait le certificat magique, n'avait pas eu le temps de l'examiner, ou les Allemands n'avaient pas encore statué sur son sort. Après huit mois d'internement, il fut libéré le 13 mars 1943, ainsi que 13 Italiens. « Appel. Formalités. Pas de fouille. Feuille de libération. Poste de police. Poste de garde. Barrière. [...] La rue. Nous sommes libres. Vive la liberté. » C'est par ces termes qu'il conclut son Journal.

Comme le travail de certains fourreurs avait été jugé de première importance pour l'armée allemande, ils furent libérés à la mi-octobre 1942 et affectés à la confection de canadiennes ou de moufles. Plusieurs faux fourreurs réintégrèrent le camp en mars 1943. Quelques grands bourgeois israélites français, comme maître Edmond Bloch, libéré le 17 novembre 1942, avaient bénéficié d'une intervention en leur faveur. D'autres, comme Raymond Berr, Paul Zuckermann, Yves Jouffa ou le compositeur Maurice Franck, furent libérés parce qu'un membre de leur famille travaillait pour l'UGIF. Mais l'annonce d'une libération intervenait parfois trop tard, après la déportation du bénéficiaire.

Des enfants, enfin, furent extirpés du camp par l'UGIF, à la condition impérative que leurs parents n'aient pas été déportés – une condition que l'on s'efforçait parfois de créer de toutes pièces. Le 24 octobre 1942, 26 enfants prenaient ainsi le chemin d'une maison de l'UGIF. Une quarantaine d'enfants en novembre 1942, puis 31 encore le mois suivant quittèrent le camp dans les mêmes conditions. Face à

cette centaine d'enfants – ou 192 d'après un rapport du service 14 de l'UGIF, chargé des relations avec les autorités allemandes – 6 423 enfants juifs de moins de 17 ans avaient été déportés à la date du 31 décembre 1942. Par la suite, le nombre d'enfants libérés par l'UGIF diminua encore : le 10 février 1943, 42 d'entre eux étaient raflés dans les maisons de l'UGIF et ramenés à Drancy pour être déportés. Ils n'avaient bénéficié que d'un sursis. Après le 8 mars 1943, les autorités du camp procédèrent à des vérifications minutieuses et les tricheries devinrent plus difficiles.

Voir le nombre de libérations augmenter engendrait des espoirs – l'emprise serait-elle en train de se desserrer ? Mais elle suscitait au moins autant de craintes : et si les Allemands prenaient ombrage de cette libéralité, cela ne risquait-il pas de bloquer complètement toute libération ? Les internés du « camp fixe » suivaient donc attentivement et avec une grande inquiétude les vagues de déportation. « Tout se mesurait dans le camp par rapport aux déportations », témoigne Georges Wellers.

> Les optimistes étaient ceux qui, pour une raison quelconque, espéraient le ralentissement ou même l'arrêt des déportations ; celui qui était pris en flagrant délit de correspondance clandestine, n'avait qu'une crainte, être déporté. Le drame de milliers de mères consistait dans la réussite ou l'échec de leurs démarches en vue de faire confier leurs enfants à l'UGIF et d'être déportées seules ; l'angoisse de milliers de malades était, à certaines époques, la perspective de se trouver malheureusement guéris au moment de la déportation ; d'autres acceptaient de gros risques et de grosses dépenses pour essayer d'avertir clandestinement leur famille ou des amis afin de pouvoir recevoir à temps les objets jugés nécessaires pour la déportation ; d'autres se contentaient d'une partie de leur maigre ordinaire pour constituer une misérable réserve de vivres pour la future déportation. D'autres encore provoquaient l'ironie des camarades par les platitudes qu'ils accomplissaient devant un inspecteur ou même un simple gendarme dans le naïf espoir de trouver une protection contre la déportation ; d'autres, en revanche, forçaient l'admiration par leur attitude digne et calme devant l'imminence de leur déportation, ou même se présentaient comme volontaires pour ne pas se séparer de parents ou d'amis. On agissait et on jugeait les gens avec l'idée de la déportation toujours présente dans les esprits. Toutes les autres préoccupations restaient loin derrière celle-là. On supportait courageusement la faim, la saleté, les punaises, la promiscuité, le voisin désagréable, même le manque de nouvelles des siens. Mais, la déportation, c'était le saut vertigineux dans l'inconnu.

Et puis, il y avait les départs qualifiés de « normaux » – ceux qui étaient dirigés vers d'autres camps, soulevant parfois des espoirs. Le 1er septembre 1942, 1 000 Juifs français étaient en effet transférés à Pithiviers, car le nombre d'arrivées prévues allait excéder le nombre de départs. Lazard fut « tellement heureux d'avoir quitté l'enfer de Drancy que tout lui paraissait sympathique », jusqu'à oublier les puces

Les balcons du bloc III.

qui l'empêchaient de dormir. Puis ce sera Beaune-la-Rolande jusqu'à son retour à Drancy le 15 juillet 1943, ultime étape avant sa déportation deux jours plus tard.

Dans la seule année 1942, 1 648 internés furent transférés de Drancy aux camps du Loiret, 4 449 firent le chemin inverse. 882 internés quittèrent Compiègne pour le « camp des Juifs » ; 536 firent le chemin inverse. On ne comprenait rien à ces transferts. Ils se faisaient aussi en wagons plombés, à 50 par wagon, dans des conditions similaires à celles qui prévalaient lors des déportations, après des heures passées dans le froid, dans l'attente d'appels continuels et avant de longs, très longs trajets.

Cette routine était dominée par une multitude de consignes dans lesquelles il n'était pas aisé de se reconnaître tant l'arbitraire était grand. Comment éviter la prison ou pire, la déportation ? Certes, Röthke, à la différence de Dannecker, prêtait plus d'attention au bon déroulement des déportations qu'à l'application méticuleuse de la plus absurde des interdictions ; certes, le commandant Guibert se montrait plus compréhensif que le commandant Laurent auquel il avait succédé en juillet 1942, mais le régime de discipline militaire était maintenu et certains gendarmes se montraient très zélés. Le rappel constant des règles à suivre semble indiquer cependant qu'elles s'imposaient difficilement. Les visites restaient interdites ; les internés devaient être dans leur chambrée durant l'appel ; le camp fonctionnait « sous le régime de la discipline militaire », il fallait donc faire preuve de respect à l'égard des gendarmes, officiers ou gradés. Les interdictions incessantes nous donnent un aperçu de l'inventivité dont ils faisaient preuve : le 23 mai 1943 il était rappelé que toutes les réunions et les conférences étaient interdites – était-ce pour mettre fin aux cours clandestins qui étaient organisés secrètement depuis qu'en février 1943 ils avaient été interdits par les autorités occupantes –, que stationner sur les balcons du bloc III, le seul qui en était pourvu, n'était pas autorisé ; malgré les interdictions, les proches des internés venaient toujours rôder dans les parages du camp, dans l'allée de la Muette, pour essayer d'apercevoir de loin celui que des rangs de barbelés avaient isolé du reste de la société. Enfin « pendre autour des lits des objets divers formant rideaux » était hors de question. Preuve que des internés s'étaient efforcés de se ménager un espace privé.

« Comme les chiens », dessin de Georges Horan.

La routine dans laquelle s'installait la population « stable » du camp équivalait aussi à des nuits empoisonnées par les punaises omniprésentes et des journées tout entières occupées à tromper sa faim. À partir du 18 novembre 1942, les internés du camp ne recevaient plus qu'une soupe quotidienne et le soir, « un bouillon de légumes, sans viande, sans pâte, sans farine », comme le rapporte Georges Kohn dans son carnet. Il y avait les punaises, mais aussi les poux et les puces qui « régnaient en maîtres sur le corps, le linge ou la paillasse », nous apprend Raymond Gallais. En avril 1943, les chambrées furent passées au soufre pour tenter d'éliminer ces visiteurs inopportuns. Les internés avaient été déménagés pour 24 heures, mais pas leurs effets, dont beaucoup furent brûlés dans l'opération et rendus inutilisables. Officiellement les douches étaient régulières – mais chaque semaine, les « mêmes faits et les mêmes doléances » étaient consignés « sur la feuille hebdomadaire du service d'hygiène » : « de la semaine du tant au tant, il n'a pu passer que 320 ou 350 internés aux douches ». L'eau de ces douches était froide et les femmes entraient par 50 dans une pièce dont le plafond était muni de

Moyen de fortune pour faire du feu et une chambrée avec « coin-cuisine », dessin de Jane Levy, mai et juin 1943.

40 pommes d'arrosoir. Les visites au château rouge décrites par Françoise Siefridt devaient être éprouvantes : « Les cabinets sont des trous entourés d'un mur qui arrive à mi-corps. Cela fait des petites cases, toutes ouvertes sur le devant. C'est un endroit repoussant par son aspect aussi bien que par son odeur », écrit-elle.

La routine impliquait aussi le marché noir qui continuait de prospérer – les prix s'accroissaient brusquement la veille des déportations, jusqu'à atteindre 125 francs la cigarette. Les plus pauvres se contentaient d'une bouffée. Le prix de la nourriture augmentait également, car les déportés, sachant qu'ils seraient de toute façon dépouillés, étaient prêts à payer n'importe quel prix.

C'était aussi la quête de nouvelles – la lecture du *Pilori* permettait d'anticiper les mesures qui risquaient d'être prises contre les Juifs, les contacts avec l'UGIF éclairaient les mouvements sur les différents fronts et, après Stalingrad, entretenaient l'espoir. Chaque nouvel arrivé était interrogé par ses compagnons de dortoir. Georges Kohn précise le fonctionnement de l'un de ces canaux d'information. Certaines femmes d'internés venaient régulièrement dans une villa située à proximité du camp et, à partir d'une véranda visible de certaines chambrées du camp, elles correspondaient par gestes avec leurs maris. L'une d'elles, « la femme de l'interné Sichel », se déplaçait chaque jour et durant tout l'hiver et le printemps 1942-1943, les communiqués de la radio de Londres atterrissaient l'après-midi sur le bureau de Georges Kohn.

La routine, c'était la course aux rumeurs et la recherche de moyens pour les confirmer ou les infirmer. Lorsque Radio-Drancy s'agitait, « les reporters [étaient] sur les dents. Ordre logique à observer », rapportait Georges Horan : « 1° voir les Effectifs, 2° les cuisines, 3° si possible, les inspecteurs de la PJ. » « Que ferions-nous, que deviendrions-nous sans Radio-Drancy ? » s'interrogeait-il encore. « Sans la voix du Dieu invisible et partout présent, sans ses prophètes, ses devins ? Nous plongerions au plus profond désespoir de la réalité. » « Drancy est le lieu où courent le plus de bobards », écrivait Benjamin Crémieux, le 26 juin 1943.

Autre aspect de cette insupportable routine, la recherche de distractions en même temps que des tentatives pour installer une forme de normalité. Georges Horan dessinait sans relâche et une bonne partie de son temps était consacrée à trouver du papier et des cachettes pour dissimiler ses œuvres, ou bien un moyen de les « exporter » pour les mettre en sécurité hors du camp. Monnayant ses services, il exécutait aussi des portraits que les internés envoyaient clandestinement à leurs proches dans leurs paquets de linge, en guise de photos, car il était évidemment interdit de prendre des photographies à l'intérieur du camp. De temps en temps, des internés pouvaient se détendre en jouant au ballon dans la cour. En mai 1943, cette distraction leur fut interdite.

Louise Jacobson faisait de la gymnastique avant les cours qui étaient dispensés dans le « lycée ». L'école était en effet obligatoire jusqu'à 14 ans à Drancy. C'est l'UGIF qui envoyait les fournitures nécessaires ; à l'extérieur, comme à l'intérieur, on essayait de s'adapter aux fluctuations de la population enfantine. Un semblant d'enseignement fut organisé – les professeurs ne manquaient pas et tous les talents furent utilisés. Une artiste dispensait ainsi des cours de diction. Pourtant, une note de service du 4 février 1943 précisait que « si les autorités d'occupation ne s'opposaient pas à ce que des classes pour enfants jusqu'à 12 ans soient organisées, les cours, conférences, réunions, manifestations quelconques étaient rigoureusement interdits ». Les enfants plus âgés furent donc secrètement rassemblés par petits groupes pour les besoins de leur formation.

Le 12 novembre 1942, ils étaient 89 de moins de 13 ans. Le 31 mai 1943, ils étaient 102. Profitant parfois d'un répit entre les déportations, ils jouaient entre eux « au gendarme et au Juif », « à la fouille » ou « à la déportation ». Tel était leur univers imaginaire désormais. En février 1943, il y avait aussi une cinquantaine de bébés, mais un unique petit réchaud électrique et un seul feu pour préparer leurs bouillies.

L'arrivée d'une lettre ou d'un colis procurait aux internés des instants de vrai bonheur. Ces colis étaient toujours fouillés avant d'être distribués. En 1943, leur contenu diminua, car la misère économique se développait hors du camp. « La psychose de la faim » s'installe, écrit Georges Horan le 29 janvier 1943, ajoutant : « nos pauvres compagnes s'excusent ». Durant le seul mois de mai 1943, 15 773 colis parvinrent au camp ; ils se répartissaient entre les colis de linge et les colis alimentaires. Près de 3 000 lettres partirent du camp, tandis que les familles envoyaient de leur côté 5 614 lettres à leur parent interné – sans compter les lettres clandestines, dont certaines étaient parfois interceptées et leur auteur ou destinataire puni. Comment rendre compte ici de la joie d'un interné à la réception d'un colis alimentaire qui adoucirait son quotidien ? Peut-on imaginer l'émotion qui l'étreignait lorsque la lecture de quelques mots éveillait en lui des bouffées de nostalgie et alimentait les rêves des prochaines journées ?

Les lettres qui nous sont parvenues et dont l'écriture se rapetissait au fur et à mesure – « micrographique » écrivait Horan – abondent en descriptions de mets savoureux que l'on a dégustés lentement. S'y égrène aussi la liste de tous les objets quotidiens, des denrées que l'on attend impatiemment, du savon surtout, ou bien des chaussures, ou encore une pièce de tissu, du sucre ou du chocolat, et pour les jeunes femmes, des serviettes hygiéniques. On s'y inquiétait de l'éducation des enfants et du bien-être de tous les proches qui avaient le bonheur d'être libres. On y demandait les effets qui pourraient être utiles lorsqu'arriverait le moment de la libération ou celui d'une déportation. Certains essayaient de se constituer des réserves de nourriture pour accroître leur chance de survie dans ce dernier cas. Les auteurs de ces lettres apparaissent généralement optimistes – un optimisme sans doute un peu forcé. « J'ai un moral excellent, serrer les poings, serrer les dents et tenir bon », écrivait Hélène

Femme avec une caisse de livres, dessin d'Aizik-Adolphe Feder.

Un vieil homme avec l'étoile, dessin d'Aizik-Adolphe Feder.

Felzenszwalbe le 12 juin 1943. C'était là l'impératif essentiel : tenir bon jusqu'à la libération et espérer, espérer très fort qu'on ne fera pas partie du prochain convoi.

Mais le nombre de ceux qui recevaient une lettre ou un colis diminuait régulièrement – les arrestations se multipliant, il y avait de moins en moins de parents pour les envoyer. Le 31 octobre 1942, Jacques Finkelstein, interné et âgé de 12 ans, confiait « ses derniers espoirs » au Comité Amelot et suppliait ses militants de l'aider. Et puis, outre les tentatives individuelles de correspondance clandestine, un réseau s'était organisé en juin 1942 ; il fonctionna un peu plus d'un an, grâce à Georges Kohn et à la complicité d'un employé subalterne du commandant, permettant à une cinquantaine d'internés de communiquer avec leur famille.

On s'efforçait donc de tenir, en travaillant parfois dans l'un des services de Drancy et en usant largement de la nouvelle liberté de circulation dans l'enceinte du camp. En effet, depuis le mois d'octobre 1942, la circulation était libre – sauf

Tâches ménagères dans une chambrée, dessin du 3 mai 1943 de Jane Levy, déportée le 31 juillet 1943.

Le lavoir, photographie clandestine (fonds Van Kote).

au moment des arrivées ou des départs. Les internés passaient cependant souvent de longues heures dans leur chambrée. En temps de pluie, certaines parties des cours devenaient de « véritables lacs » d'après un rapport du bureau administratif du camp du 31 octobre 1942. Des internés faisaient preuve d'imagination pour éclairer un tant soit peu leurs journées. Mr et Mme R. furent déportés le 21 août 1942, mais avant cette date, ils se retrouvaient au lavoir, où ils passaient des journées entières pour être ensemble devant une lessive imaginaire.

Et puis il y avait les corvées du camp, notamment celle du nettoyage que Julie Crémieux-Dunand nous décrit dans son témoignage : « une internée de semaine jette un peu d'eau par terre, à l'aide d'une boîte de conserve percée, et va faire le simulacre de balayer car elle a en mains dix morceaux, je les ai comptés, dix baguettes de bouleau de 20 cm de long, qu'elle tient serrées dans ses doigts, manquant de ficelle pour les attacher ». Les dortoirs ne risquaient pas de briller par leur propreté.

Avec le va-et-vient des arrivées et des départs, deux nouvelles corvées avaient fait leur apparition. La corvée des bagages, qui consistait à transporter les modestes effets des arrivants et des partants, et la corvée du Bourget, qui consistait à aller chercher les détenus d'autres camps ou accompagner ceux qui étaient déportés. C'était une corvée

« jalousée », explique Georges Horan, car elle était la seule à permettre de sortir du camp. Les internés étaient encadrés par des agents qui ne les quittaient pas. Mais « pendant les huit à dix minutes du trajet, nous sommes des êtres humains libres. [...] L'autobus roule, la vie civile continue : les gens vont et viennent librement. [...] Des affiches, des cinémas, des boutiques, des bistrots ». Certains glissaient alors des lettres clandestines aux agents. D'autres alimentaient leur trafic de cigarettes.

On fêta aussi Noël ; le curé de Drancy vint dire la messe dans la petite chapelle située dans le « camp des Juifs ». Elle était utilisée par les catholiques et les protestants – tous décorés de l'étoile jaune. Pour fêter dignement Noël, les internés furent autorisés à recevoir des colis de 5 kg. L'UGIF apporta des cadeaux pour les petits ainsi que des gâteaux et des confiseries. Elle organisa aussi une matinée de cirque le 1er janvier 1943 pour les quelque 300 enfants internés à cette date qui purent oublier la triste réalité de leur quotidien en admirant les performances de six clowns amateurs.

Des concerts de violon ou de chant étaient organisés par les talents locaux lorsque le rythme des déportations connaissait un peu de répit. Le 29 novembre 1942, un spectacle de music hall et théâtre fut monté dans l'après-midi. Dédé et Baudash, chacun avec leur harmonica, Wachtel et son violon construit au camp, la lecture par Kohn de fragments de Musset ou Lamartine dans le cadre du Quart d'heure romantique, un chansonnier, une chanteuse réaliste, un imitateur se succédèrent pour égayer les spectateurs et leur faire oublier un temps leur condition d'internés. Le même soir, dans un autre dortoir, un concert classique était donné.

Lors de conférences, Georges Kohn veillait à ne pas laisser un sioniste propager ses idées parmi les internés. Mais les sujets étaient variés : « La peinture au XIXe siècle », « Les Indes », « Les poètes modernes », « La médecine au XIXe siècle », « Pasteur », « Technique et esthétique », « La cité future », « Les diamants », « La transmutation des atomes » et bien d'autres sujets encore. Le public ne manquait pas quel que soit le thème abordé. Lorsque ces conférences furent interdites, des clubs de discussion réunissant quelques internés seulement dans l'une des chambrées prirent le relais, sur le cinéma, l'éducation sexuelle ou la question juive. On s'y posait également la question suivante « Le bonheur est-il possible dans l'internement ? ». En mai 1943, après un mois sans déportation, les séances récréatives se multiplièrent.

Chez les jeunes, des drames passionnels se nouèrent, comme le suicide en mars 1943 de ce jeune homme désespérant de se faire aimer par l'élue de son cœur. On connut des affaires d'escroquerie, les plus anciens exerçant leurs talents sur les nouveaux arrivés et leur extorquant de l'argent en leur promettant du tabac ou un plan d'évasion infaillible.

Car le pire et le meilleur coexistaient à Drancy. Sans parler de résistance organisée – comment aurait-elle pu s'organiser ? –, le contournement des interdictions constituait une forme de pied-de-nez aux autorités en même temps qu'un moyen

Les conférences, dessin de Georges Horan.

de survie. Lorsque Paulette Sliwka Sarcey, qui avait été arrêtée en mars 1943 lors de la chute du groupe de jeunes de la Main-d'œuvre immigrée (MOI) dans lequel elle militait, fut transférée en mai à Drancy, elle y retrouva ses camarades. Rester ensemble, jusqu'à et y compris au moment de leur déportation, chanter *La Marseillaise*, constituaient pour eux une forme d'action collective qu'ils vivaient comme le prolongement de leur action de résistance. Porter témoignage des horreurs auxquelles on assistait était par ailleurs considéré comme un devoir sacré. Une semaine après son internement, Horan envisageait d'illustrer un texte projeté par René Blum pour « révéler au monde les misères et les souffrances des Juifs ». Il précisait : « Nous dresserons le réquisitoire de cette inhumanité monstrueuse, de cette honte ineffaçable, de ces taches sanglantes de Macbeth, de cette perversion démoniaque. » Cette obstination à illustrer chacun des moments de la vie du camp, ses efforts constants pour exporter clandestinement ces preuves de l'enfer du camp, s'ils lui permirent de tromper l'oisiveté, relevaient pour lui, comme pour d'autres, d'une entreprise bien plus ambitieuse.

Par ailleurs, certains sursauts se produisirent soudain. Le 14 juillet 1942, Horan, vêtu d'un pantalon rouge, se promena dans la cour avec deux autres internés, dont l'un était vêtu d'un pantalon blanc et l'autre d'un pantalon bleu, en se mettant dans l'ordre adéquat et en devisant comme si de rien n'était. Puis ils se séparèrent pour ne pas provoquer les gendarmes. Le 9 août de ce même été tragique, des femmes jetèrent par la fenêtre leur ration de pain aux partants. Cela, c'était le meilleur. Dans la ruée qui s'ensuivit, quelques « salauds » se précipitèrent pour « [disputer] aux partants ce témoignage de solidarité ». Cela, c'était le pire. Dans cette communauté humaine, arbitrairement rassemblée, il y eut ceux qui conservèrent leur dignité et les autres.

Il y eut enfin les privilégiés, notamment les conjoints d'Aryennes qui purent recevoir le 6 mai 1943 la visite de leur épouse, « six personnes en même temps, dans la même pièce, sous la surveillance des gendarmes » – une libéralité qui ne dura guère.

Le personnel juif du camp

Comme durant la période précédente, les cadres juifs du camp étaient bien les privilégiés. Un privilège relatif, car ils pouvaient être désignés à la déportation par les Allemands : en un tour de main, ces derniers n'hésitaient pas à les transformer en otages. Max Filderman, dentiste à Drancy depuis qu'il y avait été transféré de Compiègne le 19 mars 1942, ne manquait pas de faire part de ses inquiétudes aux siens, ou de les rassurer – comme dans cette lettre qu'il leur adressa le 14 octobre 1942 : « Ma situation s'améliore alors que les cadres protégés ont été réduits à leur plus simple expression et chez moi, tout le monde a été débarqué, seul moi, je suis resté. Je suis donc de ce fait absolument officialisé comme titulaire, j'ai même reçu une carte à ce titre. »

Les internés « stables », conjoints d'« Aryens », femmes de prisonniers, Suisses, Hongrois ou Espagnols, n'étaient pas déportables – c'était là le privilège ultime. Lorsqu'on ne faisait pas partie de ces catégories, il était tentant d'essayer de se rendre utile au camp pour se protéger de la déportation. Mais le nombre de ceux employés à l'économat, par exemple, diminua – à l'époque précisément où celui des internés ne faisait qu'augmenter. Ils étaient 139 le 21 août 1942 ; le 30 août, 112 étaient encore jugés par le service de l'économat « utiles à la collectivité du camp ». Mais les 20 et 21 septembre, il s'avéra qu'il n'y avait pas suffisamment de « déportables » pour le convoi prévu le 23 septembre. On puisa donc dans les employés des services. Le 5 octobre 1942, ils n'étaient plus que 88 : 67 % d'entre eux étaient français. On procéda ensuite régulièrement à la révision des listes d'internés employés dans les divers services, à la recherche – sans cesse – de nouvelles victimes et la proportion de « non-déportables » parmi eux, ceux qui eussent été protégés de la déportation même sans être employés au camp, devint prédominante.

Durant ces mois d'été 1942, la hiérarchie du camp se renforça. Le 6 juillet 1942, les sanctions pouvant être prononcées par le gérant du bureau administratif furent précisées. Sur proposition des chefs de service, chefs de blocs, chefs d'escaliers ou chefs de chambrée, jusqu'à 6 jours de corvée d'épluchures et 10 jours de corvée générale pouvaient être infligés à ceux qui contrevenaient aux règlements du camp. Ils avaient aussi la possibilité de proposer au capitaine, commandant le service de gendarmerie du camp, d'infliger une peine d'un ou deux jours de prison.

À la mi-juillet, les chefs de blocs et d'escaliers furent munis d'un brassard estampillé par la gendarmerie du camp. Puis, le 25 août, le service de surveillance de la gendarmerie était remplacé par un service de surveillance organisé par les internés eux-mêmes, les MS. Les nouveaux policiers juifs étaient munis d'un brassard rouge. C'était le résultat de la réunion avec des représentants de la préfecture, au cours de laquelle les brutalités de certains gendarmes avaient été relevées.

Les nouveaux responsables de la surveillance intérieure, constituée de trois brigades de 12 membres chacune, furent sélectionnés soigneusement par Georges Kohn ou Jacques Fonsèque qui en reçut le commandement. Ils avaient pour tâche d'empêcher tout déplacement irrégulier de matériel d'un escalier à l'autre, de surveiller et maintenir l'ordre. Ce sont eux qui, sous le contrôle du chef juif du camp, traquèrent les spécialistes avérés du marché noir – toujours prospère dans l'enceinte du camp – ou déjouèrent diverses tentatives d'escroquerie. Les corvées leur étaient épargnées et, surtout, ils ne risquaient pas d'être déportés.

Aux étoiles jaunes et aux brassards rouges s'ajoutèrent, à partir du 9 octobre 1942, les brassards blancs estampillés, signes de fonction et d'autorité. Ils étaient portés au bras gauche par les chefs de service, leurs adjoints, les chefs d'escaliers et leurs adjoints. Au moment des arrivées et des départs, seuls les porteurs de brassards pouvaient circuler librement.

Profitant du dialogue qu'il avait instauré avec le commissaire Guibert, Georges Kohn réussit à améliorer le quotidien des internés. Il organisa notamment le service de consultations à l'infirmerie pour permettre aux malades d'être oscultés individuellement et à l'abri des regards. Des infirmeries spécialisées furent créées : pour les enfants, les femmes, les vieillards, les tuberculeux, les maladies contagieuses et… les « agités », car, ajoutait Kohn dans son Journal, il y avait énormément de « psychopathes » à Drancy.

Dès le mois de juillet, Germain Blechmann, un pédiatre arrêté le 1er juin 1942, fut avisé que des femmes allaient arriver au camp et qu'il fallait mettre en place une infirmerie spécifique. Le 20 juillet, on lui demandait de prévoir aussi des services d'infirmerie pour des enfants. Il évoque en 1945 (il fut libéré le 3 avril 1943) les six infirmeries, puis l'étage des contagieux ; il rapporte que 20 % des enfants durent être hospitalisés, et des centaines d'autres soignés au dispensaire ; il décrit leurs conditions d'hospitalisation : 2 ou 3 par lit, des lits d'adulte, un seul drap par lit ou pas du tout, une seule couverture. Les trois médecins qui l'assistaient avaient tous été déportés et il se fit aider par des femmes internées. Il assista également à l'arrivée au camp de femmes avec leur nourrisson, depuis Rothschild où elles avaient accouché. Il raconte enfin que, sur l'ordre des Allemands, les enfants étaient déportés avant d'être guéris. Car la déportation restait prioritaire. Si on lui demandait d'organiser une vaccination contre la diphtérie pour enrayer la propagation d'une épidémie, on lui spécifiait bien que la condition impérative était de « ne pas gêner le rythme des déportations ».

Ces soins médicaux étaient loin d'être dérisoires, certes. Mais tout cela n'importait vraiment qu'entre les déportations. Le 25 mars 1943, avant une interruption de trois mois des déportations, près de 49 000 Juifs avaient été déportés de France, en 53 convois, dont 43 étaient partis du camp de Drancy.

Drancy en France

L'enchaînement des étapes qui, à Drancy, précédaient la déportation était connu des familles juives de Paris, celles surtout qui étaient en contact avec l'UGIF : les têtes rasées, la fouille, les internés parqués entre des barbelés, les wagons plombés, sans paille – tout cela fut décrit par Hélène Berr dans son Journal le 20 septembre 1942. Durant cette période et jusqu'à la Libération, le « camp des Juifs » fit partie du quotidien de chacune des familles juives. On avait des proches, des amis ou des voisins qui avaient été arrêtés ; on craignait la rafle, ou l'arrestation individuelle qui vous expédierait là-bas ; on discutait de ce qui s'y passait, ou des nouvelles qu'une lettre clandestine avait annoncées à l'un et qui étaient relayées à d'autres ; si l'un de ses proches n'était pas revenu d'une course, on envoyait une lettre à Drancy pour s'enquérir de son sort – était-ce bien là qu'il se trouvait ? Raymond Gallais envoyait une vingtaine de lettres par jour pour leur répondre. Une fois que l'on savait, restait à multiplier les démarches pour essayer d'obtenir une libération. Aller à l'UGIF, écrire des lettres – aux autorités parfois –, chercher les certificats magiques, les inventer au besoin, nouer les contacts qui pourraient être utiles : autant d'efforts qui, dans la plupart des cas, n'aboutissaient pas. « J'ai l'honneur de solliciter de votre haute bienveillance une mesure de libération en faveur de ma femme et de mes trois petits enfants, âgés respectivement de onze ans, huit ans et six ans. » C'est au « directeur » de Drancy que cette lettre était adressée le 15 septembre 1942. Ces enfants sont de nationalité française, était-il précisé. Mais la mère et les trois enfants avaient été déportés trois semaines plus tôt. L'auteur de cette lettre fut lui-même déporté en février 1943. Une tragédie personnelle parmi tant d'autres.

Dans le même temps, il fallait tout faire pour adoucir un tant soit peu la vie du cher interné. La préparation de chaque colis était un casse-tête : trouver les moyens de se procurer les aliments, contingentés ou pas ; choisir les plus nutritifs ou ceux qui réchaufferaient le cœur du prisonnier, signe de la tendresse qui avait conduit à l'envoi d'un produit plutôt qu'un autre ; ou ceux encore qui avaient été réclamés

dans la dernière missive, clandestine ou pas. Il fallait se procurer, à chaque colis, du papier d'emballage et de la ficelle car ils étaient systématiquement confisqués par les gendarmes chargés de la fouille au camp pour en faire le trafic. Début juillet 1942, Georges Kohn obtint du capitaine de gendarmerie que ficelle et papier soient renvoyés aux familles avec les colis de linge sale. Une fois le colis prêt, on le déposait à l'UGIF, les colis alimentaires au 120 boulevard de Belleville et les colis vestimentaires au 6 rue de Chaumont, dans le XIXe arrondissement.

On s'inquiétait aussi dans les familles juives de ces déportations vers l'est, pour un lieu jamais précisé. Périodiquement, Jacques Biélinky évoque leur « panique ». Les interrogations étaient nombreuses et terrifiantes. Car si l'on n'imaginait pas les chambres à gaz, le spectre d'une mort hautement probable n'était pas loin.

Enfin, on savait désormais dans quelques familles juives que travailler pour l'UGIF pouvait mener à la libération de l'être cher. Ainsi, Raymond Berr fut libéré le 22 septembre car, le 6 juillet, sa fille Hélène s'était portée volontaire dans les services sociaux de l'organisation. « Nous sommes munis d'un certificat assez déplaisant », commentait-elle dans son Journal ce jour-là. Quelques mois plus tard, ils étaient 800 environ à bénéficier de cette carte de légitimation qui les protégeait ainsi que leur famille de l'arrestation et de la déportation. C'est le 8 août qu'avaient été libérés quelques internés dont un membre de la famille travaillait à l'UGIF. Seuls étaient encore concernés ceux qui se trouvaient au camp à la suite d'une rafle. Paul Zuckermann supplia ses proches de trouver un emploi à l'UGIF, et c'est en définitive ce qui lui permit de quitter le camp.

À l'UGIF ou au Comité Amelot, la réalité du « camp des Juifs » n'était un mystère pour personne. On y recevait les parents des victimes des rafles successives. Depuis octobre 1942, les représentants de l'UGIF avaient un droit de visite au camp. Les familles des internés étaient – de par la volonté des Allemands – dépendantes de l'organisme, leur seul recours. C'est à l'UGIF que les familles nécessiteuses s'adressaient pour obtenir les secours dont elles avaient besoin pour préparer un colis destiné à un interné, payer le loyer ou faire réparer les lunettes d'un proche gardé dans le camp. À défaut d'écrire directement aux autorités, c'est à l'UGIF que l'on s'adressait lorsqu'un Juif n'était pas rentré chez lui. C'est à l'UGIF enfin que l'on demandait d'intervenir pour faire libérer un proche, en remettant tel ou tel certificat. Et puis, l'UGIF pouvait servir occasionnellement d'intermédiaire pour communiquer des informations confidentielles ou transmettre des messages clandestins. En avril 1942, Cécile Grinberg avait été surprise avec des « fiches de l'UGIF » qui constituaient « une correspondance déguisée ».

La paupérisation qui ne faisait qu'augmenter dans les milieux juifs au fil des mois et le nombre sans cesse croissant d'internés sans famille, tandis que rafles et déportations décimaient la population juive, alourdissaient le rôle de l'organisation israélite. Le 24 mai 1943, André Baur écrivait dans une carte à son oncle Albert Manuel, le secrétaire général du Consistoire central en zone sud : « Notre service colis ne peut suffire à tous. » Il évoque la difficulté de trouver les denrées nécessaires à la constitution des colis. Le Comité Amelot passait aussi par l'UGIF pour aider les internés. Et à l'intérieur du camp, le service social, composé de cinq à sept internés, servait de courroie de transmission entre l'UGIF et les prisonniers.

Drancy était donc bien ancré dans la conscience des familles juives et le camp était devenu l'un des pôles essentiels de l'activité de l'UGIF. Mais Drancy se trouvait aussi à quelques kilomètres de la capitale et on ne pouvait y ignorer son existence. Certes, la presse officielle fit preuve de discrétion lorsque les rafles de l'été 1942 furent lancées. Le 16 août, soit un mois après le début de la rafle du Vél' d'hiv, les Parisiens apprenaient dans *Paris-Soir* que « pour museler l'invasion juive en zone non occupée, 4 000 Juifs apatrides [étaient] déportés ». Dans le corps de l'article, il était mentionné, incidemment, que « ce chiffre [était] à peu près équivalent à celui des Juifs, apatrides également, qui [avaient été] arrêtés récemment en zone occupée ». Il s'agissait là de « premières mesures d'épuration » contre des « éléments douteux », des « trafiquants de marché noir » et des « complices des terroristes ». Le 26 août 1942 une consigne de censure de Vichy interdisait de publier toute information sur les arrestations de Juifs en zone libre. On se glorifiait donc moins des rafles et des déportations qu'on ne l'avait fait des lois de ségrégation, expliquées en détail quand elles furent promulguées.

Pourtant, la rafle du Vél' d'hiv, puis les rafles de la zone sud, la séparation des mères et des enfants avaient bouleversé une bonne partie des témoins de ces atrocités. « Depuis ce matin 3 heures, les Allemands (par des agents français) ramassent des Juifs, familles entières qui partent sans bagages. Les gens sont bouleversés, indignés », écrit Madeleine Blocher-Saillens le 16 juillet 1942. « On en parle partout », commentait Jacques Biélinky dans son Journal. Un Polonais, Andrzej Bobkowski, bloqué à Paris par le déclenchement de la guerre, remarquait que « [les Français commentaient] en particulier avec fureur le fait que les enfants de plus de trois ans [avaient] été séparés de leurs mères. [...] Paris était en pleine effervescence », ajoutait-il. Les arrestations massives, le Vél' d'hiv, les garages transformés en prisons provisoires, les enfants séparés de leurs parents, les suicides, l'atrocité de certaines scènes : l'ampleur de la rafle était telle qu'elle ne pouvait pas rester confidentielle. Les réactions aux arrestations de la zone sud furent identiques, d'autant que des rumeurs sur la brutalité des rafles en zone occupée les avaient précédées. L'un des gendarmes de Lyon évoquait, dans son rapport, un « profond mouvement de pitié à l'égard des Juifs ». Un « remous très net dans l'opinion », une « désapprobation non dissimulée », une « sympathie compatissante » furent également mentionnés dans la synthèse des rapports établis par les préfets de la zone sud pour le mois d'août 1942.

Est-ce à cette époque que Fernand Buxy inclut un poème sur Drancy dans ses *Pétainades*, de violentes diatribes en vers dirigées contre Pétain et la collaboration et publiées à Paris en 1944 ? Ce poème fustigeait, sans complaisance aucune, les Français qui tenaient le camp et semble bien au fait de certaines réalités, l'administration française du camp, la cravache du capitaine Vieux, le marché noir alimenté par les gendarmes, la saleté, la famine. Qu'on en juge :

Drancy

Dans ces camps de misère,
De supplices pourvus,
Que Dante n'a pas vus,
Quel est ce pauvre hère ?
C'est un Français

Mais il commit le crime
De naître juif, erreur
Dont il subit l'horreur.
Le bourreau qui l'opprime
Est un Français

À grands coups de cravache,
Les femmes écartant,
Frappe en les insultant.
Et dire que ce lâche
Est un Français

Je passe sous silence
L'ignoble saleté
De ce camp détesté,
Car cette pestilence
Plaît aux Français

Comme la faim les presse,
Voilà qu'un profiteur
Se pose en bienfaiteur,
Exploitant leur détresse,
C'est un Français

Vendant une biscotte
Tout juste au prix de l'or.
Riche comme un milord,
Cet homme qui fricote,
C'est un Français

Se montrant plus habile
Qu'un Juif empuanti,
Quel est ce mercanti ?
C'est un garde mobile,
C'est un Français

Mais ces valets du boche
Seront récompensés,
Balancés et fessés,
Un de ces jours prochains
Par les Français.

Le mouvement spontané d'indignation fut renforcé et légitimé par la position de quelques membres de l'épiscopat qui prirent publiquement position contre le caractère inhumain de ces nouvelles mesures de persécution. « Les Juifs sont des hommes, les Juives des femmes » et « tout n'est pas permis contre eux », rappelait Mgr Saliège, l'archevêque de Toulouse, le 23 août 1942. « Les mesures antisémites actuelles sont un mépris de la dignité humaine, une violation des droits les plus sacrés de la personne et de la famille », disait Mgr Théas, évêque de Montauban. Dans les milieux protestants surtout, mais chez les catholiques également, l'aide pratique aux Juifs traqués se développa dès lors.

Les journaux clandestins et les émissions de la BBC en français embrayèrent sur l'opinion. Les protestations des membres éminents de l'Église furent reproduites par toutes les publications clandestines, qui s'interrogeaient sur les complicités françaises dans ces actes de barbarie. André Labarthe s'en prenait ainsi directement au gouvernement de Vichy dans cette émission diffusée le 8 août 1942.

> Alors la France devient terre de pogrom, de honte ? Alors, en France on martyrise les Juifs, on détruit les familles, on arrête, on déporte, on écrase, on piétine les innocents ? Laval livre du Juif aux Allemands, du Juif mort ou vif, Laval le traître, le goujat jette chaque jour aux Nazis sa cargaison de martyrs qu'il a prélevée sur la terre de France, dans vos rangs.

Dans la série de ces articles et émissions qui d'août à octobre 1942 attaquaient avec véhémence les rafles de Juifs en insistant sur la séparation des familles et le sort des enfants juifs abandonnés à eux-mêmes, la place de Drancy restait modeste. Pourtant, le « camp des Juifs » était bien là : « Qui ne connaît pas la réputation sinistre, des camps de Drancy, Compiègne, du Vélodrome d'hiver ? » demandaient Jean Oberlé et Jacques Duchesne le 6 août 1942 sur la BBC. « La situation des israélites dans la zone occupée est un véritable enfer. Les camps de Drancy et de Compiègne sont pleins de prisonniers juifs pris comme otages », annonçait-on quelques jours plus tard à cette même antenne. Là comme dans les publications clandestines dans les frontières de l'hexagone, l'accent était porté sur les atrocités qui se déroulaient sur le territoire français, la barbarie de l'occupant, la complicité de Vichy et l'attitude « splendide » de la population française.

Face à ces témoignages de compassion pour le sort des familles juives raflées et déportées, la propagande antisémite du régime s'intensifia et prit un tour nouveau. Des émissions régulières, plusieurs fois par semaine, dénoncèrent à la Radiodiffusion nationale l'« invasion juive » qui avait « transformé l'âme même du pays et rendu sa renaissance difficile » et qu'il convenait par conséquent de « prendre des mesures radicales pour empêcher les Juifs de corrompre et métisser la race ».

Dans le même temps, si la presse clandestine et la BBC dénonçaient l'atrocité des rafles en France, rares étaient ceux qui s'appesantissaient sur les déportations ou s'interrogeaient sur la destination des convois de Juifs qui quittaient la France. Mais on « savait » Drancy à Paris, on « savait » Drancy en zone libre et on « savait » aussi les déportations. Cela était particulièrement évident pour les habitants de Drancy qui, avenue Jean-Jaurès, avaient une vue directe sur les autobus garés près du camp et leur départ, chargés de leurs malheureuses victimes. « Une habitante de Drancy me raconte avoir vu tous les jours au Bourget former les trains de wagons à bestiaux où l'on entassait les Juifs à déporter en Allemagne », écrivait Biélinky le 18 octobre 1942. Lorsqu'Horan accompagnait les déportés à la gare du Bourget, il voyait « sur le quai opposé, des voyageurs bien sages qui [attendaient] paisiblement un train banlieusard ». Ces voyageurs assistaient donc au débarquement des transférés de Compiègne, Pithiviers ou Beaune-la-Rolande ; ils assistaient aussi à l'embarquement des déportés de Drancy. Les maçons qui doublèrent le château rouge, le chauffeur du camion à ordures, les conducteurs des camions qui approvisionnaient le camp ou des bus qui faisaient le chemin Drancy-Le Bourget, chargés de leur cargaison humaine et d'autres encore ne pouvaient se tromper sur la condition des internés dans le « camp des Juifs ». Les habitants de Drancy voyaient et racontaient. Il y avait d'autres sources d'informations, les libérés de Drancy par exemple. À la mi-avril 1943, Georges Horan s'explique sur la rédaction de son Journal : il ne voulait plus être interrogé sur Drancy ; il voulait se libérer d'une obsession. Il était donc interrogé sans discontinuer. « Les

AU PILORI

HEBDOMADAIRE DE COMBAT CONTRE LA JUDÉO-MAÇONNERIE

Dans ce numéro :

Qu'est-ce qu'une entreprise juive et un commissaire gérant ?

TERRE FRANÇAISE OU JUIVE ?

Israël partout !

MORT AU JUIF !

QUESTIONS AU GOUVERNEMENT

Dessins antisémites extraits du carnet d'Enem, pour publication dans le journal *Au Pilori*.

Allemands vont déporter en Europe centrale 20 000 Juifs de Paris » ; c'est à Lyon que Pierre Limagne écrivait ces lignes le 16 juillet dans ses *Éphémérides*. Le 26 août 1942, il précisait que les Juifs déportés étaient envoyés « vers l'esclavage et la mort ».

À la BBC, la destination des trains de la déportation n'était jamais abordée que de façon vague, confuse ; en l'absence de précisions, on évitait le sujet. Mais l'idée qui émergeait – tout au moins dans les émissions de la première quinzaine du mois d'août 1942 – était celle du travail forcé. « Les hommes, brutalement séparés de leurs familles [...] étaient conduits en Allemagne pour y fournir de la main-d'œuvre [...] dans les usines d'Allemagne. » « L'Allemagne aux abois a besoin de main-d'œuvre pour ses fermes, ses chantiers, ses ateliers. » Restait à expliquer ce qui arrivait aux enfants, dont le destin terrible avait ému l'opinion. « Des femmes et des enfants sont envoyés pour rien, par fantaisie sadique, dans des camps de concentration », constitua le premier élément de réponse fourni aux auditeurs de la BBC. Le 31 août 1942, ils apprenaient qu'après « un bref séjour dans des camps de persécution à Pithiviers, à Beaune-la-Rolande et à Drancy », 4 000 enfants de la zone occupée, dont plus aucun signe ne permettait d'établir l'identité, avaient été « entassés dans des trains et envoyés en Allemagne ».

On n'était pas moins confus et embrouillé dans la presse clandestine. En réalité – hormis la presse communiste juive – la destination des convois de la déportation était peu abordée. « Les enfants abandonnés », « les parents emmenés dans quelque usine de Silésie pour la relève des ouvriers allemands », constituèrent une première explication pour *Témoignage Chrétien*. « Des trains de la zone occupée sont déjà partis pour les usines et les mines avec leurs cargaisons humaines, chair à travail, femmes et gosses y compris », dénonçait un tract de *Franc-Tireur*. « Des vieillards de 60 ans, des femmes et des gosses, de malheureux gosses ont été, avec les hommes, empilés dans des trains qui partent vers la mort », pouvait-on lire dans le journal, un mois plus tard.

Le terme de « destination inconnue » qui s'était imposé dans la phraséologie officielle pour désigner, en France aussi, la direction prise par les convois de déportés juifs était repris par Mgr Théas dans sa lettre pastorale comme sur les ondes de la BBC. La référence au travail forcé, en même temps que l'affirmation sans cesse répétée selon laquelle le sort des Juifs annonçait le sort de l'ensemble des Français facilita le passage à l'étape suivante. Le 18 octobre 1942, Maurice Schumann pouvait affirmer à l'antenne de la BBC :

> Nous avions raison ! [...] Lorsque les 10 000 premières victimes désignées pour la déportation furent choisies parmi les israélites étrangers, [...] nous vous avons lancé un double avertissement : « attention » vous disions-nous alors : faute de trouver des bagnards volontaires, Laval songe à réquisitionner la main-d'œuvre dont l'Allemagne a besoin. Et il se fait la main sur les étrangers amis et sur les Juifs pour frapper ensuite tous les Français.

Dès lors, les rafles et déportations de Juifs disparurent des colonnes de la presse clandestine. On « savait », mais on avait d'autres priorités et la « destination inconnue » fut remplacée par les usines allemandes, où les ouvriers français risquaient de périr sous les bombes alliées. On souhaitait sans doute aussi ménager une opinion que les persécutions antijuives avaient émue mais qui ne s'était pas délestée pour autant de l'idée que les Juifs posaient à la France un « problème ». La confusion qui s'ensuivit entre le sort des Juifs et celui des ouvriers français réquisitionnés pour le travail obligatoire en Allemagne conduisit parfois à des raccourcis curieux sur l'antenne de la BBC. Dans sa « Chronique de la France », Roger Chevrier célébrait le 14 mars 1943 la résistance des ouvriers français aux ordres de réquisition du STO. Puis il ajoutait : « en novembre, des rafles sont effectuées dans les rues par la police française ; à Drancy et à Aubervilliers en particulier, les ouvriers qui refusent de signer sont conduits en prison, habillés de leurs vêtements de travail, sans avoir pu voir leurs familles, ni prendre de vêtements ni de linge ». La « réputation sinistre » de Drancy permettait dès lors d'alimenter la campagne contre un service du travail obligatoire qui touchait pratiquement toutes les familles de France.

Seuls les journaux pilotés par la section juive de la MOI, les Juifs communistes, s'interrogeaient régulièrement sur le sort de ces milliers de Juifs que l'on arrêtait et que l'on déportait à partir de Drancy. « Les nouvelles qui nous parviennent en dépit du silence de la presse vendue annoncent que des dizaines de milliers d'hommes, de femmes, d'enfants juifs déportés de France ont été ou bien brûlés vifs dans les wagons plombés ou bien asphyxiés pour expérimenter un nouveau gaz toxique. Les trains de la mort ont amené en Pologne 11 000 cadavres. [...] Pourquoi donc, demandons-nous, aucune lettre n'est-elle parvenue de ces déportés ? Pourquoi ne nomme-t-on pas leurs lieux de séjour ? » Cet article, paru dans *J'accuse* en octobre 1942, en annonçait bien d'autres qui se succédèrent jusqu'à la Libération, et se firent de plus en plus précis, décrivant des atrocités chaque fois plus terribles dans l'« abattoir de Pologne ». Mais qui les lisait, et qui croyait à ce que l'on y écrivait ? Encore de la propagande, pensait-on souvent.

Lors même qu'on ne s'interrogeait pas trop, les conditions exceptionnellement brutales qui avaient présidé aux arrestations, à l'internement, puis à la déportation des Juifs, la musique de fond où les discours du chancelier allemand sur l'extermination des Juifs d'Europe étaient relayés par les feuilles de la collaboration, les révélations de la BBC en juillet 1942 sur le massacre de 700 000 Juifs de Pologne, la composition des convois qui n'avaient épargné ni femmes ni enfants et le mystère qui entourait leur destination, laissaient entrevoir le pire. Plus ou moins consciemment, pour tous, et malgré l'espoir que les déportés essayaient de

conserver et de transmettre à leurs proches dans leur dernière lettre, Drancy était devenu l'antichambre d'un effroyable destin, sinon d'une mort probable.

Les blocages d'une ambition

Pour autant, le rythme des départs n'avait rien de régulier. Il y avait les mois creux – ainsi du 12 novembre 1942 au 9 février 1943, ou entre le 26 mars et le 23 juin 1943 ; les mois redoutables depuis l'été jusqu'au 11 novembre 1942 ou du 9 février au 25 mars 1943. Et puis, il y avait les mois où régulièrement un à deux convois prenaient le départ de la gare du Bourget.

La situation avait changé en effet à la fin de l'été 1942. Laval devait tenir compte d'un autre champ de forces que Röthke ou Oberg. Il ne pouvait ignorer les mouvements de l'opinion et la pression des Églises et de quelques institutions internationales. Quand, le 2 septembre, Laval rencontra Oberg, le compte rendu rédigé par ce dernier l'exprime clairement : « Eu égard à cette opposition du clergé, le président Laval demande que, si possible, on ne lui signifie pas de nouvelles exigences sur la question juive. » Lors de la même rencontre, les deux hommes s'accordaient sur une « convention de langage au sujet de la déportation à l'Est des Juifs de zone non occupée ». L'origine en est simple : les diplomates étrangers s'interrogeaient, et interrogeaient Vichy, sur le sort des Juifs de la zone sud remis aux autorités allemandes. Or Laval ne demandait pas ce qu'il advenait des Juifs déportés. Il souhaitait uniquement savoir comment répondre à ses interlocuteurs et c'est sur ce point qu'un accord fut obtenu : « Il a été convenu que le président Laval communique en réponse à de telles questions que les Juifs transférés de la zone non occupée aux Autorités d'occupation sont transportés pour être employés au travail dans le Gouvernement général [de Pologne]. »

Selon ce même compte rendu, Laval rendait compte de la livraison dans un premier temps des Juifs « apatrides », puis des Belges et des Hollandais et enfin, « comme convenu », de ceux qui avaient été naturalisés depuis 1933. Les départs de Dannecker puis de Zeitschel avaient donc signé la victoire des tenants d'une stratégie progressive qui prenait en compte, efficacité oblige, des impératifs liés à la situation française. Dans une note qu'il lui adressa le 25 septembre, Knochen en informa Eichmann dont les services avaient programmé 78 000 déportations de France avant la fin de l'année. Impossible, répondit en substance Knochen, étant donné l'état de l'opinion, les protestations de l'Église et les réticences de Vichy, sensible à ces pressions. Mais il avait pris la précaution de s'adresser directement à Himmler avant cela et d'obtenir son accord : « Le *Reichsführer* s'est joint à ces vues et a décidé que, pour l'instant, on n'arrêterait pas de Juifs de nationalité française. C'est pourquoi il

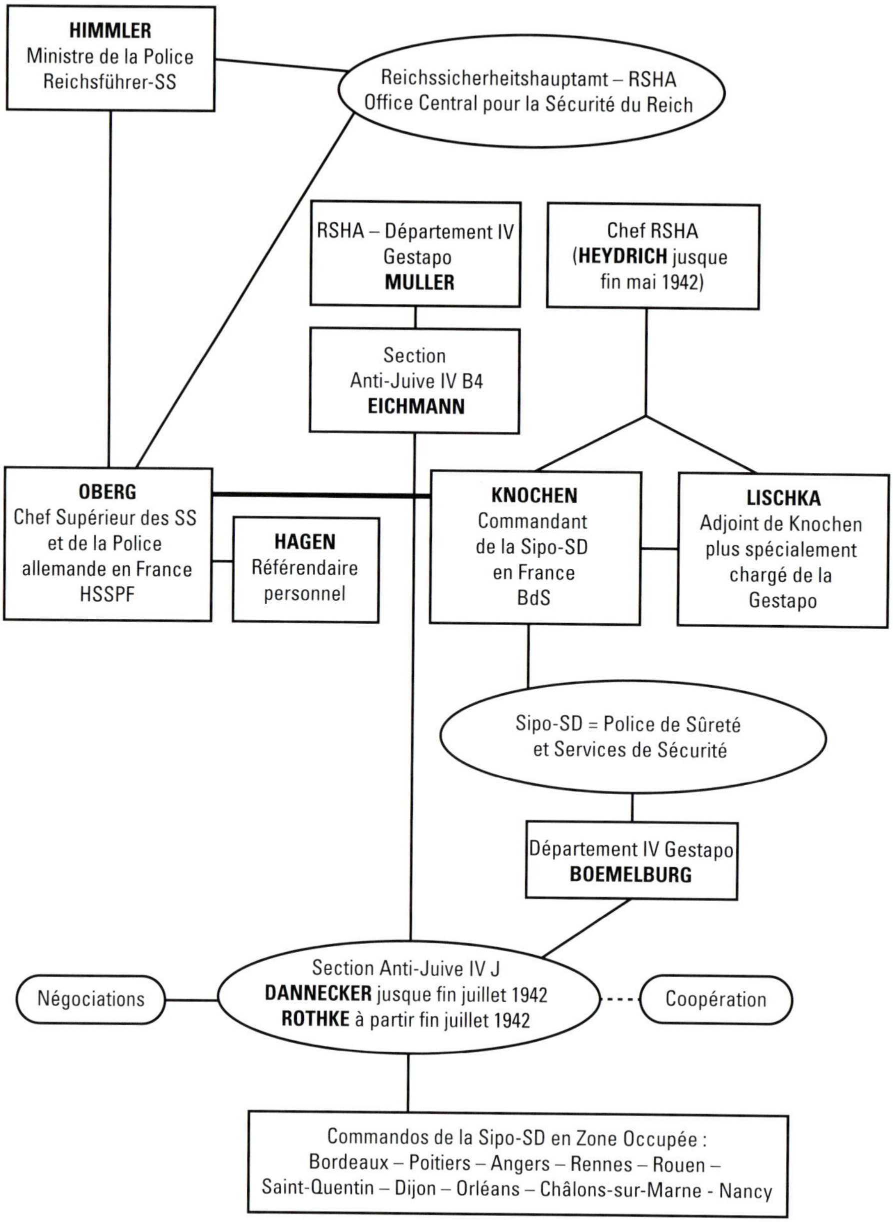

Autorités policières allemandes impliquées dans l'action anti-juive (juillet-novembre 1942).

ne sera pas possible de faire évacuer des contingents élevés de Juifs. » À cela s'ajoutaient les contraintes techniques et logistiques qui avaient déjà expliqué le report des déportations de l'hiver précédent : la *Reichsbahn* avait indiqué, là encore, qu'elle ne pouvait assurer ces convois. De fait, le dernier convoi de 1942 partit de Drancy le 11 novembre, le jour même de l'entrée des troupes allemandes en zone sud, et Eichmann dut attendre février 1943 pour relancer la déportation des Juifs de France.

Mais les déportations ne purent reprendre au même rythme car les Allemands allaient se trouver confrontés à deux défis majeurs : la dénaturalisation massive qui permettait de transformer des Juifs français en étrangers, et donc en proies bien plus aisées à capturer, et l'attitude des autorités italiennes dans la vaste zone qu'elles occupaient depuis ce même mois de novembre.

Le pragmatisme de Röthke le différenciait d'un Dannecker mais c'était par souci d'efficacité. Les trafics et les violences des gendarmes français lui apparaissaient, d'abord, comme un obstacle à la bonne réalisation du programme de déportation. Peu présent dans l'enceinte du camp, il accepta sans difficulté, bien au contraire, de voir déléguée une partie de la gestion aux internés. Ce mode de fonctionnement fut sa feuille de route. Il n'eut de cesse de limiter les exemptions possibles, d'abord celles qui relevaient de la nationalité. Une réserve exceptionnelle était constituée par les Juifs français, récemment naturalisés ou français depuis la nuit des temps. Revenant d'une conférence tenue à Berlin sous la direction d'Eichmann, Röthke concluait un rapport rédigé à l'adresse de Knochen après son retour, le 27 mars 1943, par des mots qui ne pouvaient prêter à confusion : « La déportation des Juifs de France ne doit pas prendre fin avant que le dernier Juif ait quitté le sol français, et cela même avant la fin de la guerre. »

Röthke avait déjà été exposé à la difficulté de déporter des israélites français. Revenons sur l'affaire car elle illustre aussi bien son obsession antisémite que l'association toujours vivace entre Juifs et bolcheviques dans l'imaginaire des Allemands. Le 17 septembre 1942, trois soldats allemands étaient tués par le groupe Valmy (PCF) dans un attentat à la bombe à la sortie du cinéma Rex à Paris. La réponse fut terrible : 46 otages étaient exécutés au Mont Valérien et 70 autres à Souge, près de Bordeaux. Avec 116 otages tués, il s'agit de l'exécution la plus massive de toute l'Occupation. Dans la semaine qui suivit, 1 611 personnes, suspectes de sympathies communistes, étaient arrêtées en région parisienne par les policiers français et internées administrativement. C'était un chiffre spectaculaire si l'on pense que 4 005 internements de politiques furent décidés entre juillet 1940 et mai 1944. Or le 21 septembre 1942, en guise de représailles toujours, Röthke faisait partir de Pithiviers un convoi de plus de 500 Juifs français ; comme il avait envoyé un télex en ce sens à Eichmann le lendemain de

René Bousquet s'entretenant avec les chefs SS Helmuth Knochen, Karl-Albrecht Oberg et Herbert Hagen, 1942.

Heinz Röthke, 3e en partant de la droite, 1940.

l'attentat, on peut penser qu'il espérait profiter de cette opportunité pour s'attaquer aux Juifs français. Il envisageait même dans la foulée une vaste rafle de 5 000 notables israélites français de la capitale, mais Knochen, en accord avec Oberg et toujours dans le but de ménager Vichy, compte tenu du retournement de l'opinion, mirent un veto à l'opération. Pour le convoi 35, parti de Pithiviers, Saul Castro confirme le lien dans son journal : « Toute la maréchaussée est sur pied. On ne rigole plus. Mille Français sont déportés. Voilà la réponse allemande à l'attentat du Rex, ou à ce que l'on veut. Nous nous regardons stupéfaits. Les Français ne sont pas déportables. »

Knochen avait bien bloqué l'initiative au dernier moment, mais Röthke essaya, convoi après convoi, de contourner l'interdit. Le 13 février 1943, puis à nouveau les 23 et 25 mars, il avait dû intervenir personnellement car la police française avait menacé de ne pas escorter ces convois formés de Français. Dans le premier cas il s'agissait de Juifs ayant enfreint la loi, dans les deux autres de victimes de l'« opération Tiger » menée de conserve par les polices allemande et française, sous les yeux de Bousquet, à Marseille, deux mois plus tôt. Notons, dans ce dernier cas, qu'ils avaient d'abord été envoyés au camp de Compiègne et que, de Drancy, ils furent déportés à destination

de Sobibor et non de Birkenau. Knochen de son côté, fidèle à sa stratégie, ne souhaitait pas forcer la main à Pétain. Il écrivait ainsi à Eichmann, le 29 mars 1943 : « Les mesures à l'encontre des Juifs de nationalité française ne peuvent être exécutées pour des motifs politiques, en raison de l'attitude du Maréchal. »

À défaut d'obtenir, dans l'immédiat, l'accord pour déporter systématiquement les Juifs français, il fallait viser le réservoir potentiel majeur que représentaient les Juifs naturalisés depuis la loi très libérale de 1927. La commission de dénaturalisation mise en place par Vichy dès le 22 juillet 1940, fidèle à la logique d'exclusion qui participait à la définition du régime, ne pouvait suffire à la peine et statuait trop lentement pour des résultats décevants. Il fallait donc obtenir une automaticité dans le processus de dénaturalisation à laquelle Pierre Laval était prêt. Les négociations furent longues, pourtant Röthke obtint gain de cause sur la borne choisie : les Français souhaitaient s'arrêter à 1932, comme Bousquet l'indiquait dans un premier projet, mais Röthke savait que 1927 était d'une tout autre importance et ouvrait la possibilité de déporter, sans obstacle majeur, des dizaines de milliers de Juifs en plus. Le 20 juin 1943, Laval signait le décret qui prévoyait en son article 1er :

> Sont annulés de plein droit et à la date de la publication du présent décret les décrets de naturalisation intervenus depuis le 10 août 1927 en faveur des étrangers regardés comme juifs aux termes de la loi du 2 juin 1941.

C'était une solution autrement plus facile à mettre en œuvre que la déportation d'israélites français. *De facto*, avec cette loi, près de 50 000 Juifs étaient potentiellement menacés. Tout était prêt : la loi devait être publiée le 24 juin dans le *Journal officiel* et, dans le même temps, une vaste rafle être organisée par la police française sous le contrôle de son homologue allemand.

Si l'administration se montrait réticente depuis des mois, la contre-offensive vint de la hiérarchie catholique. Autant elle s'était montrée discrète en août 1942, autant elle fut très ferme quand elle eut vent de ce projet. Mgr Chappoulie, intermédiaire entre l'épiscopat et le pouvoir, menaça d'une protestation publique relayée dans toutes les églises de France.

Le 25 juillet, Jacques Guérard, le secrétaire général du gouvernement, informait Darquier de Pellepoix que Laval avait décidé de différer toute publication de la loi et plus encore toute mise en œuvre « en raison des répercussions que [celle-ci] serait susceptible d'entraîner ». Commença alors un vrai bras de fer. Knochen espérait que Pétain, derrière lequel s'abritait Laval, et Laval lui-même cèderaient une nouvelle fois, tandis que Vichy pensait que Knochen (Oberg passa une partie de l'été à se faire soigner en Allemagne) ferait toujours primer l'accord avec l'État français, comme en septembre 1942 face à Röthke. Ce dernier faisait pression, à l'inverse, pour obtenir la promulgation de la loi déjà signée. Du côté français, le délégué général dans les territoires occupés, Fernand de Brinon, fut au cœur des négociations de l'été face à Knochen et Röthke, du côté allemand. À la suite d'une rencontre avec Laval, Röthke fit un compte rendu très dépité et pessimiste à Knochen : on ne pouvait rien attendre de Laval « à moins que la situation militaire de l'Allemagne ne s'améliore très nettement dès les prochains jours ou semaines ». Le 24 août, Pétain confirma dans une lettre à de Brinon, pour transmission aux Allemands, le refus de la promulgation. Il s'appuyait sur les arguments que son chef de gouvernement avait déjà avancés le 2 septembre 1942 : l'opinion réagirait mal et l'Église catholique menaçait de tout faire pour empêcher arrestations et déportations. Il y ajoutait des réticences personnelles, mais ouvrait la porte à une plus grande sévérité dans l'examen des dénaturalisations par la commission existante. Cette tentative allemande aboutit donc à un échec : les Allemands savaient qu'ils ne pouvaient désormais espérer un soutien aussi vaste de l'État français et de sa police dans l'application de la politique antijuive.

Le jour où Pierre Laval informait officiellement Darquier de Pellepoix le 25 juillet 1943 de ses fortes réticences et lui demandait de différer toute publication effective, Mussolini fut renversé et bientôt remplacé par Pietro Badoglio. D'évidence cela résonnait comme un avertissement, tandis que l'Allemagne fléchissait sensiblement sur le front de l'Est.

L'évolution politique en Italie fut cruciale aussi pour la déportation des Juifs de France. Tandis que, le 11 novembre 1942, les Allemands envahissaient la zone sud, les Italiens mettaient la main sur les départements situés à l'est du Rhône. Loin de permettre à Vichy de remplir ses objectifs, ils se refusèrent à livrer les Juifs qui se trouvaient dans les territoires sous leur « compétence exclusive ». On devine que pour beaucoup cette décision dépassait la simple question du pouvoir. Ainsi le consul général à Nice, Alberto Calisse, refusa au préfet des Alpes-Maritimes tout transfert de Juifs étrangers vers des départements hors zone italienne, l'enrôlement dans des GTE et l'application du tampon « Juif » sur les cartes d'identité ; il fut alors conforté par le soutien du comte Gian Galeazzo Ciano, son ministre de tutelle. Plus au nord, à Grenoble, en février 1943, le général Castiglione obligea l'intendant de police à annuler un ordre d'arrestation. Son supérieur, le général Avarna di Gualtieri, qui avait la main sur toutes les troupes italiennes de la zone occupée, remit aux autorités françaises une note qui bloquait toute velléité française :

> Pour des impératifs de sécurité militaire, les autorités d'occupation doivent se réserver entièrement les mesures relatives aux Juifs, sans distinction de nationalité. [...] Le

commandement suprême italien insiste pour que le gouvernement français annule les arrestations et les internements des Juifs qui se trouvent avoir leur résidence dans la zone occupée par nous.

Or que rétorqua Vichy ? Que la France souhaitait affirmer sa souveraineté sur l'ensemble du territoire national et, à ce titre, disposer des Juifs qui se trouvaient dans la zone occupée par les Italiens afin de les livrer aux Allemands. Comme Bousquet s'était plaint auprès d'Oberg, le ministre allemand des Affaires étrangères, Joachim von Ribbentrop, accentua la pression en intervenant auprès de Mussolini. Le successeur de Ciano, Giuseppe Bastianini, lui suggéra de doubler les autorités militaires d'un inspecteur général de la police raciale, Guido Lospinoso. Mais, arrivé sur place en mars 1943, plutôt que de livrer les Juifs aux Français, ce dernier aida les militaires à les transférer à l'intérieur des terres afin de mieux les protéger. Il se débrouilla pour ne jamais rencontrer d'homologues allemands, malgré leur insistance.

Le débarquement des Alliés en Sicile, puis la chute de Mussolini en juillet, retournèrent la situation. Craignant les conséquences d'un tel bouleversement sur le statut de la zone italienne, les Juifs de l'intérieur des terres se replièrent pour beaucoup vers Nice et sa région où devaient se concentrer les dernières troupes italiennes. Or le 8 septembre 1943, après la capitulation de Badoglio, les troupes allemandes occupèrent toute la zone italienne. Le refuge italien n'était plus.

Les réticences croissantes du régime de Vichy, le refus des autorités italiennes, la réprobation de la population française et, de plus en plus, les protestations des Églises, tous ces facteurs combinés expliquent qu'en 7 mois, entre février et août 1943, on ne compta « que » 11 000 déportés, principalement de Drancy, alors qu'en l'espace de 5 mois environ, 40 000 Juifs avaient été déportés en 1942.

État mensuel des effectifs du camp de juillet 1942 à juillet 1943
(source : Adam Rutkowski).

Dates	Effectifs présents au camp
30 juin 1942	1 788
30 juillet	1 700
16 septembre	1 781
30 septembre	1 401
30 octobre	env. 4 000

Dates	Effectifs présents au camp
3 décembre	2 382
31 décembre	3 031
31 janvier 1943	4 234
10 mars	1 314
30 avril	1 726
31 mai	2 476
20 juin	3 034

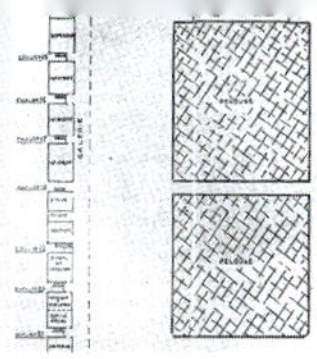

Chapitre V

Le Drancy allemand de la Solution finale (juillet 1943-août 1944)

Sans changer la fonction du camp, toujours camp de transit vers les centres de mise à mort, l'arrivée en France d'Aloïs Brunner vint reconfigurer le jeu des acteurs. Sans entrer dans le détail des conflits internes, on voit se préciser les pôles principaux du dispositif. Oberg et Knochen avaient la main sur la politique allemande de répression et de persécution. Même si les militaires n'avaient pas disparu du tableau, ils avaient été contraints de passer le relais aux pouvoirs de police depuis le printemps 1942. Mais la rupture entre les politiques ne fut pas aussi nette. L'accord sur la collaboration des polices confirmait qu'il s'agissait toujours de s'appuyer sur Vichy et, plus encore, sur son administration, surtout après le retour de Laval. Au début de l'été 1943, les Allemands tinrent compte de cet allié et des contraintes qui pesaient sur lui, d'autant que l'application de la Solution finale était indissociable du système d'occupation dans son ensemble, compte tenu des exigences allemandes en matière de lutte contre la Résistance et de la mobilisation des biens et des hommes pour la machine de guerre.

Mais la vraie nouveauté du côté allemand était l'arrivée de Brunner, qui renforçait Röthke et sa seule logique, à savoir l'organisation de la déportation massive des Juifs de France. Bien que rattachés officiellement à la Sipo-SD, ils prenaient plus que jamais leurs ordres directement à Berlin, auprès d'Eichmann. Du côté français, c'était *a priori* plus simple avec Laval, chef du gouvernement depuis son retour au pouvoir en avril 1942 et un nouveau renforcement de ses prérogatives en novembre de la même année. Il pouvait s'appuyer sur son secrétaire général à la police, Bousquet, qui lui était parfaitement dévoué. L'affaire de la dénaturalisation avait pu laisser penser que Pétain gardait encore une part du pouvoir mais son refus confirmait le nouveau positionnement du couple Laval-Bousquet, tous deux sensibles à l'évolution de la situation internationale tout en tenant compte du champ de forces intérieur, et donc des réactions des Églises et de l'état de l'opinion.

Brunner, le nouvel homme fort

L'arrivée en France d'un homme comme Brunner et sa prise en mains du « camp des Juifs » renforcent encore le lien entre l'histoire de Drancy et l'ensemble de la politique nazie. De sa biographie, retenons d'abord qu'il était autrichien, comme Eichmann. Même s'il fut élevé dans la partie hongroise de l'empire, il vit sa région finalement rattachée à l'Autriche après les traités de la Première Guerre mondiale. Membre du parti nazi depuis l'âge de 19 ans, en 1931, il s'engagea entre 1933 et 1938 dans la Légion autrichienne où il rencontra Eichmann, faisant très tôt partie de ce clan des Autrichiens qui l'entourait. Dès novembre 1938, il se retrouvait dans le Zentralstelle für Jüdische Auswanderung (Service central pour l'expulsion des Juifs) de Vienne dirigé par le même Eichmann. Il devint son secrétaire personnel et assuma dès lors la fonction d'agent itinérant spécialisé. Il joua ainsi un rôle crucial dans la déportation de 48 000 Juifs autrichiens au premier trimestre 1941. Pour le récompenser (il ne restait plus guère de Juifs en Autriche), Eichmann lui demanda d'intervenir dans la capitale berlinoise en décembre 1942. En trois mois, il fit déporter quelque 20 000 Juifs sur les 54 000 qui y vivaient encore. Avant de rejoindre Drancy, il put à nouveau faire montre de ses compétences, puisqu'il fut envoyé à Salonique, aux côtés de Dieter Wisliceny, dans un partage de tâches qui rappelle beaucoup ce qui l'attendait à Paris.

Aloïs Brunner.

Brunner pouvait donc s'appuyer sur trois atouts maîtres : son lien très fort avec Eichmann, par-dessus la Sipo-SD ou les militaires locaux ; l'expérience des rafles organisées sur une grande échelle ; le grade acquis dans ces missions qui le mettait au-dessus de Röthke. Le changement fut majeur pour le camp de Drancy dont il prenait la direction mais, au-delà, pour la situation des Juifs de France. Comment expliquer sa nouvelle affectation ?

Ses premières actions nous en donnent la clé. Il arriva début juin en France, toujours avec le commando d'Autrichiens qu'il avait constitué pour ses missions successives. Ils étaient une dizaine, dont Brückler, qui se fit connaître au camp par sa brutalité.

« Le camp de Drancy dépend maintenant entièrement de l'autorité allemande », résumait le préfet de police qui informait ses supérieurs de son arrivée la veille. Cela alla très vite : le 10 juin, Brunner organisait avec son adjoint Brückler un convoi prévu pour vider le camp et accueillir les nouveaux dénaturalisés ; du moins l'espérait-il. Deux jours plus tard, avec Röthke, il rencontrait Herbert Hagen, le représentant d'Oberg, et Horst Laube, le chef du département « Police » de la Sipo-SD. Rencontre décisive, elle avait pour objectif de planifier la déportation des Juifs que la loi prévue devait dénaturaliser. Dès le 14 juin, Röthke était en mesure d'expliquer dans un très long rapport les modalités d'application de la vaste rafle qui allait permettre la déportation de ces nouvelles proies.

Telle était l'origine de la nomination de Brunner. Röthke avait besoin d'un soutien fort pour mettre en œuvre son projet ambitieux : arrêter et déporter des dizaines de milliers de Français transformés en étrangers, ce qui conditionnait le soutien indispensable de l'administration française pour une opération de cette ampleur. Selon les calculs de Röthke, pas moins de 50 000 personnes seraient touchées par la nouvelle loi, toutes zones confondues. Darquier de Pellepoix, qui lui était très lié, avait quelque responsabilité dans cette estimation, ayant aidé à l'insertion d'un article dans la loi qui prévoyait que les femmes (naturalisées par mariage) et enfants de dénaturalisés seraient également dénaturalisés, donc déportables. Il pouvait en outre espérer atteindre enfin les Juifs étrangers réfugiés en zone italienne après la nomination de Lospinoso comme inspecteur général de la police raciale, responsable directement de l'application des mesures anti-juives.

Or arrêter 50 000 Juifs en quelques semaines, voire quelques jours, équivalait à dépasser les rafles records de l'été 1942, zone nord et zone sud confondues, et même le chiffre total de l'année 1942 (42 000). La logistique devait suivre l'adoption de la loi. Le convoi n° 55 partit de Drancy le 23 juin et vida le camp d'une bonne partie des internés. C'était le premier depuis trois mois ; il avait été planifié par Röthke qui, dès le 7 juin, avait demandé à tous les *kommandos* de province d'envoyer des Juifs à Drancy. De grandes rafles de dénaturalisés devaient suivre très rapidement mais la loi ne fut pas signée à temps : c'était chose faite le 20 juin, avec le paraphe de Laval et, deux jours après, celui du ministre de la Justice, Gabolde. Une nouvelle date pouvait être fixée : la rafle fut reportée au 23 juillet. Or, entre-temps, Knochen avait appris que Berlin lui refusait un renfort demandé de 250 hommes qui lui aurait fourni l'encadrement nécessaire. La réponse d'Heinrich Müller (RSHA) à cette requête rappelle à quel point la mise en œuvre de la Solution finale était liée au contexte de la guerre :

« La remise en route de l'action que vous annoncez est très réjouissante, d'autant plus que le *Reichsführer* [Himmler] a demandé précisément ces jours-ci une accélération des travaux », commence-t-il dans une formule à peine cryptée et riche de promesse. Mais « le RSHA est dans l'impossibilité totale, étant donné la situation actuelle extrêmement tendue sur le plan des effectifs, de donner suite au détachement temporaire que vous demandez de 250 hommes de la police de Sûreté [...]. Je sais combien est difficile le travail sans personnel suffisant ».

Il rappelle au passage qu'il a déjà soutenu l'envoi de Brunner et de ses acolytes et souhaite qu'Oberg prenne sur ses propres forces de police pour répondre à la demande de Knochen. Ce dernier devait donc plus que jamais s'appuyer sur la police française pour une opération de cette ampleur.

Entre l'occupant et Vichy

D'autant que, à la différence de Brunner, Oberg et Knochen n'étaient pas monoobsessionnels. Ils avaient à gérer la sécurité des troupes d'occupation et l'exploitation de la main-d'œuvre locale à l'heure où la situation sur les divers fronts extérieurs s'aggravait pour le Reich. Même Himmler prenait en compte ces autres priorités bien que se trouvant au cœur du projet de la Solution finale. Lors de son séjour à Paris le 3 avril 1943, il avait longuement rencontré Bousquet qui, aux dires du consul général Rudolf Schleier, avait été fortement apprécié : « Il partage désormais manifestement la conception représentée jusqu'ici par Oberg, à savoir que Bousquet est un collaborateur précieux dans le cadre de la collaboration policière, et qu'il serait un adversaire dangereux s'il était poussé dans un autre camp. » À lire le compte rendu, on relève aussi que la déportation des Juifs ne fut pas évoquée. L'essentiel de l'entretien porta sur le combat commun contre la Résistance.

En effet, dans la lutte contre la Résistance, les occupants pouvaient se targuer de succès majeurs, que l'initiative vienne de la police française (en général face aux communistes) ou de la police et du contre-espionnage allemands (en général face à la « résistance nationale », selon leur formule – entendre la résistance communiste).

Pour la Résistance comme pour la répression, ces mois furent cruciaux, ainsi que l'illustre la constitution du Conseil national de la résistance (CNR), le 27 mai 1943. Les principaux mouvements, partis et syndicats se retrouvaient enfin réunis sous la houlette de Jean Moulin, le délégué du général de Gaulle. Mais trois semaines plus tard, le même Jean Moulin était arrêté par la Gestapo de Klaus Barbie à Caluire. Si la répression scanda l'histoire de la Résistance tout au long de l'Occupation, elle connut alors un sommet. En fait, à la suite de l'invasion de la zone sud le 11 novembre 1942, l'occupant s'était fixé quatre cibles préférentielles dans la résistance non communiste : le contre-espionnage français, le réseau Alliance, le plus important réseau français dépendant de l'Intelligence Service, l'Armée secrète (AS) et les militaires (un enjeu majeur pour les Allemands qui craignaient au plus haut point un encadrement des résistants par des officiers expérimentés). Dans les quatre cas, les services allemands, la Sipo-SD et le service de renseignement de l'armée, l'Abwehr, et non la police française, furent à la manœuvre. En quelques mois c'était à la fois, et en la même personne, le délégué du général de Gaulle en France, le président du CNR, le président du Comité de coordination de zone nord et le président des MUR (Mouvements unis de résistance) qui tombaient, mais aussi la plus large partie de l'état-major de l'AS (qui regroupait les structures militaires des trois grands mouvements de la zone sud réunis dans les MUR) ou encore les dirigeants de l'Organisation militaire de l'armée. Il faut bien en mesurer les effets : pendant neuf mois, la Résistance fonctionna en France sans autorité centrale établie et surtout reconnue, d'autant que, le 3 février 1944, Pierre Brossolette et Émile Bollaert, délégués du général de Gaulle, étaient arrêtés à leur tour. Quant aux mouvements, renforcés politiquement par la faiblesse du centre, ils sortaient très affaiblis de ces coups des polices allemandes. On pourrait ajouter, parmi d'autres, la chute quasi complète de la « confrérie Notre-Dame » en novembre 1943, le principal réseau de la France libre.

Pour la résistance communiste, l'année 1942 avait été l'année des catastrophes. C'était déjà, pour l'essentiel, le fait de la police française. La même police fut à l'origine de la triple filature qui courut toute l'année 1943 et aboutit au démantèlement des FTP-MOI et des FTPF de la région parisienne ainsi que, pour une large part, de l'appareil politique de la MOI. Karl Oberg s'en félicita et, effectivement, il n'y eut plus de lutte armée à Paris du mois de novembre 1943 au printemps 1944.

Toutes ces chutes sont cruciales car, du côté allemand, les chefs, à savoir Oberg et Knochen, étaient responsables tant de la répression que de la persécution, malgré les larges pouvoirs laissés à Röthke et Brunner. Les premiers étaient polarisés par l'efficacité de la répression contre la Résistance tout entière. Ils sentaient bien que la police française privilégiait la cible communiste, et sur ce terrain elle se montrait encore efficace. D'où les réticences à se débarrasser de Bousquet et à marginaliser la police française.

Les mêmes Oberg et Knochen avaient à prendre en compte une autre exigence du Reich : le besoin de main-d'œuvre. En décembre 1942, Himmler en personne avait adressé un ordre explicite : les politiques devaient être déportés en nombre pour aider à l'économie de guerre, une guerre devenue « totale » où le front russe était dévoreur de soldats et de matériel. 7 000 détenus furent ainsi déportés en Allemagne entre janvier et fin juin 1943 dans le cadre de l'« opération *Meerschaum* ». Ils marquèrent en l'occurrence le début des convois massifs de déportés de répression en partance de France. Le premier de ces convois prit la route de l'Allemagne le 24 janvier 1943, soit quinze jours avant la reprise des déportations de Juifs, suspendues depuis trois mois à la suite des blocages politiques du côté français et de la logistique de la Reichsbahn. Les 7 000 déportés politiques furent versés directement dans les *Kommandos* de travail. Le choix de la déportation était donc voulu et porté par des motivations d'abord économiques.

Les convois massifs de répression – 9 000 déportés de septembre 1943 à janvier 1944 – relèvent des mêmes motivations puisqu'ils étaient destinés à fournir de la main-d'œuvre au site souterrain de Dora où se préparaient des armes aussi nouvelles que secrètes. Dans la troisième phase, entre mars et juin 1944, 11 600 déportés supplémentaires intégrèrent directement les *Kommandos* travaillant pour l'industrie de guerre du Reich. Mais, à la différence des deux premières séries de convois, la décision originelle de déporter ces derniers relevait d'emblée d'une double motivation : répondre à un besoin de main-d'œuvre et renforcer la répression contre les résistants.

Pour autant, si l'on parle chiffres, le transfert le plus massif visait les travailleurs. Il y avait bien eu la Relève qui prévoyait la libération d'un prisonnier de guerre français pour la mise à disposition de trois travailleurs volontaires, mais avec moins de 40 000 volontaires entre le discours de Laval le 22 juin 1942 et la mi-août, on était loin des objectifs de l'occupant. Une nouvelle loi adoptée le 4 septembre 1942 permit donc d'imposer le travail en Allemagne si l'intérêt de l'État l'exigeait. Son application continua même après l'instauration du STO : sur toute l'année 1942, on comptait déjà 400 000 personnes recrutées de force. Mais c'est la loi du 16 février 1943 instituant le STO qui eut l'impact le plus impressionnant. Les classes 1920, 1921 et 1922, soit tous les jeunes de 22 à 24 ans, étaient réquisitionnées. Si l'on cumule ses effets avec ceux de la loi du 4 septembre, 250 000 ouvriers supplémentaires partirent travailler outre-Rhin, s'ajoutant aux vagues précédentes. Cependant, ce succès quantitatif eut des conséquences dévastatrices pour l'occupant : un nombre toujours croissant de réfractaires allait nourrir la Résistance ; un fossé de plus en plus profond se creusait entre la population française et les Allemands, mais aussi entre la population et l'État français, lequel ne pouvait plus se prévaloir d'un argument – si souvent avancé –, à savoir qu'il protégeait son peuple et sa jeunesse des effets de la guerre. Par ailleurs, ces transferts massifs ne furent pas sans conséquence sur le trafic ferroviaire.

Combat radical contre la Résistance, ponctions spectaculaires de main-d'œuvre pour l'Allemagne, contraintes logistiques, impacts majeurs dans la société : à la différence de Röthke et Brunner tout à la réalisation de leur seul objectif, Oberg et Knochen ne pouvaient faire l'impasse sur la concurrence, voire les contradictions entre ces différentes priorités.

L'État milicien au service de l'Allemagne

Les contradictions furent bientôt levées. Knochen avait déjà exprimé de fortes réserves sur le rôle et la position de l'administration française, tout en pensant pouvoir conserver Bousquet. La rupture fut avérée en novembre 1943 et le nouveau gouvernement imposé à Vichy – et que Vichy accepta – influa grandement sur les persécutions antisémites et donc sur la place de Drancy.

Trois facteurs doivent être pris en compte pour comprendre ce changement : la *Marschallkrise*, une nouvelle configuration des pouvoirs allemands et la réponse à un débarquement annoncé. Le premier est le plus connu. Poussé à l'évidence par la situation internationale et cherchant à préparer le terrain à une éventuelle négociation avec les Anglo-Saxons, Pétain avait décidé de se débarrasser une fois encore de Laval et de préparer une nouvelle Constitution. Il voulait pour cela convoquer l'Assemblée en sommeil depuis le vote des pleins pouvoirs en juillet 1940. Il devait l'annoncer au peuple français lors d'un message radiodiffusé le 12 novembre 1943. Mis au courant, les Allemands l'interdirent d'antenne. Il engagea une forme de « grève » du pouvoir. La suite fut sans surprise : Ribbentrop fit passer *via* Abetz les exigences allemandes, à savoir le maintien de Laval et des changements profonds dans un gouvernement dont la liste devait lui être soumise. Le courrier parvint à Pétain le 4 décembre et il céda une nouvelle fois. Le 11 décembre il annonçait à Hitler dans une lettre qu'il acceptait ses conditions.

Qu'ils le veuillent ou non, Oberg et Knochen devaient suivre cette stratégie de rupture. Ils avaient longtemps misé sur Bousquet car ils pensaient que, pour gérer l'ensemble des priorités du Reich (sécurité, main-d'œuvre, Solution finale), il était préférable de s'appuyer sur une administration française en relais. Mais ils savaient aussi que ce relais était de plus en plus fragile. S'ils restaient sensibles à la singularité de la situation française et réussirent ainsi à éviter l'arrivée d'un commando spécial sur le modèle développé sur le front de l'Est, ils avaient bien cerné l'impossibilité de poursuivre leur politique avec l'équipe gouvernementale française en place, y compris avec le secrétaire général à la police. Ils eurent gain de cause car les polices avaient fait leurs preuves contre la Résistance, mais aussi parce qu'un changement de gouvernement avait été obtenu. Dans le même temps le système d'occupation évoluait sensiblement : des cadres régionaux de la Sipo-SD étaient remplacés par des hommes ayant fait leurs armes sur le front russe, tandis que les militaires revenaient en force.

La perspective du débarquement et donc de l'ouverture d'un nouveau front constituait une autre raison majeure du changement. Dans sa directive n° 51 du 3 novembre 1943, Hitler ordonnait à ses services en France de « prendre des mesures favorables au refoulement d'une éventuelle tentative de débarquement ». Goebbels notait dans son journal à la date du 1er décembre 1943 :

> Si les Anglais et les Américains tentent de fait une invasion, nous serons certainement confrontés dans notre dos à une évolution dangereuse. Il faut prévenir cela absolument [...]. À l'Ouest tout bouillonne. Le Gauleiter Bürckel m'appelle et attire mon attention sur la situation extrêmement précaire qui règne en France. Il s'y développe une sorte de mentalité révolutionnaire. Une fraction non négligeable de la jeunesse s'est retirée dans les montagnes pour se préparer à un combat de partisans.

Dans cette perspective, l'intronisation de Joseph Darnand à la tête du secrétariat général au maintien de l'ordre (SGMO) s'imposait. Du moins fut-il imposé. Le 2 janvier 1944, il prenait ses fonctions. Si l'on ajoute la nomination de Philippe Henriot à la tête de l'Information et de la Propagande, la collaboration prenait une autre forme. Plus question d'initiative française comme en 1940, plus de calcul géopolitique comme en 1942, plus de gestion des contraintes ; le temps était venu de l'aide active et sans condition puisque le combat était commun mais sous la direction des Allemands. Revendiquer la moindre autonomie des forces de police française devenait impensable. L'idée centrale au point de devenir obsessionnelle, et qui avait guidé la politique de Vichy jusqu'alors dans ses rapports avec l'occupant – à savoir assurer l'autorité de l'État français sur l'ensemble du territoire national –, n'était plus recevable. Au service des Allemands, l'Intérieur, sous la tutelle effective de Darnand, visait désormais radicalement la Résistance, organisant la déportation systématique des emprisonnés politiques tandis que la Milice, également dirigée par Darnand, servait dès lors de police d'appoint aux forces d'occupation.

Il disposait, il est vrai, de soutiens de poids. Himmler et le RSHA souhaitaient depuis de longs mois l'accession au pouvoir de Darnand en lieu et place de Bousquet. Il avait donné un sérieux gage en entrant dans la Waffen-SS en août 1943 avec le grade de *Sturmbannführer*. Le 6 novembre, il lançait dans *Combats* le premier appel à l'enrôlement de miliciens dans la Waffen-SS afin de lutter, bien sûr, contre le bolchevisme, mais aussi contre le « judaïsme triomphant ». En toute logique, Darnand n'eut de cesse de réduire l'autorité des préfets par une centralisation accrue et la création d'une Inspection générale du maintien de l'ordre, la réorganisation de la direction centrale des RG et la transformation des intendants de police en intendants du maintien de l'ordre, le tout largement phagocyté par les miliciens. Si l'on ajoute les procédures expéditives des cours martiales, on comprend aussi que le temps de la distinction entre résistance communiste et « résistance nationale » était révolu, ce qui ne pouvait que réjouir les Allemands.

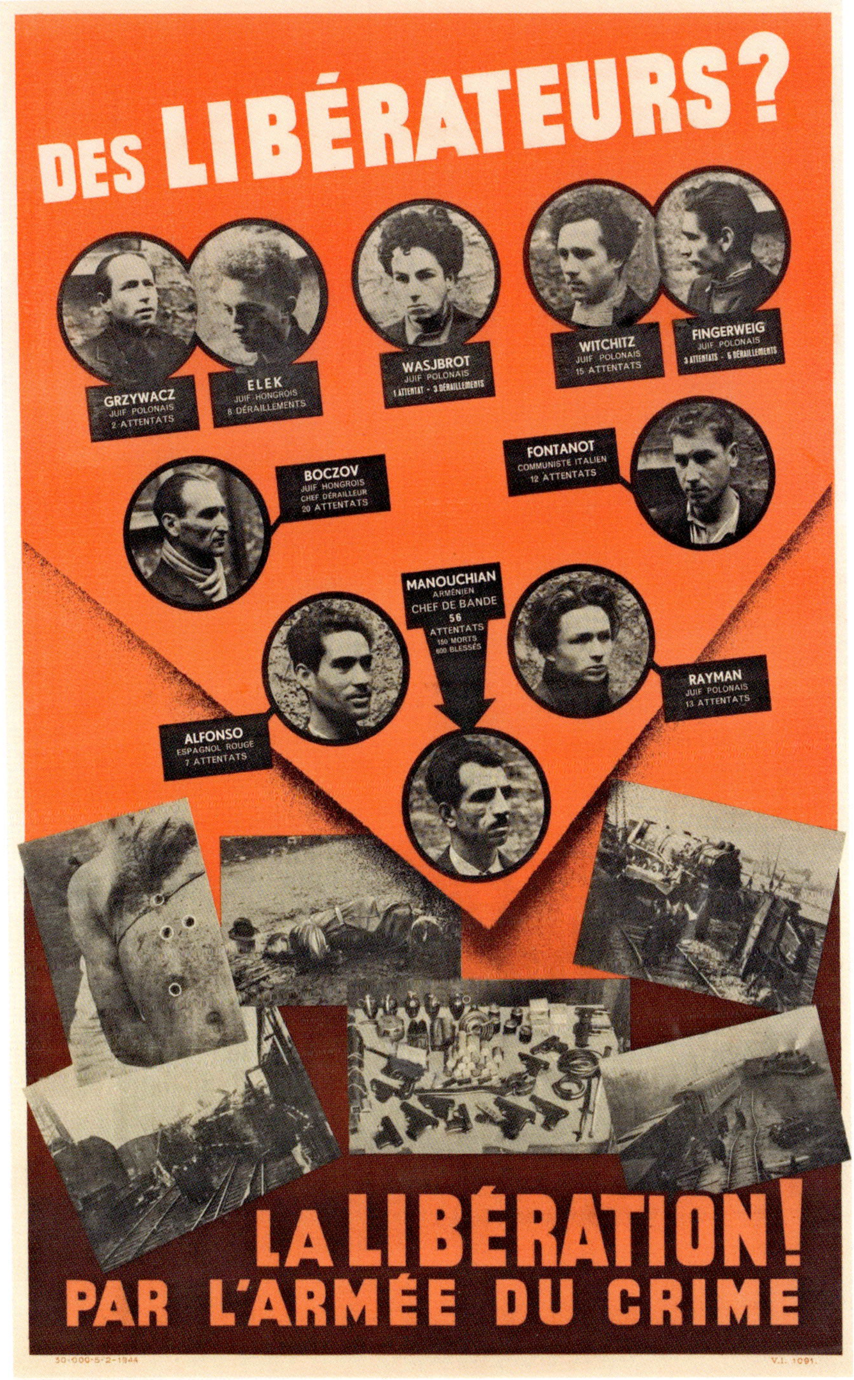

Une affiche placardée sur les murs de Paris au moment du procès.

Le lien entre terroristes et Juifs restait une constante. On l'a vu dans l'article de Darnand ; on le retrouve en février 1944 dans le verdict du procès des FTP-MOI de la région parisienne, plus connu aujourd'hui sous le nom de procès de l'Affiche rouge :

> Au cours des débats, on put se faire une idée de ce qui est entrepris contre l'Allemagne et aussi contre les Français luttant dans l'armée européenne. Il est clair que les Juifs qui ont entraîné la France dans la guerre n'ont pas renoncé à leur activité et la considèrent comme un terrain propice à leur propagande. [...] Dans la plupart des cas, ce sont des Juifs ou des communistes qui sont à la tête de ces organisations terroristes, travaillant à la solde de l'Angleterre et de l'URSS. [...] Le procès actuel a mis en lumière l'activité d'étrangers et de Juifs abusant de l'hospitalité française pour créer le désordre dans le pays qui les a recueillis. Ces Juifs et ces étrangers, quoi qu'ils en disent, n'ont pas de patrie. [...] Il ne s'agit pas seulement du sort de l'Allemagne, mais d'un combat de l'Europe pour sa culture deux fois millénaire.

Le temps de la traque

Ce changement politique était une aubaine pour Röthke et Brunner. Car de l'été 1943 à janvier 1944, malgré des efforts intensifs pour traquer les Juifs, le résultat fut loin d'être à la hauteur de leur ambition. Leur action avait dû prendre en compte les réticences croissantes des autorités françaises au second semestre 1943. Après l'échec de la loi de dénaturalisation, ils avaient complètement changé de stratégie. S'il ne pouvait être question de rafles massives opérées avec le concours direct ou indirect des autorités françaises, une autre méthode s'imposait, celle des traques.

Elles furent précédées par le transfert au camp de Drancy de tous les Juifs regroupés et repérés. L'hôpital Rothschild constitua une première proie de Brunner. Tous les malades étrangers et les trois quarts des Français – une quarantaine de malades en tout, dont des femmes qui venaient d'accoucher – furent envoyés à Drancy, tandis que les médecins étaient officiellement désignés comme otages pour éviter toute évasion, soit quelque 15 internés restants. Brunner agissait le 5 juillet 1943 comme Dannecker un an auparavant, presque jour pour jour. Il appliqua le même procédé aux deux hospices qui relevaient, comme l'hôpital, de la fondation Rothschild : là encore il se déplaça en personne, et, le 25 juillet, 78 vieillards furent ramenés au camp, rejoints le 29 juillet par 63 autres vieillards, après une nouvelle visite de Bückler, l'adjoint de Brunner, dans les mêmes hospices. Ils furent tous déportés par le convoi du 31 juillet 1943.

Une semaine après la quasi-fermeture de l'hôpital Rothschild, Brunner ordonnait la dissolution du camp de Beaune-la-Rolande et 479 internés qui s'y trouvaient encore prirent à leur tour la direction de Drancy, tandis que le camp du Loiret devenait un camp pour internés communistes.

Le chef nazi eut également l'idée de traquer les proches des Juifs internés dans le camp. Il autorisa notamment ceux qui arrivaient ainsi que les déportables sur le départ à envoyer une lettre, afin d'en localiser les destinataires. Il tenta même de faire opérer ces regroupements par l'UGIF mais se heurta au refus d'André Baur, le vice-président de l'organisation. Aux encouragements succédèrent bientôt les menaces : si la famille ne se présentait pas *volontairement* au camp, l'interné serait fusillé. Et pour que le message parvienne aux familles, Brunner organisa un service de « missionnaires ». Des internés, choisis parmi ceux qui avaient de la famille à Drancy, furent envoyés à Paris munis d'une liste d'adresses, pour persuader les proches d'autres internés de se présenter au camp. « Tel missionnaire a rempli son rôle en résistant avec tous les risques que cela pouvait comporter : loin d'arrêter les familles, il s'arrangeait pour les prévenir ou les faire prévenir, de telle façon qu'en rentrant au camp, il pouvait dire qu'il n'avait trouvé personne et effectivement certains missionnaires n'ont jamais arrêté un seul Juif. Tel autre missionnaire au contraire a suivi avec zèle les instructions des Allemands », témoigne Georges Kohn. Georges Wellers est beaucoup moins indulgent à l'égard de ces collaborateurs de la politique nazie. Ce sont les interprètes qui ont appliqué avec diligence les instructions de Brunner et créé un bureau des missions. Ce sont eux qui désignèrent la vingtaine de « missionnaires » chargés de ramener à Drancy les proches des internés, écrivait-il à son retour de déportation. Ce sont eux, et notamment le chef du bureau des missions, Georges Schmitt, qui distribuaient aux « missionnaires » les adresses des personnes à arrêter en ville. « La complaisance des "missionnaires" pour leurs victimes ne se manifesta que dans des cas isolés et au bénéfice des personnes personnellement connues », écrit encore Wellers. Au total, le résultat ne fut pas à la hauteur des espoirs du commandant SS du camp. On compta 150 « volontaires » la première semaine. Mais en août 1943, l'action des 23 « missionnaires » qui « visitèrent » quelque 560 foyers juifs ne permit pas d'arrêter plus de 76 Juifs et Brunner renonça à leurs services.

Les « missionnaires » n'échappèrent pas à la déportation après la suppression de leur bureau. À partir de l'automne, le groupe fut remplacé par un service de « piqueurs » autrement plus zélé et dirigé par Oskar Reich, un ancien joueur de football viennois.

Si l'on suit l'hypothèse de Serge Klarsfeld, Brunner se singularisa vis-à-vis de Röthke quand il fut question de liquider le personnel de l'UGIF sur lequel ce dernier souhaitait encore s'appuyer. L'UGIF fut ainsi décimée en zone nord, sauf à

Drancy même où l'organisation était mobilisée pour la gestion du camp. Après les employés étrangers de l'organisation – une rafle qui ne connut pas les résultats escomptés car, selon Röthke, l'UGIF l'avait sabotée –, ce fut le tour de ses dirigeants, le 21 puis les 29 et 30 juillet 1943. Était-ce pour installer à la tête de l'organisation des responsables soumis en leur signifiant clairement qui était aux commandes ? Aux deux premières dates, certains d'entre eux furent convoqués et retenus à Drancy par Brunner. Le 30 juillet en revanche, le procédé fut plus radical puisque le bureau de la rue de la Bienfaisance fit l'objet d'une rafle : 67 membres du personnel de l'UGIF étaient arrêtés. Certains d'entre eux furent libérés quelques jours plus tard, mais pas tous. Lorsque, le 25 août 1943, Hélène Berr reprend son Journal après quelques mois d'interruption, elle note que toutes ses amies ont été déportées, et notamment Françoise Bernheim, arrêtée le 30 juillet. Puis le 3 septembre 1943, nouvelle visite de Brunner à l'UGIF qui, n'obtenant pas de Marcel Stora une liste qu'il lui demandait, procéda à l'arrestation de plusieurs responsables présents sur les lieux.

Les dirigeants en zone sud ne connurent pas un sort plus clément. Entre la fin août et la fin décembre 1943, Raymond-Raoul Lambert, le président de l'UGIF, était arrêté, ainsi que le président du Consistoire central, Jacques Helbronner, tout comme le Grand Rabbin Hirschler, responsable de l'aumônerie israélite des camps de zone sud, pour ne citer qu'eux : durant les mois de l'automne-hiver 1943, tous furent déportés de Drancy – avec femmes et enfants, lorsque ces derniers ne s'étaient pas cachés.

Les développements géopolitiques du côté italien donnèrent à Brunner l'occasion de diriger directement une rafle qui lui semblait prometteuse. Dès le 10 septembre, soit deux jours après la capitulation de Badoglio, il arrivait à Nice à la tête d'un commando de choc, n'hésitant pas à recruter sur place une bande de dénonciateurs, les « physionomistes », chargés de repérer les cibles. Première du genre, cette traque à grande échelle sema la terreur, policiers et dénonciateurs quadrillant la ville à la recherche de leur proie, tandis que des *Feldgendarmes* contrôlaient toutes les voitures circulant sur la route de Nice à Menton. Brunner forma le « groupe de l'hôtel Excelsior » avec ses collaborateurs pour organiser la traque et donna à cet hôtel, réquisitionné le 14 septembre, le nom de « camp de rassemblement des Juifs arrêtés, dépendant du camp de Drancy ». Il avait emmené avec lui 14 internés de Drancy pour l'aider dans la gestion de ce « rassemblement » dont le chef des « piqueurs », Oskar Reich, et le médecin Abraham Drucker.

Il ne s'agissait plus de s'embarrasser d'une distinction devenue obsolète entre Juifs français et étrangers. Malgré les moyens déployés, Brunner se trouvait exposé à plusieurs obstacles qui résument bien les difficultés rencontrées par la politique de l'occupant. Lors des semaines précédentes, les autorités italiennes avaient participé au repli des Juifs réfugiés dans leur zone d'occupation vers l'intérieur des terres pour les soustraire aux Français et aux Allemands. En relais, les œuvres d'assistance avaient recherché des lieux de protection et activé des filières de passage de frontières. Par ailleurs, les autorités françaises avaient elles-mêmes changé d'attitude, maintenant qu'elles étaient confrontées directement aux forces d'occupation. Ainsi le préfet Jean Chaigneau qui, depuis sa nomination en mai 1943, avait réorienté la politique locale refusa de livrer les listes de Juifs de sa région, qu'il disait avoir déjà remises aux Italiens. L'attitude mérite l'attention : autant la haute administration acceptait de prendre en charge la réalisation des objectifs de l'occupant tant qu'était en jeu l'affirmation de l'autorité de l'État français, autant, au moins pour partie, elle se montrait plus réticente dès lors qu'il s'agissait de servir de supplétifs, voire des simples fournisseurs d'informations.

Le résultat est là : Brunner savait que 20 000 à 25 000 Juifs avaient pu se réfugier dans l'ancienne zone italienne. Sans doute espérait-il en arrêter une large majorité. Si la terreur de l'opération marqua les esprits, Brunner fut très loin de remplir ses objectifs puisque 1 819 Juifs furent finalement arrêtés en trois mois, dont 60 % à Nice même, et transférés à Drancy. L'Excelsior, camp annexe de Drancy, fermait le 14 décembre 1943 sur un échec.

La logique géopolitique joua en sens inverse pour une catégorie d'internés, celle des pays alliés qui, à la demande de leur consulat, pouvaient être libérés de Drancy. Avant même l'arrivée de Brunner, les autorités italiennes étaient intervenues pour faire sortir leurs ressortissants du camp. Telle fut aussi la décision des autorités espagnoles, dès 1941, avant même les premières déportations. En 1943 et surtout 1944, les autorités hongroises agirent de façon identique. Arrêtons-nous sur le cas des Juifs roumains longuement analysé par Adam Rutkowski. Leur affaire semblait réglée en septembre 1942 puisque Zeitschel (ambassade) écrivait à Berlin : « Quant aux Juifs roumains, le gouvernement roumain est d'accord avec nos mesures. » De fait, en 1942, près de 2 000 Juifs roumains furent déportés de France. Mais un an plus tard, à l'automne 1943, l'ambassade de Roumanie en France transmettait à son homologue allemand une liste d'internés à libérer et à rapatrier. Soumis à une forte pression, Röthke s'inclina. Sans qu'on puisse donner un chiffre précis, ils ne furent guère plus d'une centaine à bénéficier de cette mesure, un chiffre bien faible face aux quelque 3 000 Juifs roumains déportés, selon un état statistique de 1945. Toutes nationalités confondues, il s'agissait là d'un phénomène marginal mais qui confirme la nécessité d'inscrire Drancy dans une histoire globale du conflit mondial.

Si l'on dresse un bilan d'août 1943 à janvier 1944, force est de constater que le volontarisme du couple Röthke-Brunner ne suffit pas à l'affaire. Les chiffres parlent d'eux-mêmes : après les premiers convois de juin et de juillet 1943 qui vidèrent Drancy et les camps du Loiret, aucun ne partit en août et, de septembre à décembre, 6 000 Juifs furent déportés en six convois, dont les quelque 2 000 arrêtés à Nice et dans sa région. Ce résultat était loin de l'objectif initial de Röthke.

Il en alla tout autrement en 1944 puisque 15 000 Juifs furent déportés de Drancy avant la libération du camp. C'est donc moins dans la force de frappe de Röthke et Brunner qu'il faut en chercher l'origine que dans la nouvelle configuration des acteurs français. Avec Darnand au Maintien de l'ordre, le temps n'était plus à trier parmi les Juifs et à revendiquer l'autonomie de la police française. N'avait-il pas déjà rejoint officiellement la Waffen-SS ! Dès le 25 janvier 1944, le directeur général de la police nationale, André Parmentier, demandait, sur ordre, à tous les préfets de zone sud de fournir à la Sipo-SD la liste des Juifs, étrangers et français, résidant dans chacun des départements. La consigne avait été donnée, bien sûr également, en zone occupée. Les réactions furent inégales. À lire son dossier d'épuration, le préfet de police de Paris, Amédée Bussières, sauva sans doute sa tête pour avoir rechigné à remettre le fichier Tulard des Juifs de Paris et sa banlieue. Ce ne fut pas le seul exemple et Darnand s'appliqua à changer le personnel préfectoral avec le plein soutien des Allemands. Une police recadrée, des préfets sous contrôle, la force supplétive de la Milice, le tout sous l'autorité d'un ministre de la Police engagé dans la Waffen-SS : les conditions étaient réunies pour favoriser la traque des Juifs de France.

La rafle effectuée dans la région de Poitiers permet de suivre le processus qui nous mène des ordres à leur application. Le 27 janvier 1944, le préfet régional recevait une note de la Sipo-SD lui demandant d'arrêter le 31 janvier au plus tard tous les Juifs présents dans la région « quels que soient leur nationalité ou leur âge » avec transfert immédiat à Drancy. Dès le lendemain, le représentant de Darnand en zone nord, Max Knipping, répondait au préfet par un télégramme sans ambiguïté : « Prière exécuter ordres », nouvelle preuve de l'implication directe du Vichy de 1944. Cette opération ne fut sans doute pas ébruitée, car sur les 633 Juifs visés, 484, soit les trois quarts, furent arrêtés et transférés à Drancy.

La nouvelle configuration politique permettait un double mode opératoire : les rafles bien organisées (avec un minimum de délai entre l'ordre et sa mise en œuvre) étaient d'autant plus efficaces qu'elles s'appuyaient sur la police et la gendarmerie françaises ; quant aux traques, elles pouvaient compter sur le relais efficace de la Milice et de la section d'enquête et de contrôle (SEC) qui, depuis l'été 1942, avait pris la place de la Police des questions juives. Rattachée au CGQJ, la SEC n'avait plus, en théorie, statut et prérogatives de police mais les Allemands imposèrent bientôt en zone nord qu'elle gardât le pouvoir de « mise à disposition » (c'est-à-dire de constater l'infraction et de conduire le contrevenant à la police). Cette mesure sera élargie à la zone sud en juillet 1944. La Milice n'avait pas la même spécialisation, et si l'antisémitisme y était largement partagé, elle fut d'abord mise au service du combat contre les résistants. Tout en participant, ici ou là, aux opérations antijuives, elle se distingua par l'exécution sommaire de personnalités politiques juives tel que les époux Victor et Hélène Basch, Jean Zay ou Georges Mandel. Dans le même ordre d'idée, la Gestapo intervint aussi dans la traque, ainsi dans l'arrestation des enfants d'Izieu dans l'Ain. Mais là encore elle fut plus massivement mobilisée dans la répression contre la Résistance.

Brunner était le véritable architecte de la déportation des Juifs de France. Le 14 avril 1944, le chef de la Sipo-SD, Helmut Knochen, signait une longue note que Brunner avait préparée. « Au sujet de l'augmentation d'arrestations de Juifs dans la zone du commandement de la sûreté en France », annonçait explicitement le titre. Les consignes signaient l'objectif poursuivi : toute la famille devait être incluse, à savoir parents, enfants, frères, sœurs, y compris les enfants placés dans les foyers ; les camps de travail, les prisons, les maisons de santé ne devaient pas être épargnés. Les autorités ne seraient prévenues qu'au dernier moment afin d'éviter toute fuite. On précisait même comment la fiche d'arrestation devait être remplie. Par ailleurs, des primes étaient prévues pour récompenser tout dénonciateur de Juifs cachés : « La prime est prélevée sur l'argent du Juif et versée à l'indicateur. » Si nécessaire, le prélèvement porterait sur les autres Juifs arrêtés.

Brunner avait fixé les cadres pour mobiliser la police allemande en France. Jusqu'au dernier jour, il fut obsédé par son objectif : la déportation massive des Juifs. Le 20 juillet 1944, en fin d'après-midi, il lançait une de ses dernières opérations : en quelques jours, près de 250 enfants furent arrêtés dans 8 centres de l'UGIF et intégrés au dernier grand convoi parti de Drancy, le 31 juillet. Par peur de représailles, sans doute, l'UGIF ne les avait pas dispersés, à la différence de l'Organisation de secours aux enfants (OSE) qui s'y était employée en zone sud dès l'été 1942. Mais ces arrestations, si elles nous interrogent sur les responsabilités des dirigeants de l'UGIF en zone nord, témoignent plus encore de la hargne du chef de Drancy et de son obstination dans la réalisation de son projet criminel visant à effacer de la surface de la terre des hommes, des femmes et même des enfants simplement parce qu'ils étaient nés juifs.

La redistribution des responsabilités

Drancy était donc plus que jamais au cœur de la politique de déportation des Juifs de France. Le changement de tutelle survenu officiellement le 2 juillet 1943, mais anticipé, on l'a vu, par l'arrivée sur place de Brunner dès le 10 juin, vit non seulement les Allemands marginaliser l'administration française présente au camp depuis son ouverture en août 1941, mais son nouveau chef jouer un rôle crucial en amont de l'enfermement et de l'organisation des convois.

Visitant enfin et bien tardivement le camp en mai 1944, le représentant du CICR, Jacques de Morsier, soulignait la qualité de la nouvelle organisation qui s'appuyait sur une nouvelle répartition des tâches :

> Les services allemands sont complètement en dehors du bloc et le capitaine Brunner n'a, du reste, avec lui que 3 ou 4 hommes. La garde extérieure est confiée à la gendarmerie française, tandis que celle de l'intérieur est complètement assurée par les internés eux-mêmes.

Cette recomposition des responsabilités s'inspirait du modèle allemand : déléguer au maximum la gestion aux internés tout en évitant l'immobilisation d'un trop grand nombre d'Allemands dans la garde du camp. Brunner fut entouré d'une toute petite équipe de SS : Ernst Brückler, Joseph Weiszel, Max Koepller, aidés d'Hubert Gerbing, Anton Zöllner, Joseph Caasnu et Anton Zita. Le renvoi de la gendarmerie française hors des limites du camp permettait d'éloigner les Français. Quant à la préfecture de Police de Paris et à la préfecture de la Seine, elles étaient purement et simplement éliminées du dispositif. Comme par le passé, elles furent averties fort tardivement : le 30 juin, elles apprenaient que leurs fonctionnaires devaient avoir quitté les lieux deux jours plus tard.

Brunner se calait ainsi sur le modèle mis en place dans les autres camps de l'Ouest de l'Europe, Westerbork en Hollande et Malines en Belgique. Là, depuis les premières déportations de juillet et août 1942, la gestion avait été confiée à la SS, ce qui n'était pas surprenant dans le premier cas où l'administration du pays avait été d'emblée prise en mains par cette dernière ; cela l'était plus en Belgique où le commandement militaire basé à Bruxelles conserva la première année la garde extérieure du camp de Malines tandis que, quelques mois durant, des SS flamands furent présents à l'intérieur. Le cas de Westerbork est sans doute celui qui rappelle le plus les méthodes mises en place à Drancy. La direction y était directement subordonnée au service IVB4 d'Eichmann, au RSHA *via* la Sipo-SD, la gestion était déléguée aux internés et l'aménagement intérieur était soigné. Brunner aurait sans doute souhaité à Drancy une direction internée aussi engagée dans la collaboration. Le camp Baron Hirsch à Salonique obéissait également à ces principes d'organisation, ce qui ne surprendra pas puisque Brunner l'avait dirigé au côté de Dieter Wisliceny.

Dans l'ingénierie de la mort, Brunner visait à l'efficacité : réussir au mieux la déportation massive des Juifs de France et exploiter le travail de ceux qui restaient provisoirement au camp. Il commença par instaurer un régime de terreur, que son adjoint Brückler, surnommé le « boxeur », appliqua sans état d'âme. Après la terreur, vint la mise au travail des internés : « Quand les Allemands, sous la direction du capitaine Brunner, éliminèrent la police et la gendarmerie de la direction du camp, en juillet 1943, ils firent transformer entièrement la cour en faisant enlever le barbelé, remplacer le mâchefer par un dallage en béton au pourtour et une pelouse dans la partie centrale, construire un garage pour les autos près des W.C. », décrit, dans un témoignage essentiel de l'immédiat après-guerre, Henri Bloch, interné depuis le 12 mars 1942. De fait ces travaux importants de terrassement effectués par les internés changèrent sensiblement l'allure du camp.

Tout cela devait être organisé dans une discipline très stricte. Une fois la crainte bien installée dans les esprits, les internés qui furent chargés de l'administration du camp et des services de police intérieure – sous les ordres des Allemands – eurent la responsabilité de la faire respecter ; car ce sont eux qui avaient désormais en mains la gestion de Drancy et de toutes les opérations qui s'y déroulaient. Cette gestion par les Juifs des décisions prises par les Allemands impliquait aussi l'UGIF, seul interlocuteur de Brunner pour tout ce qui concernait le camp. Ainsi, l'UGIF dut fournir briques, asphalte, acier, sable, peinture et tous les matériaux nécessaires à ces travaux de terrassement et de rénovation réalisés sous les ordres de Brunner. Si la préfecture de la Seine était logiquement responsable de leur financement, elle se défaussa sur l'UGIF. L'organisation refusa cependant de s'associer au travail policier, malgré les pressions de Brunner.

Ce nouveau statut de l'organisation avait été signifié à André Baur lors d'une rencontre avec Brunner le 30 juin 1943 : l'approvisionnement serait repris par l'UGIF, les cuisines placées sous le contrôle « du chef de service compétent de l'UGIF ». L'organisation recevrait chaque jour un état des « effectifs » du camp et munirait les déportés des vêtements et vivres nécessaires, les déportés pouvant emporter avec eux tous les objets d'usage courant ; la direction de l'infirmerie, qui serait rénovée par des ouvriers envoyés par l'UGIF, serait placée sous le contrôle d'un médecin de l'UGIF, etc. C'est lors de cette réunion que Brunner demanda une première fois à l'UGIF d'inciter les membres d'une même famille à se livrer volontairement pour être déportés ensemble – ce à quoi Baur répondit qu'il n'avait pas l'autorité nécessaire sur la population juive de Paris. À la fin de l'entretien, l'officier nazi passait sa première commande à l'UGIF : 10 000 fiches, 10 000 étiquettes et 500 brassards jaunes portant le texte « Service d'ordre juif » et « Judischer Ordner ».

Le 1er juillet, André Baur écrivait une très longue lettre à Albert Manuel. Il y évoque le « ton inattendu » de Brunner, l'« entretien courtois » et détaille les changements qui sont prévus à Drancy. Il faut « marcher », écrit-il en conclusion de sa lettre, et tâcher d'obtenir le maximum d'avantages (malgré les difficultés) en « administrant et en contrôlant des gens qui n'ont pas plus que nous des raisons

Brassard du service d'ordre juif.

de se trouver dans un camp ». Le 3 juillet, il écrit à nouveau à Albert Manuel. Les « promesses mirifiques » lui laissent « un très amer arrière-goût, ou plutôt triste avant-goût de ce qui peut être institué » ; « tous les ordres reçus s'accompagnent de perpétuelles menaces » ; puis il ajoute :

> Pour ce qui nous concerne, nous [...] voyons [là] le début d'une collaboration qu'on nous demande pour des raisons douteuses. L'essentiel est de ne pas tomber dans un engrenage qui nous mènerait à participer à des manœuvres inacceptables. [...] J'ai le sentiment que sous une apparence d'amélioration matérielle de la situation des internés et des déportés, on veut faire de nous les instruments dociles d'une nouvelle politique. Il va donc nous falloir louvoyer, pour accepter certaines choses et nous soustraire aux autres adroitement, sans opposer un refus systématique qui pourrait servir de prétexte à un tour de vis supplémentaire.

André Baur n'était pas dupe, mais comment refuser d'améliorer la situation des internés de Drancy ? Ce refus, il sera obligé de le signifier clairement lorsque Brunner, revenant à la charge, le sommera de l'aider au regroupement des familles en vue de leur déportation.

Face à d'autres exigences de Brunner, il évoque des moyens financiers insuffisants et pose ainsi les limites de la coopération de l'institution qu'il dirige. Ce n'était pas uniquement un prétexte. L'UGIF, avec ses moyens exsangues, devait affronter des exigences toujours plus nombreuses, jusqu'à se voir réclamer l'essence et le gasoil nécessaires au transfert en bus des déportés de Drancy à la gare de départ des convois.

André Baur s'évertua aussi à informer des agissements du nouveau commandant nazi de Drancy tous les interlocuteurs possibles. Alertés par lui, *via* sa lettre à Albert Manuel, le président du Consistoire central et le Grand Rabbin de France en avisèrent officiellement Pierre Laval et le maréchal Pétain. Il importait que la France se désolidarise de ces « attentats contre l'humanité ». Il fallait « tout tenter pour obtenir du gouvernement allemand des ordres qui feront cesser ce cauchemar ».

15 Juillet 1943

Mon cher oncle.

C'est toujours la même situation aussi tendue. Avec une aggravation des dispositions en banlieue. En effet, si les catégories existent bien toujours, la composition de ces catégories en a été complètement modifiée. A part quelques nationalités bien définies (turcs, roumains, soviétiques et autres) tous les autres, y compris les enfants, même d'origine, sont bons pour la 1ère catégorie, celle du départ [illegible], départ qui s'annonce assez proche. On a fait du racolage dans les hospices, hôpitaux, et maisons d'aliénés. On ne laisse que les fous pour lesquels il ne suffisait pas de 3 hommes pour les maintenir. Nous craignons maintenant pour les enfants de nos centres. Et tout ceci se passe sans aucune retenue, sans qu'aucune intervention ne se manifeste. J'ai demandé officiellt à voir le patron de 16, en passant ma demande par l'intermédiaire de ce dernier, lequel m'a répondu qu'il me recevrait personnellement demain avant de transmettre, et si besoin est, d'appuyer ma requête. Je te tiendrai au courant aussitôt du résultat de la démarche. Un rapport détaillé sur la situation est déjà parti dans plusieurs directions proches et lointaines.

J'espère pouvoir bientôt à nouveau obtenir les listes d'entrants et sortants que je t'enverrai.

André Baur à Albert Manuel le 15 juillet 1943.

Le 17 juillet, Baur rapportait à Albert Manuel une rencontre avec Darquier. Il rédigea surtout – ou fit rédiger – un document, intitulé « Situation au 15 juillet 1943 » qui relatait par le détail le régime de terreur prévalant à Drancy depuis l'arrivée de Brunner. « Un rapport détaillé sur la situation est déjà parti dans plusieurs directions proches et lointaines », écrivait-il encore à Manuel le 15 juillet. Le président du Consistoire et le Grand Rabbin de France en prirent connaissance, ainsi que les dirigeants de la Fédération des sociétés juives de France – toutes les organisations juives, françaises ou étrangères, furent alertées. Mais on retrouve également ce document dans les archives communistes ainsi qu'à l'archevêché de Paris ; il arriva jusqu'à Londres et les informations qu'il contient feront l'objet d'une émission sur la BBC diffusée le 13 octobre 1943 sur « l'enfer du camp de Drancy » ; avant cette date, elles avaient déjà été reprises dans une lettre adressée par Bousquet à Oberg le 20 juillet 1943. Le lendemain 21 juillet, André Baur était arrêté.

La nouvelle organisation des convois

L'organisation des transferts fut aussi concernée par les changements introduits par Brunner. Une nouvelle gare, celle de Bobigny, remplaça la gare du Bourget-Drancy. Un premier convoi de 1 000 Juifs à destination d'Auschwitz-Birkenau en partait le 18 juillet 1943. Plusieurs raisons ont dû plaider pour ce changement de gare. Le site du Bourget était plus visé par les bombardements alliés (ainsi le 14 juillet) ; avec sa longue voie de garage la gare de Bobigny était plus fonctionnelle ; à même distance du camp que la gare précédente, elle permettait de rejoindre rapidement le réseau de l'Est et en sens contraire, à l'arrivée, les trains n'avaient pas besoin de faire machine arrière pour atteindre le bon quai comme c'était le cas au Bourget-Drancy. Pour la première fois, l'escorte fut confiée à des agents de l'Ordnungpolizei, venus spécialement de Sarrebruck, plutôt qu'à des gendarmes. Pour le convoi du 18 juillet, Brunner fit venir une vingtaine d'hommes de la Schutzpolizei de Metz la veille du départ qui eut lieu à 9 heures en gare de Bobigny. Question de confiance.

Afin d'alimenter les convois qu'il planifiait, Brunner devait traquer un maximum de Juifs et les rassembler à Drancy mais aussi augmenter les « déportables » parmi les internés. Il les classa donc en catégories. Il y avait les « travailleurs à l'est » – apatrides ou autres – qui, au prochain convoi, seraient dirigés sur Auschwitz. Des « travailleurs à l'ouest », composés de conjoints d'Aryens, hommes et femmes, étaient destinés à rejoindre les chantiers de l'organisation Todt, sur les côtes de l'Atlantique. Les employés du camp, près de 120 à la mi-juillet 1943, uniquement des Juifs français et des conjoints d'Aryennes, étaient sans cesse soumis à de nouveaux

Une perspective du site de Bobigny tel qu'existant en 1943.

triages et transférés dans les catégories précédentes. Il y avait également une petite minorité de « libérables » qui déployaient une énergie désespérée pour prouver leur identité aryenne ; les mères ou femmes de prisonniers de guerre ; ceux qui étaient « en attente de famille », bientôt déportables, et, enfin, certains étrangers de nationalités protégées, à condition toutefois d'avoir fait l'objet d'une intervention de leur consulat. Ces catégories ont changé de noms, désignées parfois par une lettre de l'alphabet ou un chiffre.

Les catégories « non déportables » étaient non seulement attribuées à titre provisoire, mais dans la perspective de la mise au travail, ceux et celles qui en relevaient furent transférés dans des « camps annexes ».

Ainsi, le 9, le 15 puis le 27 juillet 1943, plus de 700 internés de Drancy étaient envoyés à l'île d'Aurigny, surnommée par les internés l'Ile Adolf, île maudite ou Île du Diable. Ils durent y fournir jusqu'à 13 heures de travail par jour, 13 heures passées à couler du béton, creuser des tranchées, transporter des sacs de 50 kg de ciment tandis que les coups pleuvaient, assénés par un Allemand qui y gagna le sobriquet de « matraqueur ». Une maigre pitance, des baraques infestées de poux et de puces, des litières constituées par quelques feuilles sèches de fougères posaient le décor de leur quotidien. Ceux qui avaient résisté à ce régime furent transférés en mai 1944 vers le nord, dans des conditions très pénibles : à Cherbourg, puis

Le camp annexe d'Austerlitz.

Hazebrouck ou Boulogne les attendaient de nouveaux travaux forcés. Le 17 juillet 1944, une centaine d'entre eux était à nouveau transférée à Drancy.

S'il y avait l'Île du Diable, il existait également trois camps annexes de Drancy situés dans la capitale.

Les trois camps annexes et le pillage des biens spoliés

La préhistoire de ces annexes de Drancy commence dès l'entrée des troupes allemandes à Paris, en juin 1940. Il s'agissait alors d'organiser le pillage des œuvres d'art. L'opération fut organisée sous l'égide de l'Einsatzstab Reichsleiter Rosenberg für die Besetzten Gebiete (ERR) et dura toute la guerre. Plus de 20 fois entre novembre 1940 et novembre 1942, Goering vint en personne se servir à Paris, plus précisément au musée du Jeu de Paume qui avait été réquisitionné pour servir d'entrepôt. Comme il avait aidé l'ERR à s'imposer à Paris, son directeur, le baron Kurt von Behr, le laissait se servir comme et quand il le souhaitait.

Or le même baron fut mis à la tête en avril 1942 d'un nouveau service, le Dienststelle Westen (service Ouest), qui visait les propriétés laissées vacantes par les familles juives. Tous les biens étaient concernés par cette nouvelle opération, dite « *Möbel Aktion* » ou opération Meuble lancée à la fin 1941. Les déportations massives accrurent encore les opportunités pour les pilleurs qui manquèrent bientôt de personnel.

C'est en juillet 1943 que le camp de Drancy devint une pièce de ce dispositif de pillage, lorsqu'il changea de statut pour rejoindre le modèle des camps allemands une fois Brunner aux commandes. Il s'agissait d'exploiter de la main d'œuvre servile, ceux, tout au moins, qui n'étaient pas destinés, pour l'instant, à être déportés.

On alla donc chercher à Drancy les internés non déportables, en attente de changement éventuel de classification. Ils se retrouvèrent dans des dépôts parisiens pour trier et emballer les pièces saisies, puis charger les wagons en partance pour l'Allemagne. Quelques chiffres permettent de mesurer l'ampleur du phénomène : pas moins de 38 000 appartements furent ainsi vidés dans la région parisienne. Les trains partaient depuis la gare du Nord ou depuis Aubervilliers et la Plaine-Saint-Denis (les Entrepôts et Magasins généraux de Paris). Meubles, objets de toutes sortes, œuvres prirent le chemin de l'Allemagne à bord de quelque 627 trains.

Tous ces transferts de biens furent organisés rationnellement à partir de trois camps de travail, annexes de Drancy. Le 18 juillet 1943 était inauguré le camp Lévitan, un magasin de meubles spolié rue du faubourg Saint-Martin. En novembre 1943, c'était le camp d'Austerlitz, le principal, situé derrière la gare dans un entrepôt des Magasins généraux ; en mars 1944 enfin, le dernier camp annexe ouvrait dans un hôtel particulier situé à l'angle de la rue Bassano et de l'avenue d'Iéna.

Les internés « privilégiés » de ces trois camps étaient, pour la plupart, des conjoints d'« Aryens », des femmes de prisonniers de guerre, des demi-Juifs ; certains étaient des artisans qualifiés, une grande partie venait de familles juives aisées et fort bien intégrées dans la société française. En « combinaison uniforme avec l'étoile jaune », ils étaient soumis à 10 heures en moyenne de travail quotidien sous la surveillance de nazis ; 10 heures à trier, nettoyer et parfois remettre en état, déplacer, emballer des objets divers récupérés par les nazis dans les appartements de Juifs. À l'intérieur et à l'extérieur de chacune de ces caisses, on inscrivait le numéro matricule de l'interné responsable, pour éviter les sabotages. Au total, il s'agissait d'un travail de forçat, difficile physiquement, fastidieux et démoralisant. Mais les responsables nazis ménageaient plutôt leurs esclaves, autorisés à correspondre avec l'extérieur et même parfois (rarement) à s'absenter brièvement ou recevoir de courtes visites de leurs proches. L'UGIF s'occupait du ravitaillement. Pourtant, la menace de déportation continuait de planer sur leurs têtes. Car ces travailleurs forcés étaient en sursis, au gré des aléas de la classification allemande. Ainsi, en mai et en juillet 1944, 168 femmes de prisonniers de guerre furent renvoyées sur Drancy avant d'être déportées avec 77 enfants vers Bergen-Belsen. 350 réintégrèrent Drancy au moment de l'insurrection de Paris – trop tard pour être déportés. 700 Juifs employés dans ces annexes du camp de Drancy échappèrent de fait à la déportation.

Le camp de l'été 1944 ne ressemblait plus au Drancy de l'été 1943. Sa transformation en « camp allemand » en avait profondément changé la physionomie, même si sa fonction restait la même. Le quotidien des internés en fut bouleversé.

Les internés dans le camp allemand

D'abord parce que les aléas d'une nouvelle classification pour le moins tortueuse suscitèrent une terreur permanente des déportations qui régna d'emblée dans le Drancy allemand, qui regroupait un peu plus de 2 500 internés quand se fit le changement de tutelle. Le 9 juin 1943, le jour de la première irruption de Brunner, « un vent d'angoisse souffla dans le camp », écrit Georges Kohn. Un premier ordre tomba aussitôt : seuls les conjoints d'Aryens pouvaient désormais être employés dans les divers services du camp. Surtout, ce ne fut bientôt plus que rumeurs de déportations. Le 18 juin 1943 les menaces se précisèrent. Un coup

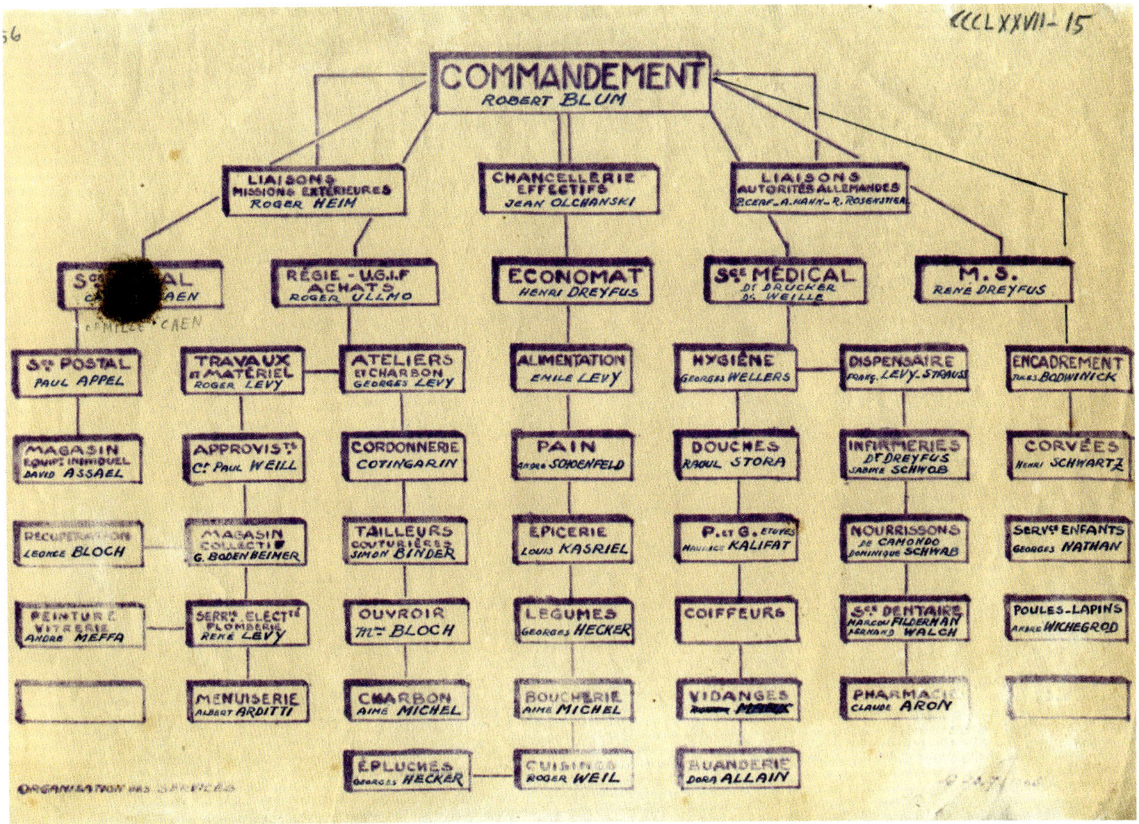

Organigramme des cadres juifs de Drancy, avec en son sommet Robert Blum, réalisé par Adam Rutkowski.

de sifflet interrompit brusquement les conversations et tous les internés durent regagner les dortoirs. Brunner s'installa dans la cour et entreprit l'interrogatoire systématique des internés. Le bureau des effectifs envoyait des listes aux chefs d'escaliers qui faisaient descendre le groupe concerné : 400 étrangers d'abord, puis les Français par option, puis les naturalisés, puis les autres ; personne n'en réchappa – durant quatre jours, par une chaleur orageuse, de 7 heures du matin à 17 heures 30, sans interruption. Le 21 juin au soir, une fois cette première série d'interrogatoires terminée, Brunner quittait le camp et, deux jours plus tard, un convoi de 1 018 Juifs, le premier depuis trois mois, partait pour la « destination inconnue ».

Ce fut le dernier convoi à quitter la gare du Bourget-Drancy. Tous les convois qui suivirent, et ce jusqu'à la Libération, partirent de Bobigny. L'ensemble de ces 22 convois de déportés transportèrent près de 23 500 Juifs de Drancy vers les camps

I.
Dès le réveil te lèveras,
Vers le château dévaleras
Au lavabo t'arrêteras
Frileusement.

II.
Puis à ta chambre retourneras
Tes camarades salueras
Et ton lit bien à plat retaperas
Militairement

III.
A la corvée de jus accoureras
Les bouthéons apporteras
Et le pain distribueras
(Si c'est ton tour naturellement)

IV.
Au coup de sifflet tu descendras
A ton travail tu te mettras
Plein de courage tu seras
Quotidiennement

V.
Au triage point ne piqueras
Au portage point ne tricheras
Dans les étages point te planqueras
Subrepticement

VI.
A la sonnerie tu remonteras
Avec soin te dépoussiéreras
Et ta soupe chercheras
Avidement

VII.
Du dernier colis retireras
Les gâteries que tu mangeras
Et avec les camarades partageras
Fraternellement

VIII.
Puis l'après-midi recommenceras
Après descente tu remonteras
Après montée redescendras
Infatigablement

IX.
Enfin le soir respireras
Avec appétit tu souperas
Avec sommeil dormiras
Sans ronflements

X.
Le dimanche te reposeras
Avec les camarades deviseras
A la liberté tu songeras
Éternellement

Les Dix commandements du parfait interné.

de la mort. À l'exception du mois d'août 1943, il n'y eut plus un seul mois sans déportation. Et Brunner n'en avait pas fini avec les interrogatoires, ceux qu'il menait personnellement ou ceux dont il avait chargé son adjoint Brückler. Car le nouveau responsable nazi du camp était bien déterminé à vider la France de sa population juive. La façon dont il transforma Drancy n'avait pas d'autre objectif.

Le 1er juillet 1943, Brunner avisa par téléphone la direction du camp qu'à partir du lendemain, 2 juillet, Drancy passait officiellement sous direction allemande. « Tout doit être transformé comme si rien n'avait jamais existé », avait-il affirmé d'emblée. C'est effectivement ce qui se produisit. Toute l'administration française du camp disparut du jour au lendemain, tandis que les internés étaient profondément impliqués dans la gestion du camp.

La connaissance de l'allemand devenait la clé pour occuper un poste dans la hiérarchie établie par les nazis à l'intérieur du camp. Ce renouvellement démarra par la désignation de trois interprètes : Paul Cerf, André Kahn et Raoul Rosenstiehl. Sous la direction du premier et avec trois autres internés, dont Georges Schmitt, ils constituaient le bureau de liaison par lequel passaient tous les ordres des SS. La seconde étape consista à remplacer Georges Kohn par le lieutenant-colonel de réserve Robert Blum à la direction du renouvellement nommée bureau administratif. La première note de service de Blum dans ses nouvelles fonctions de chef du camp, datée du 6 juillet 1943, concernait la nomination de « l'interné Dreyfus René matricule n° 20751 » à la direction du service de police.

Tous français, originaires souvent de l'est de la France, cette nouvelle équipe de responsables juifs du camp reçut le sobriquet de « Compiégnois », car la majorité d'entre eux étaient passés par le camp de Royallieu avant leur transfert à Drancy le 26 mai 1943. Parmi cette nouvelle élite, se trouvaient aussi Jean, Roger et André Ullmo, qui devinrent chef de la police juive du camp et du service des fouilles et secrétaire du chef de camp, ainsi qu'Abraham Drucker qui remplaça Charles Mayer aux fonctions de médecin-chef du camp.

Les nouvelles directives décidées par les Allemands et immédiatement répercutées par les cadres juifs furent mises en place en quelques jours. Toutes les règles qui prévalaient jusqu'alors furent bouleversées. Fini le temps des colis individuels : désormais leur contenu intégrait les cuisines collectives. Les colis vestimentaires continuaient d'être acceptés et devaient être déposés au bureau de l'UGIF, 120 boulevard de Belleville. La correspondance fut également interrompue. À partir du 12 août 1943, correspondance et colis individuels furent rétablis, mais uniquement pour les cadres du camp. Les 15 et 30 de chaque mois, ils recevraient, 48 heures avant et moyennant 3,50 francs, 1 enveloppe, 1 carte intérieure et 1 carte postale réponse. Ces cartes devaient être classées par ordre alphabétique et matricule puis remises au vaguemestre, à charge pour lui de les porter à la censure. Les internés qui bénéficièrent de ces largesses veillèrent à passer par un intermédiaire – non-juif – pour ne pas dévoiler l'adresse de leurs parents à Brunner décidé à les traquer.

Pour bien marquer leur condition d'êtres inférieurs et limiter leurs contacts avec l'extérieur, les internés n'avaient pas le droit de s'approcher des ouvriers « aryens » qui étaient employés dans le camp. Les infirmières « aryennes » furent renvoyées de Drancy. Les Juifs internés devaient se tenir à distance respectueuse des Allemands et, s'ils en croisaient un, ils devaient rester immobiles jusqu'à ce que ce dernier s'éloigne. Dans un escalier, l'interné devait s'aplatir dans l'angle, contre le mur. Dans les dortoirs, au commandement *Achtung*, les internés se levaient immédiatement. Toutes les inscriptions dans le camp furent changées contre des enseignes en allemand. La même règle prévalut pour les différents services : les internés avaient désormais affaire au Kanzlei (la chancellerie, regroupant plusieurs services dont le bureau des effectifs dirigé par Jean Olchanski), à la Kartei (le service du fichier), etc. Ces ordres, ainsi que ceux qui suivirent, n'étaient jamais donnés que verbalement par les maîtres nazis du camp et répercutés par des notes de service diffusées par le commandant juif.

La brutalité des sanctions contre toute infraction accroissait le climat de terreur instauré à Drancy par les officiers allemands durant les premières semaines. Bastonnades publiques, punitions collectives, prison aux conditions atroces, brutalités physiques, rien ne fut alors épargné aux internés. Deux d'entre eux, coupables d'avoir envoyé des lettres clandestines, furent condamnés par Josef Weiszel à s'asséner l'un à l'autre, à tour de rôle, des coups de gourdin. Lorsque les coups n'étaient pas assez violents, Weiszel prenait la relève – et il ne se privait pas. Cette bastonnade publique fut organisée au centre de la cour du camp. Les internés avaient été rangés en carré pour assister à la punition infligée aux coupables, tandis que femmes et enfants se pressaient aux fenêtres.

Ce régime avait pour objectif de faire régner une discipline absolue dans ce qui était devenu un camp de travail – sans cesser d'être un lieu de transit vers les camps de la mort. Une fois l'effet obtenu, ces excès s'atténuèrent, tandis que l'ordre et la discipline étaient organisés par le nouvel encadrement juif de Drancy.

Des dizaines de notes de service signées par le lieutenant-colonel Blum, puis par ceux qui lui succédèrent réglaient la vie de Drancy jusque dans ses moindres détails. Propreté, moralité, discipline étaient à l'ordre du jour. L'accent de ces notes résonne parfois de façon curieuse ; ainsi, celle du 26 juillet 1943 rappelait « à tous, internés et internées, les prescriptions antérieures relatives au repos nocturne ». « La vie en commun impose aux individus une discipline stricte et un respect des droits d'autrui », écrivait le commandant juif du camp, « la liberté de chacun s'arrêtant où commence celle du voisin » : la « liberté » à Drancy...

Depuis le 22 juillet 1943, l'obligation de travail était générale. En plus des services médicaux, les *Kommandos* de travailleurs du camp comportaient les corvées de cuisine, de linge, du service de désinfection, de serrurerie, cordonnerie, raccommodage, pharmacie, etc. À partir de 7 heures du matin et jusqu'à 18 heures 30, chaque interné devait être occupé. Adolfo Kaminsky repeignait les murs des chambrées, puis il fut affecté à la lessive dans la buanderie, tandis que son frère vidait les poubelles. Son exemple est intéressant car il ouvre une lucarne sur un petit geste individuel de résistance. Il avait décidé de ne pas effacer les graffitis que la peinture devait recouvrir. Il s'employa donc à graver certains d'entre eux pour en préserver la trace avant de passer sa couche de peinture.

La journée était rythmée par des coups de sifflet, brefs, longs ou répétés – il y avait neuf combinaisons différentes – pour l'appel, la soupe, le début ou la fin du travail, l'extinction des feux, etc. Chaque jour, des femmes étaient de corvée pour nettoyer les locaux collectifs. Les internés chargés des pluches devaient se rendre à leur travail en groupes et dans l'ordre. Le 17 juillet au matin, les internés de la catégorie des déportables étaient rassemblés en groupes de 50 dans la cour pour

Graffiti gravé le 21 août 1941, le plus ancien connu.

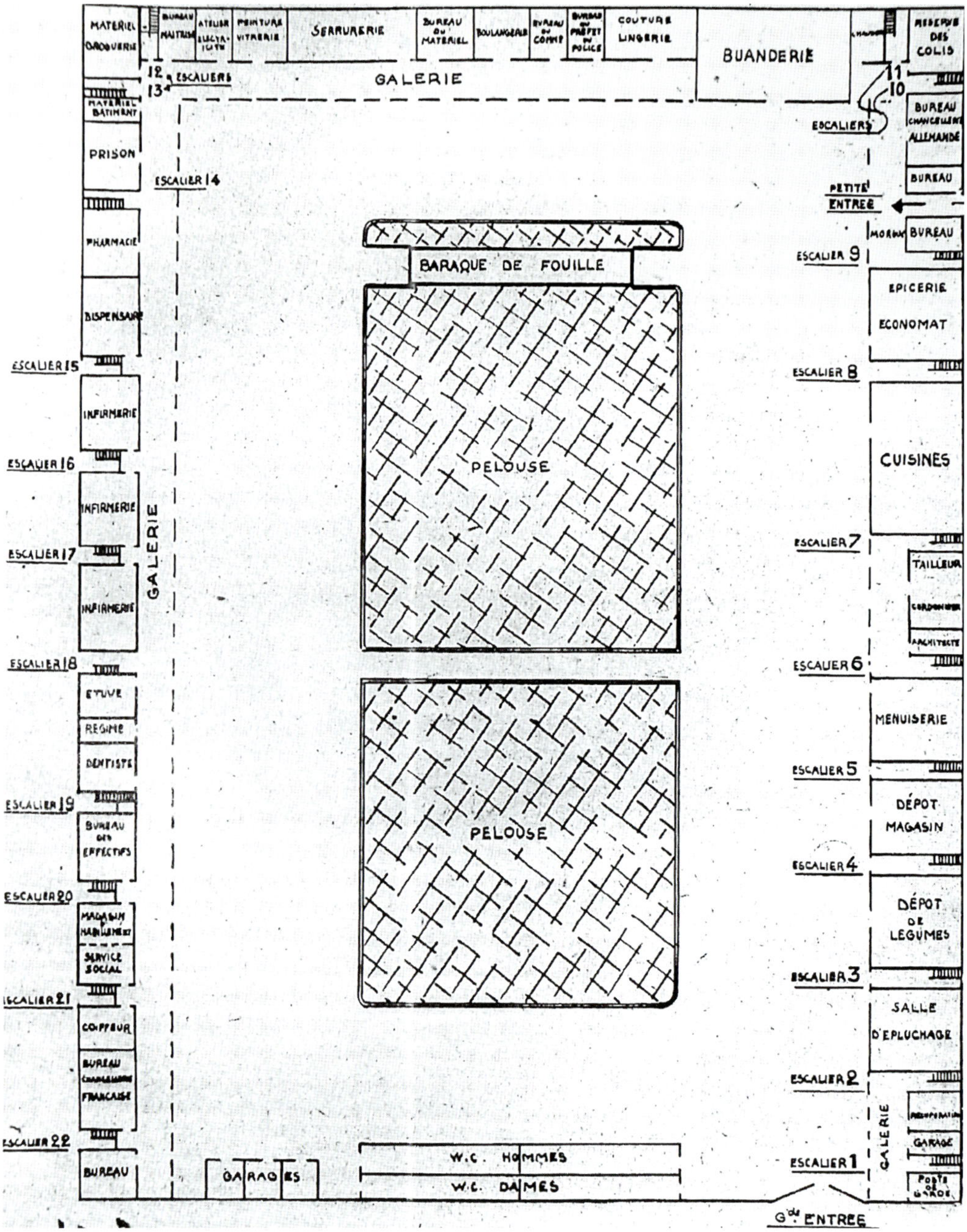

L'aménagement du camp par Aloïs Brunner.

y être exercés à marcher en ordre et à se grouper. La discipline devait prévaloir partout, même au moment du départ en déportation. Des dizaines et des dizaines de notes de service réglaient les moindres détails de l'existence des internés et de l'organisation du camp. L'ordre devait être parfait : les effets personnels placés en tête du lit ; chaussures rassemblées sous les lits du côté gauche ; aucune pièce de linge ne devait être pendue dans les chambrées ; aucun seau, gamelle ou autre ne devait être laissé dans les lavabos, mais en dessous ; il était interdit de stationner sur les balcons ; les heures de visites des hommes aux femmes étaient soigneusement réglementées – comme chaque acte de la vie quotidienne. Les préposés au nettoyage du château rouge étaient dispensés d'appel, mais pas les infirmières. Le contrôle était total : les 13 et 14 août, des instructions très précises furent données sur la coupe de cheveux qui dépendait directement de la catégorie à laquelle on avait été assigné : coupe à ras pour les « déportables », « très dégagée » pour les autres catégories, tandis que les travailleurs au camp (le *Stammpersonal*) avaient droit à une « coupe normale [...] la tête penchée en avant, les cheveux ne devaient pas tomber sur les yeux ».

En même temps, à la suite des travaux ordonnés par Brunner, le camp prenait figure humaine. Le mâchefer qui avait tant marqué les esprits avait disparu. La cour intérieure avait été aplanie, puis recouverte d'asphalte ; de la pelouse fut ajoutée ; les chambrées et les services avaient été repeints ; une partie des barbelés avait été remplacée par un fossé d'un côté, tandis que les barbelés étaient doublés de l'autre ; de nouvelles douches et même des cuisines-modèles furent installées, l'infirmerie réorganisée ; Brunner fit organiser des ateliers de cordonnerie et de couture à la disposition de l'équipe allemande, bombardant l'UGIF d'ordres et de contre-ordres. Une note de service précisait que tous les internés devaient participer aux travaux de terrassement qui se déroulaient par groupes de trois équipes se relayant toutes les deux heures. « C'est une véritable vision de bagne », commentait Georges Kohn.

« Il est à prévoir qu'à la fin des travaux, Brunner convoquera à Drancy la presse et le cinéma, et fera publier des photographies qui prouveront que le camp de Drancy est un véritable paradis où les internés vivent dans la joie », peut-on lire dans le document dû à la plume d'André Baur, qui, à la mi-juillet 1943, décrit toutes les transformations liées aux nouveaux maîtres du camp. Cette anticipation se révéla exacte. D'autant que l'UGIF était désormais chargée de fournir vivres et vêtements ainsi que tout ce qui était nécessaire à la « bonne » marche de Drancy. Le registre d'entrées du camp montre que l'UGIF en était devenu le seul et unique fournisseur à partir du 5 juillet 1943 : lacets, boîtes à épingles, couteaux éplucheurs, feuilles de papier, étoiles « Juif », taille-crayons, marmites, savon à barbe, éponges-spontex, ampoules et tant d'autres choses. Le 12 août 1944, l'UGIF faisait encore parvenir à Drancy du matériel de couture et des lanternes. De toute évidence, le quotidien des internés s'en trouva amélioré. C'est l'UGIF qui fournit également aux différents services de la Kanzlei le matériel nécessaire à la confection de fiches ou de rapports.

Dans le camp en instance de rénovation, le culte fut rétabli le 4 août et célébré dans la salle de réfectoire des enfants. Bernard Schönberg, adjoint du Grand Rabbin de Lyon, était intronisé aumônier général. Par ailleurs, des cours d'instruction religieuse furent mis en place à partir du 2 août 1943. Pour *Kipour* 1943, deux offices différents furent célébrés à Drancy, un de rite ashkénaze et l'autre de rite séfarade.

Le résultat était obtenu. En mai 1944, le délégué du CICR, le Dr Jacques de Morsier, fut ébloui par le changement qu'il constata à Drancy : « La visite de ce camp donne l'impression que l'ordre, la discipline, le travail y règnent et que les efforts du Capitaine allemand pour réagir contre une gabegie notoire ont été couronnés de succès. »

Drancy reprenait pourtant son rôle de gare de triage, la façade de routine qui avait fini par s'installer au « camp des Juifs » était bien brisée.

Duper les Juifs – le rituel des arrivées et des départs

L'un des premiers soucis de Brunner avait été de répartir les internés en catégories pour optimiser leur exploitation et, surtout, augmenter le rythme des déportations. Des interrogatoires ciblés réguliers visaient à faire passer un maximum d'internés dans la catégorie des déportables. Numérotées, les catégories étaient donc révisées régulièrement. Les internés s'interpellaient lors de leurs rencontres : « Quel numéro avez-vous ? » Ils ne s'y retrouvaient pas toujours, mais un Avis du 10 octobre leur interdit de « s'adresser au service Chancellerie-effectifs pour connaître leur affectation ». Lorsque le nom des catégories changeait, la confusion augmentait encore.

Pour bien marquer que le camp était passé à une nouvelle étape de son existence, les numéros matricules des nouveaux internés de Drancy redémarrèrent à 1 le 2 juillet 1943. La procédure d'accueil des arrivants au camp fut réglée dans ses moindres détails et son organisation méticuleuse fut précisée par une note de service.

Les autobus devaient être reçus à l'entrée par quatre MS. Le bureau des effectifs prenait en charge le nombre d'internés de chaque autobus. Ceux-ci étaient, aussitôt après, encadrés par quatre nouveaux MS, dirigés vers les tables de fichage placées perpendiculairement à l'axe de la cour à hauteur de l'escalier 5 et du bureau des effectifs. Le fichage fait, les arrivants devaient être dirigés par cinquantaine à la Kanzlei et de là aux escaliers 15, 17, 21 et 22, où ils étaient pris en charge par les chefs d'escaliers. La fouille à l'arrivée était effectuée par les MS qui remettaient à l'interné un double des feuillets du carnet de fouille à souche.

Par ailleurs, en prévision d'une arrivée, les deux cours devaient au préalable être vidées, tous les escaliers étaient consignés sous la responsabilité de leur chef. Trois MS étaient postés en permanence sur la marquise pour éviter le passage d'une chambrée à l'autre. Les issues du château rouge étaient gardées et l'entrée en était interdite pendant la durée des opérations. Les consignes, fixées dans une note du 12 juillet 1943, valurent dès lors pour tous les convois.

Les nouveaux arrivants recevaient des « Conseils » : « Vous arrivez dans un camp d'internement dont l'administration est confiée à vos coreligionnaires », leur était-il indiqué. Ils étaient appelés à y faire preuve de discipline, tandis que les horaires des appels ou les consignes pour la nuit leur étaient communiqués. Ils apprenaient qu'il existait un réfectoire des enfants et que, de 2 à 14 ans, ces derniers étaient tenus de fréquenter l'école de 9 à 11 heures et de 14 à 16 heures.

Les méthodes du commandant SS du camp alliaient violence et duperie. L'organisation du camp avec ses « embellissements » et le régime de terreur des premières semaines, constituent un premier exemple de cette tactique. Les nouvelles procédures au moment des déportations obéirent à la même logique. Brunner désignait désormais personnellement les victimes. S'il avait créé des catégories, c'était pour mieux pouvoir les transgresser. Dans plusieurs cas, la nationalité italienne, turque ou espagnole d'un interné – une mention qui était supposée le protéger de la déportation – était rayée et sa fiche le désignait comme *Statenlos* – apatride. L'officier allemand n'épargnait pas les enfants. Deux frères, Régis et Hugues Dautricourt, âgés respectivement de 9 mois et de moins de 4 ans, se trouvaient avec leur mère dans le camp. Ils n'avaient pas été circoncis et étaient déclarés de religion catholique. « Père en fuite est juif », fit-il porter sur leur fiche et les enfants furent déportés le 17 décembre 1943, tandis que leur mère, une « demi-juive », restait à Drancy. Le nombre n'étant pas toujours atteint, Brückler remplit, une fois, un convoi de déportation en désignant rapidement une centaine de travailleurs du camp. Ces décisions arbitraires mettaient les nerfs à rude épreuve, d'autant que plus personne n'était épargné compte tenu de la déportation dès lors massive de Juifs français et de l'expédition de conjoints d'Aryens vers de nouvelles destinations.

Brunner prévenait les déportés que toute tentative d'évasion entraînerait l'exécution de tous les occupants du même wagon. Il rappelait l'interdiction qui leur était faite de se munir de tout objet pointu. Les déportés s'avisaient-ils de chanter *La Marseillaise* ou *L'Internationale* sur le quai ? Une rafale de mitraillette « en l'air » se chargeait d'imposer le silence.

Les autobus pénétraient à l'intérieur du camp pour charger les déportés et ce sont les cadres juifs du camp qui avaient la responsabilité des départs. « Ce n'est plus une déportation, mais une évacuation », avait annoncé Brunner. Robert Blum, le nouveau chef du camp, organisa un premier départ en déportation pour le 31 juillet 1943. Le 28 juillet, il publiait une note de service pour lancer les préparatifs : dès le lendemain, à 7 heures 30 du matin, les internés qui couchaient déjà dans les escaliers 1 à 5 furent sommés de se présenter aux bureaux de la Kanzlei. Deux groupes de 50, composés en principe des deux premiers groupes de l'escalier 1, devaient se tenir prêts devant ces bureaux et en bon ordre. Il était impératif d'empêcher la moindre interruption dans les arrivées des groupes de 50. Après ces opérations, chaque groupe nouvellement formé regagnait sa chambrée ; à ce moment le groupe était définitif.

Se prévalant d'ordres reçus par les Allemands, Robert Blum signa une nouvelle note de service détaillée la veille de la déportation. Elle illustre bien la volonté de faire prévaloir partout ordre et discipline :

> Une heure avant le départ, les groupes de 50 personnes seront réunis dans leurs chambres sous les ordres de leurs chefs de groupes. Ceux-ci devront être porteurs de la liste nominative des personnes de leurs groupes. Les bagages seront préparés ; ils devront être soigneusement empaquetés et porter lisiblement le nom et le matricule de leur propriétaire. [...]
> Aucun changement de groupe ne pourra être admis, chaque groupe formant le personnel devant être embarqué dans un wagon. Pour descendre des chambres, et chaque fois qu'il y aura un mouvement à faire, les chefs de groupe (*Waggonordner*) à brassards blanc et rouge, marcheront en tête de leur groupe. Les chefs de groupes-adjoints (*Waggonordner* à brassards blancs) marcheront en queue des groupes et devront veiller à ce que tout soit bien en ordre et qu'il n'y ait pas de traînards ou de personnes s'écartant des groupes. Chaque groupe sera muni de 5 seaux qui seront emportés dans le wagon.
> [...] Au moment du départ, les cours devront être totalement et rigoureusement évacuées. Les infirmeries, les chambres, les bureaux, les ateliers seront consignés, les fenêtres en seront fermées. La circulation sous la marquise est totalement interdite. Les chefs de service d'escaliers et de chambres sont personnellement responsables de l'exécution de ces prescriptions. Une corvée de 15 femmes, accompagnées de trois MS se rendra en gare pour effectuer le nettoyage des wagons. Les vivres accompagnant le convoi seront mis sur wagon dès que possible. Cette corvée sera composée de dix hommes possédant toutes les garanties nécessaires (famille au camp) [...].

Un homme avec son baluchon, graffiti superposés de 1942 et 1944.

> Le service d'ordre pour le rassemblement et l'embarquement en autobus sera dirigé par le chef MS. Une corvée de vingt hommes effectuera le chargement des bagages dans les autobus.

Aucun détail n'avait échappé à l'attention des organisateurs nazis. L'ordre devait aussi régner dans les convois de déportation et les cadres juifs du camp s'appliquèrent à le faire respecter. 514 hommes et 480 femmes prirent le chemin d'Auschwitz dans ce convoi du 31 juillet 1943 ; 95 d'entre eux avaient moins de 18 ans ; les vieillards et les malades transférés des établissements de la fondation Rothschild trois semaines plus tôt faisaient aussi partie du convoi.

De l'autobus qui prit la direction de la gare de Bobigny, Fred Sedel, l'un des rares survivants, observait :

> L'autobus sort lentement du camp par une porte inconnue de moi et opposée à la grande porte d'entrée. Il prend les larges avenues de banlieue, si familières, désertes à cette

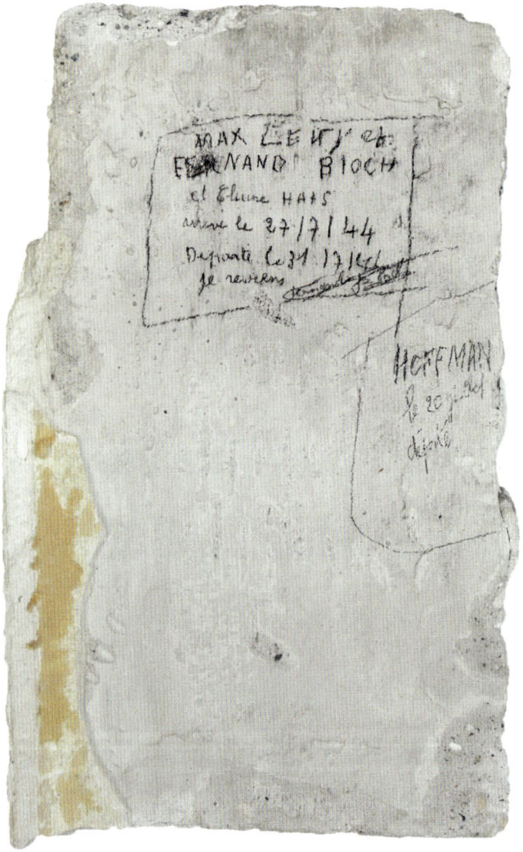

« Je reviens », graffiti de déportation du 31 juillet 1944.

heure matinale. [...] J'observe l'image de ces maisons à demi noyées dans les brumes du matin, si proches et si lointaines, pour l'emporter avec moi. [...] Je vais connaître maintenant le terrible train de la mort, dont j'ai entendu tant d'horreurs chuchotées. Il se compose de plus de vingt wagons à bestiaux, dont le sol est tout nu. On nous entasse à 55 par voiture [...]. Le soleil s'est levé et il fait une chaleur accablante. Les deux lucarnes minuscules du wagon sont obstruées à l'aide de planches clouées. Après de longues protestations et cris, les planches sont enlevées et remplacées par des fils de fer barbelés entrecroisés. Deux seaux remplis d'eau sont montés dans chaque wagon. Une fois vides ils serviront de tinettes pendant tout le voyage.

Le détachement de garde arrive finalement, une trentaine de gendarmes allemands, munis d'une débauche d'armes automatiques. Puis le train s'ébranle. Nous sommes assis par terre ou sur nos valises.

De fait, sur les 1 000 déportés de ce convoi, 727 furent sélectionnés à leur arrivée à Auschwitz et transférés dans les chambres à gaz ; 218 hommes et 55 femmes furent immatriculés : seuls 44 d'entre eux ont survécu.

Pour mieux faire illusion, les déportés n'étaient plus tondus. Ils pouvaient prendre désormais tous leurs bagages. À partir du convoi du 23 juin 1943, le service social du camp remettait aux partants des couvertures, vêtements, linge ou chaussures qui lui avaient été fournis par l'UGIF. Tout était intégralement récupéré par les Allemands à l'arrivée à Auschwitz. Nous le savons aujourd'hui, mais les objets familiers avaient quelque chose de rassurant. Les hommes et les femmes embarquaient ensemble désormais. Les économies des internés étaient soigneusement recueillies contre un reçu et leur seraient remboursées en zlotys à l'arrivée, leur était-il affirmé.

Cette comédie avait un effet limité, mais il était loin d'être nul. Ernest, raflé à Nice en octobre 1943, était un militant de l'Armée juive (AJ). Il parvint à convaincre les Allemands qu'il n'était pas juif et fut libéré de Drancy le 2 janvier 1944. « Les convois vont au ghetto d'Auschwitz (en Haute-Silésie) », écrit-il dans son *Témoignage d'un revenant* qu'il conclut de la façon suivante : « Renseignements assez rassurants, tous recueillis de première source auprès des soldats d'escorte qui font la navette entre Auschwitz et Drancy. » Ernest n'était pourtant pas un naïf, engagé qu'il était dans une activité militante clandestine. Il avait quand même été trompé par les Allemands.

Comme ces deux militantes communistes qui avaient sans doute lu pourtant, dans les journaux publiés clandestinement par l'organisation dans laquelle elles militaient, ce qui attendait les Juifs déportés dans l'« abattoir de Pologne ». Dans la dernière lettre envoyée avant leur départ, elles expriment, chacune de leur côté, la même et double inquiétude : que l'on s'occupe bien de son enfant et que le contact ne se perde pas, pour qu'elle puisse le retrouver à son retour – « quand le sort me permettra de retourner » dit l'une, « quand un jour je reviendrai à la vie » écrit l'autre. Dupées comme Georges Wellers pour lequel *Pitchipoï* ne pouvait être qu'un « immense et misérable ghetto » dans lequel les Allemands isolaient les Juifs et les exploitaient brutalement. « L'imagination la plus sombre n'allait pas plus loin », témoignera-t-il au lendemain de la guerre. L'immense majorité des déportés ne pensait pas autrement.

Les privilégiés

Grâce aux 24 lettres qu'André Baur adressa clandestinement à sa femme Odette après son internement et jusqu'au 3 septembre 1943, avant qu'elle ne soit arrêtée à son tour et le rejoigne à Drancy le 10 septembre, on a un aperçu de ses conditions d'internement.

C'est dans le bloc III, celui des « huiles », des enviés, qu'il fut placé. « Des balcons qu'ils empruntent pour regagner leurs dortoirs, on voit la liberté !... », écrivait Francine Christophe. C'est aussi là que logeaient les cadres du camp, et notamment le commandant juif du camp et les interprètes « auxquels [André Baur] n'a jamais caché son mépris ». Baur avait statut d'otage. Il ne faisait partie d'aucune « catégorie » et était le seul dans ce cas. Officiellement, il était à Drancy en raison de l'évasion de son cousin. André Baur fut sommé de le faire retrouver et notamment d'envoyer une lettre au garde des Sceaux pour exiger son arrestation. Il s'inclina car, et il l'écrit dans une de ses lettres clandestines, il craignait des représailles contre sa femme et ses enfants et savait que cette démarche n'aurait aucun résultat. Il essaya d'obtenir l'autorisation de continuer à assumer ses responsabilités à l'UGIF. À partir du 1er août 1943, il fut autorisé à travailler pour l'organisation depuis l'intérieur du camp, disposant d'une machine à écrire et d'une sténodactylo mise à son service pour taper ses rapports.

André Baur était un ultraprivilégié à Drancy. Il disposait d'une chambre particulière, avant de partager avec les frères Dreyfus un petit appartement doté « d'une douche et d'un water ». Durant les premiers jours, il avait été « mis au secret », un MS en faction à l'entrée de sa chambre lui apportait ses repas et veillait à ce qu'il ne reçoive aucune correspondance. Mais il put bientôt se promener dans la cour à l'heure de son choix. Dans ses lettres, il avait parfois recours à l'ironie, qualifiant ainsi les internés d'« estivants banlieusards ». Pourtant sa description du « tragique spectacle » qui se déroula sous ses yeux le 30 juillet lors des préparatifs de déportation exprime le drame :

> Tous cherchent à se cacher, et c'est une véritable chasse à l'homme pour retrouver les gens désignés et les parquer dans des chambrées spéciales. Et ce sont des attentes prolongées sous un dur soleil pendant qu'on procède aux appels. Femmes avec nourrissons dans les bras, vieillards qui s'effondrent évanouis, malades qu'on apporte sur des brancards.

André Baur avait insisté pour « être assimilé aux autres pour les corvées du camp ». Pour en parler à sa femme, il reprenait le ton de légèreté, y compris à l'évocation d'une déportation possible – la sienne. « Je me perfectionne dans le terrassement et fortifie mes muscles pour les besognes futures qui peuvent m'attendre. Tu sais que j'adore les voyages », écrivait-il le vendredi 13 août. Ce travail de terrassement n'avançait pourtant pas vite et, à le lire, on en comprend la raison :

> Nous manions la pelle et la pioche comme de vrais gars du bâtiment, nous relevons des plans et faisons des tracés, comme des géomètres, enfonçant des piquets avec des « han » de costauds ou bien alors, délaissant les travaux de force, nous poussons des wagonnets en composant de savants aiguillages. Au travail de 7 heures du matin à midi et de 1 heure et demie à 6 heures. Dans cette longue durée de travail, nous arrivons sûrement à nous dépenser effectivement pendant trois fois dix minutes, quand certains viennent nous regarder.

Comme tous les internés, pour les travaux de terrassement aussi bien que pour toutes les tâches assignées aux internés dans un camp, André Baur faisait le minimum. « Je me suis arrangé une vie possible, presque confortable », écrivait-il le 8 août. Très confortable même, si on la compare aux conditions d'internement de la grande majorité des « estivants banlieusards ».

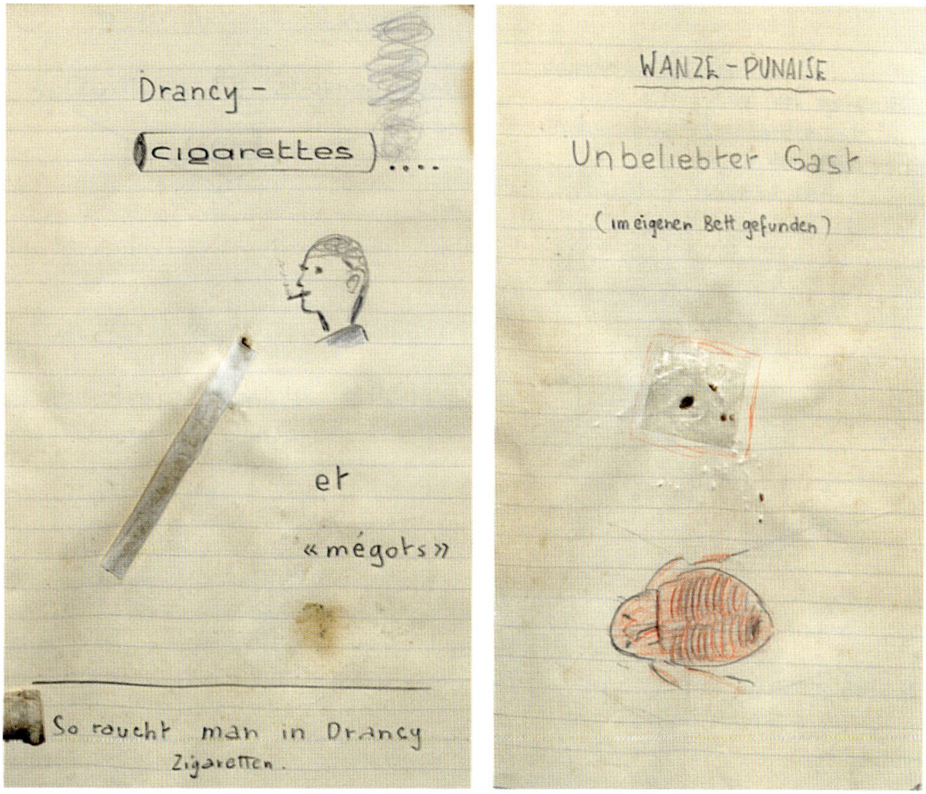

Carnet d'interné. La vie quotidienne tournée en dérision : « Voilà comment on fume à Drancy » ; et « un hôte indésirable (trouvé dans mon lit) ».

Il n'était pas le seul privilégié. Toutes les « huiles » installées dans le bloc III et qui constituaient l'encadrement juif du camp ne vivaient pas l'enfer des chambrées communes. Quelques internés qui remplissaient diverses fonctions dans le camp – coiffeurs ou chargés du nettoyage du château rouge par exemple – et auxquels la soupe était servie individuellement se raccrochaient à cet avantage. Mais leur nombre ira diminuant : ils n'étaient plus que 23 en octobre 1943.

Georges Kohn était aussi un privilégié. Il reçut la mission d'effectuer des recherches à la préfecture, ce qui lui permettait de sortir du camp. D'autant qu'il parvint à un accord avec les fonctionnaires de la préfecture : « il passera dès le matin, laissera les demandes par écrit, et viendra récupérer la réponse en fin de journée. Cela lui laissera la journée libre ». Ceux qui comme lui bénéficiaient de ce privilège reçurent des Allemands une carte permanente avec photo leur permettant de sortir du camp et d'y rentrer sans autre formalité. Jean Mayer était dans ce cas. Il était envoyé dans les consulats pour vérifier la nationalité de certains internés. Cela lui permettait, lorsque

André Baur et sa famille.

son interlocuteur était intéressé, comme au consulat de Suisse, de décrire les nouvelles conditions d'internement qui prévalaient dans le camp. Au début du mois d'août, Kohn se rendit quasiment chaque jour à Paris, chargé d'une mission ou d'une autre. Il restait cependant – comme André Baur et comme tous les autres internés – à la merci du bon vouloir des maîtres nazis du camp, car l'ultime privilège était d'échapper à la déportation. Jean Mayer finira par être déporté.

Le 25 août 1943, André Baur écrivait à sa fille Myriam, âgée de 9 ans : « Il y a quelques dizaines d'enfants de ton âge et d'autres beaucoup plus jeunes, de quelques mois seulement. Je les entends parfois pleurer la nuit. Ils doivent probablement souffrir des punaises qui sont fort méchantes car elles aiment bien la peau fraîche et rose des petits enfants. Ce sont nos principaux ennemis, après d'autres beaucoup plus gros et colorés de vert. » Ces « gros ennemis colorés de vert » arrêtèrent Odette et leurs quatre enfants deux semaines plus tard et, le 17 décembre 1943, André Baur et sa famille étaient déportés à Auschwitz. « On était si sûr qu'ils ne partiraient pas », écrit Hélène Berr lorsque sa mère lui apprend la nouvelle.

Camille Touboul fut déportée de Drancy par le même train. Elle fit partie des six femmes qui survécurent à l'enfer d'Auschwitz, ce qui ne fut le cas ni d'André Baur ni de sa famille. Son témoignage sur le convoi qui s'ébranla ce jour-là pourrait s'appliquer à tous les convois : la promiscuité épouvantable, un « vacarme infernal », le « manque d'air dans ce wagon dont la seule ouverture, simple lucarne barrée de grilles, se trouve dans un angle supérieur que chacun s'efforce d'approcher » ; l'angoisse puis la panique qui croissent dans « cette grande caisse cahotante », « l'unique "tinette" placée dans un coin du wagon », « l'odeur intolérable, dans cet air confiné, raréfié » et l'absence de nourriture – pendant trois jours et trois nuits.

S'évader

Comment s'évader dans ces conditions ? La plupart des évasions se produisirent sur le territoire français, ainsi lors du convoi du 21 septembre 1942. Sur les onze déportés, le 9 février 1943, qui forcèrent une ouverture dans leur wagon, dix furent rattrapés, mais huit furent plus heureux et faussèrent compagnie au convoi du 13 février. Le 25 mars, une quinzaine de Juifs s'évadèrent du convoi dirigé vers Sobibor, après avoir arraché les lames du plancher d'un wagon. Trois d'entre eux seulement parvinrent à glisser entre les mailles du filet policier. Une note du 20 avril 1943 de la gendarmerie nationale relatait l'évasion de huit Juifs lors d'un transfert de la gare du Bourget-Drancy vers Novéant. Trois autres déportés faussèrent compagnie au convoi du 23 juin 1943, en sautant du train qui roulait alors au ralenti ; deux évasions encore du convoi parti de Drancy le 3 février 1944.

Ces évasions, et quelques autres, collectives ou individuelles, étaient en fait des tentatives désespérées. Les plans ne manquaient pas, mais leur réalisation était loin d'être simple. Dans le convoi du 31 juillet 1943, un groupe de jeunes « avait tout préparé en vue d'une évasion, scie, limes, hachettes », raconte Fred Sedel. Ils progressaient lentement dans leur besogne, tandis que d'autres déportés menaçaient de les dénoncer aux gardes allemands, par peur des représailles. Puis ils renoncèrent, car ils étaient sur le point d'arriver en Allemagne et, une fois la frontière franchie...

Du temps de Brunner, la surveillance s'accrut encore et les évasions se firent plus aléatoires encore. Mais il y eut deux tentatives d'évasion collective d'un convoi de la déportation : dix-neuf déportés faussèrent compagnie au convoi du 20 novembre 1943, une vingtaine d'autres s'évadèrent du dernier convoi quittant la France, le 17 août 1944. Ces derniers étaient pour la plupart des résistants de l'Organisation juive de combat (OJC). Les premiers s'étaient déjà illustrés en creusant un tunnel à Drancy à partir de la mi-septembre 1943.

S'évader de Drancy... Tous les internés en rêvaient. On retrouve les plans d'évasion les plus fous dans certaines correspondances clandestines. Les Allemands qui en avaient conscience interdirent – sauf en cas d'absolue nécessité – l'entrée des camions de livraison dans l'enceinte du camp. Certains mirent à exécution leur projet – ainsi Raymond Ducas, le cousin d'André Baur, qui trouva refuge en Suisse. Le 10 août 1943, trois chargés de corvées y parvenaient à leur tour.

La tentative la plus spectaculaire fut certainement celle que tentèrent une quarantaine d'internés. Elle consistait à creuser un tunnel pour permettre une évasion collective. Ceux qui initièrent ce projet étaient les Compiégnois qui, pour la plupart, avaient été résistants. Il fallait qu'une forte cohésion lie les comploteurs pour que les dizaines d'internés impliqués dans ce travail gardent le secret. Au fil des nuits, durant près de deux mois, ils creusèrent un tunnel à partir d'une cave située sous le bureau du commandant juif du camp, Robert Blum. Leur statut de privilégiés dans le camp avec la marge de « liberté » qui leur était octroyée leur facilita la tâche ; trouver les outils pour creuser, surveiller les lieux, s'assurer les complicités

Le tunnel.

nécessaires, dans le camp ou à l'extérieur – rien de tout cela n'aurait été à la portée du commun des internés. Les compétences professionnelles jouèrent un rôle tout aussi important : planifier le tracé du tunnel nécessitait une préparation minutieuse et une vigilance constante. L'entreprise était pour le moins complexe : il fallait trouver des planches pour étayer les murs et le moyen de dissimuler la terre qui était déblayée, éclairer les lieux au fur et à mesure des progrès du tunnel, aérer l'endroit, créer un système d'alarme pour prévenir ceux qui étaient engagés profondément sous terre en cas de danger, et tant d'autres choses encore. L'ingéniosité des uns, le savoir-faire des autres et le désordre lié à la multiplication des chantiers liée aux aménagements ordonnés par Brunner permirent de surmonter tous les obstacles. Le tunnel atteignait une longueur de 38 mètres environ, à deux mètres de la liberté. Grâce à leurs contacts clandestins, les futurs évadés avaient prévenu leurs relations dans la capitale et donné des instructions à leur famille. Ce patient effort approchait de son terme, la date d'évasion était imminente. Puis, à la dernière minute, tout cet effort fut anéanti.

Les Allemands avaient appris ce qui se tramait par l'indiscrétion de l'un des internés de Compiègne qui avait été transféré de Drancy. Le 9 novembre 1943,

Brückler et deux de ses adjoints descendirent aux caves et trouvèrent ce qu'ils cherchaient. Tous les internés furent confinés dans leurs chambrées. Blum fut destitué, puis déporté. Au total, 19 responsables furent repérés, torturés, déportés : ce sont eux qui s'évadèrent du convoi. Comme toute évasion, celle-ci eut une répercussion quasi immédiate sur l'organisation des convois et des mesures furent adoptées pour empêcher toute autre tentative. Dans le camp même, une soixantaine de responsables juifs furent destitués ; l'encadrement du camp se renouvela à nouveau.

Les dernières déportations

La gestion interne du camp fut prise en mains par une nouvelle équipe. Après un court intérim assuré par Oskar Reich, « chef de la police du camp », Georges Schmitt succéda le 22 novembre 1943 à Robert Blum comme commandant de Drancy, avant d'être remplacé le 5 mai 1944 par Emmanuel Langberg.

Leurs notes de service révèlent une routine qui ne se départit pas jusqu'à la Libération : le travail quotidien, avec ses corvées et les travaux qui se poursuivaient dans le camp, les appels quotidiens qui avaient lieu dans les chambrées, la promiscuité dans les dortoirs, les arrivées continuelles de nouveaux internés et les déportations. Et puis il y avait toujours les poux, la gale, les internés atteints de maladies plus ou moins graves qui emplissaient l'infirmerie ; parmi eux, des nouveau-nés ; parmi eux aussi Max Jacob qui y décéda d'une pneumonie. Peu avant sa mort, le matricule 21565 écrivait un poème – « Agonie » :

Mon Dieu ! que je suis las d'être sans espérance,
De rouler le tonneau lourd de ma déchéance...
Et les draps de mon lit sont en paille de fer.
Souvent dans mon sommeil la même île électrique
Marque en couteau de sang mes noms patronymiques...

Le 19 février 1944, 195 cadres logeaient dans le bloc III ; certains – comme Oskar Reich – avaient le droit à une chambre individuelle, d'autres la partageaient avec d'autres cadres, mais ils n'étaient jamais plus de sept par chambre. Ce sont eux qui géraient tout, s'efforçant de faire régner l'ordre, la discipline, l'efficacité. Chef de la police, Oskar Reich prit de plus en plus d'ascendant durant cette période. S'il y eut un collaborateur juif zélé à Drancy, ce fut lui, depuis le moment où il animait le service des missionnaires, celui où il avait interdit la visite aux latrines la nuit, jusqu'à celui où il parcourait les dortoirs du camp avec ses acolytes pour y « piquer » ceux qu'il ferait porter sur la prochaine liste de déportation et les rues de

Paris pour y repérer des Juifs qui avaient échappé aux rafles. Juif autrichien, il avait vite compris l'intérêt qu'il avait à servir Brunner et le profit qu'il pouvait tirer de ses origines. Il lui servit immédiatement d'homme de main dans les opérations de Nice et, ensuite, assura la police du camp. À l'évidence, il était devenu un supplétif de Brunner qui se garda bien de le déporter.

L'ultime épisode tragique dans le « camp des Juifs », qui en avait connu tant durant ses trois années d'existence, concerne une fois de plus des enfants. Entre le 21 et le 25 juillet 1944, une descente dans les maisons d'enfants de l'UGIF en région parisienne permit aux hommes de Brunner d'arrêter 250 enfants et 33 membres du personnel et de les interner à Drancy. Ces enfants n'étaient pas les premiers ; mais le débarquement en Normandie avait eu lieu quelque six semaines auparavant, on approchait à grands pas de la Libération et ils avaient été raflés dans des maisons où ils étaient supposés être à l'abri. Leur séjour dans le « camp des Juifs » ne dura pas : leur déportation était programmée.

> Ce départ, comportant plus de 400 enfants, est l'un des plus pénibles, pour ne pas dire le plus pénible, auxquels j'ai assisté jusqu'à présent. Je m'adresse à tous ceux qui ont la chance de rester à Drancy pour que chacun dans son service fasse le maximum pour se mettre à l'entière disposition des partants et ce, avec la plus grande amabilité possible. J'exige un maximum de serviabilité de tous les services, beaucoup de cœur et de souplesse.

C'est en ces termes que Langberg prépara l'organisation de leur convoi. Le lendemain de la déportation, Langberg adressait ses « remerciements à tous les services » et leur « exprimait toute sa satisfaction ». Il énumérait, dans cette note de service du 1er août 1944, chacun de ces services qui s'étaient tous acquittés de leur tâche de façon exemplaire : dans ces wagons qui emportaient 1 300 internés de Drancy à Auschwitz, il y avait 330 enfants de moins de 18 ans. Ce fut le dernier grand convoi au départ de Drancy.

Drancy en France

La vie continuait dans les environs du camp : les internés pouvaient entendre, dans le lointain, « une sonnette électrique annoncer la prochaine séance du petit cinéma du village de Drancy », écrit Julie Crémieux-Dunand. Les initiatives de Brunner permirent à des entrepreneurs français de faire de bonnes affaires, ceux notamment qui fournirent à l'UGIF le ciment nécessaire aux travaux qu'il avait ordonnés dans la cour du camp. Le camp de Drancy était tout proche, mais c'était une enclave d'un autre monde dans le paysage local.

Si la rafle du Vél' d'hiv avait provoqué un vrai sursaut, installant pour les mois à venir Drancy dans le quotidien des familles juives et, plus largement, dans une réalité parfois prise en compte par une partie de la population, la transformation du « camp des Juifs » en camp allemand en provoqua un autre.

De toute évidence, là encore, les familles juives de plus en plus menacées, de plus en plus inquiètes lorsqu'un des leurs était arrêté, étaient les premières concernées. Lorsqu'elles étaient sollicitées, les autorités françaises les renvoyaient aux Allemands.

À l'UGIF, on l'a vu, on était au fait du moindre détail des transformations que subissait le camp. On ne cessait de se poser des questions sur la destination des convois vers l'est. « Car maintenant, ce sont les familles qu'on déporte : où pensent-ils en venir ? Créer un État juif esclave en Pologne ? » s'interrogeait Hélène Berr dans son Journal le 14 novembre 1943. Deux semaines plus tôt, elle se demandait déjà :

> De ce départ du 27 mars 1943 [...] on n'a jamais rien su. On a parlé des avant-lignes russes, où l'on aurait employé les déportés à faire sauter des mines. On a parlé aussi des gaz asphyxiants par lesquels on aurait passé les convois à la frontière polonaise. Il doit y avoir une origine vraie à ces bruits. [...] Et penser que chaque personne nouvelle qui est arrêtée, hier, aujourd'hui, à cette heure même, est sans doute destinée à subir ce sort horrible. [...] Penser que si je suis arrêtée ce soir (ce que j'envisage depuis longtemps), je serai dans huit jours en Haute-Silésie, peut-être morte, que toute ma vie s'éteindra brusquement, avec tout l'infini que je sens en moi.

Défiant toujours la version officielle du « travail » à la mi-février 1944, elle écrit :

> S'ils déportent pour faire travailler, à quoi servent les petits ? [...] La monstrueuse incompréhensibilité, l'horrible illogisme de tout cela vous torture l'esprit. Il n'y a sans doute pas à réfléchir, car les Allemands ne cherchent même pas de raison, ou d'utilité. Ils ont un but, exterminer.

Mais Drancy devint plus présent dans les consciences pour deux autres raisons. La première tient au fait que de plus en plus de Juifs français étaient raflés. Les journaux publièrent une notice sur la disparition de Max Jacob. « Ils annoncent la mort de Max Jacob et ordonnent qu'il soit parlé de lui comme s'il n'était pas juif. Ils annoncent sa mort, mais ne disent pas qu'il est mort à Drancy », précisait Léon Werth. Les journaux clandestins évoquèrent aussi la mort du poète ; le lieu de sa mort ou les raisons pour lesquelles il avait été persécuté, parfois. Dans *Les Lettres françaises*, le lieu du martyre de « ce Breton, ce Parisien d'élection » converti au catholicisme devenait « la sinistre cité de la Muette, au Drancy ». On y rappelait

Le camp et son environnement.

« les persécutions dont les Juifs étaient l'objet, les deuils, l'arrestation de plusieurs membres de sa famille qui l'avaient profondément atteint » et on y expliquait au lecteur que « les poètes sont déportés, torturés, assassinés parce qu'ils représentent le bien contre le mal, la vie et la vertu contre la bêtise et la force au service de cette bêtise ». Dans *Libération-Nord*, les choses étaient clairement dites : « Juif d'origine, converti avec éclat au catholicisme pratiquant », il avait été interné à Drancy ; ceux qui étaient allés s'enquérir de son état s'étaient vus répondre que « le juif Jacob était mort depuis huit jours ».

Car on savait ce qu'était Drancy. Que l'on songe à ce qu'écrit François la Colère, alias Louis Aragon, en mai 1944 en guise de préface aux *Trente-Trois sonnets composés au secret* de Jean Noir, alias Jean Cassou :

> Il y a des noms qui font frémir les Français les plus impassibles d'apparence, vaquant à leurs affaires, le pli au pantalon, quelque insigne à la boutonnière ; tâchez voir de prononcer à leur oreille Gurs, ou Drancy, Fresnes ou Montluc... Vous saisirez immédiatement, à l'expression peinte sur ces visages corrects, que ces noms-là leur disent quelque chose,

> qu'ils savent à quoi s'en tenir de ce dont ne parlent jamais les journaux, ni la radio du Maréchal. [...] On en raconte de toutes les couleurs de Drancy, de la faim à Drancy, des humiliations, des coups. [...] Quand je pense à Drancy, avec ses grands immeubles, les gratte-ciel à bon marché où l'eau gelait dans les conduites et, tout autour, ce bled désolé, avec de petits jardins et des cahutes, j'ai du mal à m'imaginer ce que signifie aujourd'hui pour des milliers d'hommes et de femmes ce petit mot : Drancy [...]. Chacun a ses témoins de l'immense et monstrueux supplice [...]. Sans parler des nouvelles qui reviennent de l'Allemagne, de la Pologne, de ces lieux d'épouvante, de ces bagnes auxquels on est jeté pour n'avoir point été un traître ou moins que cela, pour le nez qu'un a ou qu'on pourrait avoir.

On le savait d'autant mieux que l'extermination des Juifs à l'Est, dont la première étape passait par Drancy, fut évoquée à la BBC. Le 8 juillet 1943, Jacques Duchesne lisait le témoignage de Jan Karski, envoyé à Londres par l'armée clandestine polonaise. « L'homme qui a écrit ce document est un Polonais qui était en liaison permanente avec tous les groupes de résistance de son pays et qui a assisté, dans des circonstances qui vous seront exposées au massacre systématique de milliers de Juifs polonais », annonçait-on aux auditeurs. Suivait une description détaillée de l'exécution de 6 000 Juifs dans un camp que Karski croyait être Belzec. Elle était le fait d'un témoin direct. Ce massacre était perpétré « dans le cadre d'un plan d'extermination totale de tout un peuple », expliquait Karski ; « c'est la première fois dans l'histoire moderne qu'un peuple entier [...] a été ainsi condamné à disparaître complètement de la surface de la terre ». À cela, Duchesne ajoutait qu'il y avait déjà eu deux millions de victimes et qu'elles « venaient de tous les coins d'Europe. [...] Il suffit de se rappeler le régime qu'ont subi les Juifs, entassés au camp de Drancy, de Compiègne ou même au Vélodrome d'hiver ».

Ce n'était plus seulement les publications pilotées par les communistes juifs qui évoquaient l'extermination de tout un peuple dans l'« abattoir de Pologne ». Un Polonais avait été le témoin direct de l'un de ces massacres et la BBC reprenait son témoignage. D'autres qu'Hélène Berr évoquèrent ces émissions dans un Journal, un Carnet ou des Éphémérides ; sans ajouter toujours foi aux détails des atrocités qui étaient décrites, ils ne furent pas rares ceux qui, au moins, se posèrent des questions.

Le sort des Juifs déportés fit l'objet de quelques autres émissions sur la BBC avant la Libération, mais le 13 octobre 1943 – puis à nouveau le lendemain – une émission fut spécifiquement consacrée au « camp des Juifs » de la région parisienne. L'annonce faisait état du « Nouveau régime au camp d'internement de Drancy » et son contenu reprenait les détails du document préparé par André Baur à la mi-juillet 1943 : la prise en mains du camp par Brunner, le triage des internés, le régime de terreur, les bastonnades publiques, etc. : tout y figurait.

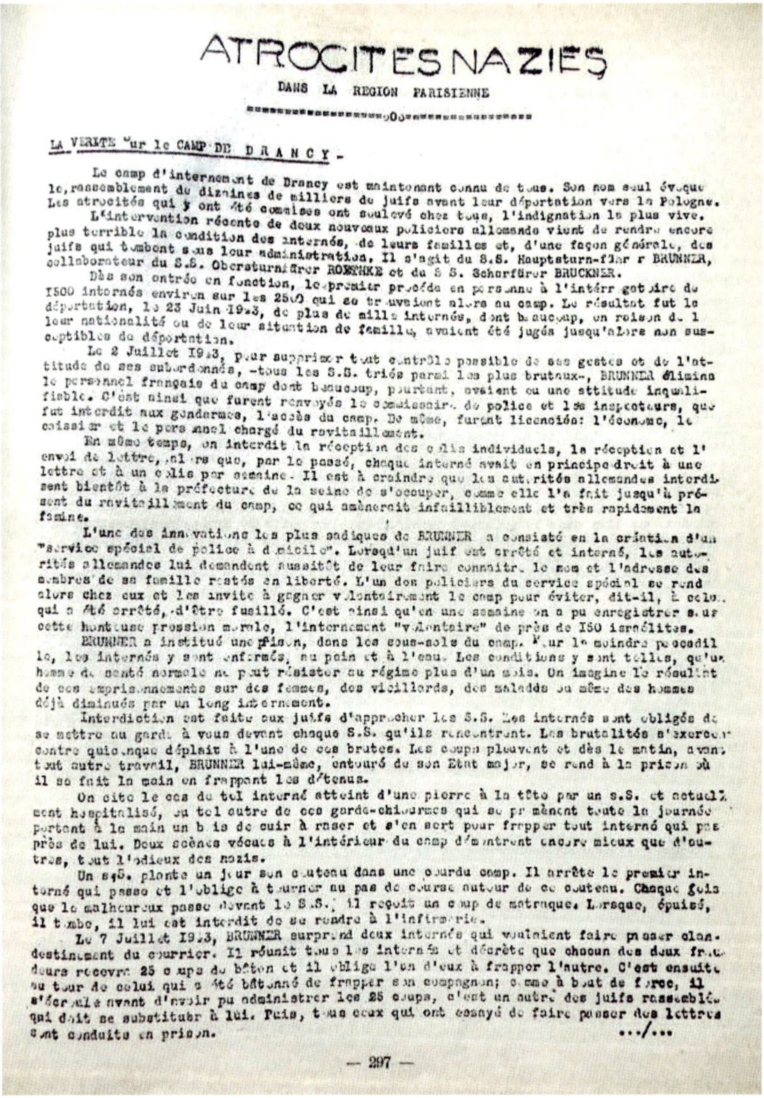

ATROCITES NAZIES

DANS LA REGION PARISIENNE

=====================o0o=====================

LA VERITE sur le CAMP DE D R A N C Y.

Le camp d'internement de Drancy est maintenant connu de tous. Son nom seul évoque le rassemblement de dizaines de milliers de juifs avant leur déportation vers la Pologne. Les atrocités qui y ont été commises ont soulevé chez tous, l'indignation la plus vive.

L'intervention récente de deux nouveaux policiers allemands vient de rendre encore plus terrible la condition des internés, de leurs familles et, d'une façon générale, des juifs qui tombent sous leur administration. Il s'agit du S.S. Hauptsturmführer BRUNNER, collaborateur du S.S. Obersturmführer ROETHKE et du S.S. Scharführer BRUCKNER.

Dès son entrée en fonction, le premier procéda en personne à l'interrogatoire de 1500 internés environ sur les 2500 qui se trouvaient alors au camp. Le résultat fut la déportation, le 23 Juin 1943, de plus de mille internés, dont beaucoup, en raison de leur nationalité ou de leur situation de famille, avaient été jugés jusqu'alors non susceptibles de déportation.

Le 2 Juillet 1943, pour supprimer tout contrôle possible de ses gestes et de l'attitude de ses subordonnés, -tous les S.S. triés parmi les plus brutaux-, BRUNNER élimine le personnel français du camp dont beaucoup, pourtant, avaient eu une attitude inqualifiable. C'est ainsi que furent renvoyés le commissaire de police et les inspecteurs, que fut interdit aux gendarmes, l'accès du camp. De même, furent licenciés: l'économe, le caissier et le personnel chargé du ravitaillement.

En même temps, on interdit la réception des colis individuels, la réception et l'envoi de lettre, alors que, par le passé, chaque interné avait en principe droit à une lettre et à un colis par semaine. Il est à craindre que les autorités allemandes interdisent bientôt à la préfecture de la seine de s'occuper, comme elle l'a fait jusqu'à présent du ravitaillement du camp, ce qui amènerait infailliblement et très rapidement la famine.

L'une des innovations les plus sadiques de BRUNNER a consisté en la création d'un "service spécial de police à domicile". Lorsqu'un juif est arrêté et interné, les autorités allemandes lui demandent aussitôt de leur faire connaitre le nom et l'adresse des membres de sa famille restés en liberté. L'un des policiers du service spécial se rend alors chez eux et les invite à gagner volontairement le camp pour éviter, dit-il, à celui qui a été arrêté, d'être fusillé. C'est ainsi qu'en une semaine on a pu enregistrer sur cette honteuse pression morale, l'internement "volontaire" de près de 150 israélites.

BRUNNER a institué une prison, dans les sous-sols du camp. Pour le moindre peccadille, les internés y sont enfermés, au pain et à l'eau. Les conditions y sont telles, qu'un homme de santé normale ne peut résister au régime plus d'un mois. On imagine le résultat de ces emprisonnements sur des femmes, des vieillards, des malades ou même des hommes déjà diminués par un long internement.

Interdiction est faite aux juifs d'approcher les S.S. Les internés sont obligés de se mettre au garde à vous devant chaque S.S. qu'ils rencontrent. Les brutalités s'exercent contre quiconque déplait à l'une de ces brutes. Les coups pleuvent et dès le matin, avant tout autre travail, BRUNNER lui-même, entouré de son Etat major, se rend à la prison où il se fait la main en frappant les détenus.

On cite le cas de tel interné atteint d'une pierre à la tête par un S.S. et actuellement hospitalisé, ou tel autre de ces garde-chiourmes qui se promènent toute la journée portant à la main un bois de cuir à raser et s'en sert pour frapper tout interné qui passe près de lui. Deux scènes vécues à l'intérieur du camp démontrent encore mieux que d'autres, tout l'odieux des nazis.

Un S.S. plante un jour son couteau dans une cour du camp. Il arrête le premier interné qui passe et l'oblige à tourner au pas de course autour de ce couteau. Chaque fois que le malheureux passe devant le S.S. il reçoit un coup de matraque. Lorsque, épuisé, il tombe, il lui est interdit de se rendre à l'infirmerie.

Le 7 Juillet 1943, BRUNNER surprend deux internés qui voulaient faire passer clandestinement du courrier. Il réunit tous les internés et décrète que chacun des deux fraudeurs recevra 25 coups de bâton et il oblige l'un d'eux à frapper l'autre. C'est ensuite au tour de celui qui a été bâtonné de frapper son compagnon; comme à bout de force, il s'écroule avant d'avoir pu administrer les 25 coups, c'est un autre des juifs rassemblés qui doit se substituer à lui. Puis, tous ceux qui ont essayé de faire passer des lettres sont conduits en prison. .../...

— 297 —

Tract du Parti communiste français.

Le document d'André Baur était aussi connu des résistants, même si la plupart des responsables des journaux clandestins l'ignorèrent. « Atrocités nazies dans la région parisienne », annonçait un tract signé du Parti communiste français qui en reprenait les détails.

> Comme au Ghetto de Varsovie. [...] Français ! Les mœurs barbares des cannibales nazis sont pratiquées en pleine région parisienne. Les brutes à croix gammées qui se font battre par les vaillants soldats rouges et nos alliés anglo-américains se vengent sur les juifs internés sans défense et ils font subir les mêmes atrocités à tous les patriotes qui tombent dans leurs mains sanglantes.

À preuve aussi l'article intitulé « Dans l'enfer de Drancy » paru en page intérieure du n° 22 de *Franc-Tireur*, daté du 15 août 1943. À « Drancy, cette lèpre immonde près de la capitale du monde », on obligeait les Juifs à se bâtonner entre eux, écrivait-on après avoir évoqué la prise en mains du camp par Brunner. Puis le journal de conclure : « Et l'on aura vu cela, dans notre France, au pays des Droits de l'Homme, un enfer pour des êtres vivants qui n'ont commis aucun crime. »

État mensuel des effectifs du camp de juillet 1943 à août 1944
(source : Adam Rutkowski)

Dates	présents au camp
2 juillet 1943	1 587
1er août	1 740
1er septembre	1 587
1er octobre	1 764
1er novembre	7 450
1er décembre	9 585
1er janvier 1944	1 138
1er février	2 624
1er mars	2 326
1er avril	2 023
1er mai	1 572
1er juin	766
1er juillet	726
1er août	env. 1 600
11 août	1 045
17 août	1 400

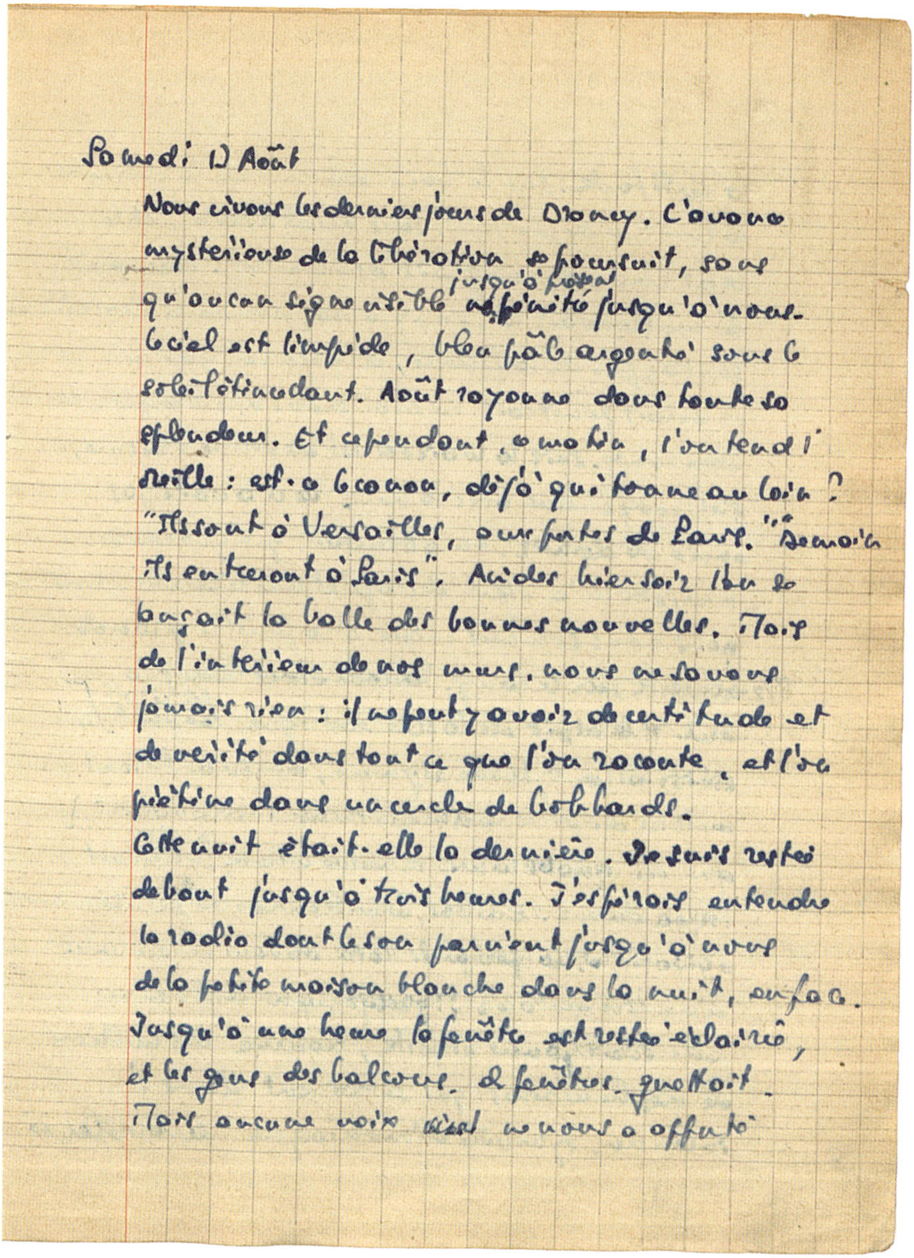

Samedi 12 Août

Nous vivons les derniers jours de Drancy. L'avance mystérieuse de la libération se poursuit, sans qu'aucun signe visible jusqu'à présent n'ait pénétré jusqu'à nous. Le ciel est limpide, bleu pâle argenté sous le soleil étincelant. Août rayonne dans toute sa splendeur. Et cependant, ce matin, l'on tend l'oreille : est-ce le canon, déjà, qui tonne au loin ? "Ils sont à Versailles, aux portes de Paris." "Demain ils entreront à Paris". Avides hier soir l'on se passait la balle des bonnes nouvelles. Mais de l'intérieur de nos murs, nous ne savons jamais rien : il ne peut y avoir de certitude et de vérité dans tout ce que l'on raconte, et l'on piétine dans un cercle de bobards.

Cette nuit était-elle la dernière. Je suis restée debout jusqu'à trois heures. J'espérais entendre la radio dont le son parvient jusqu'à nous de la petite maison blanche dans la nuit, en face. Jusqu'à une heure la fenêtre est restée éclairée, et les gens des balcons et fenêtres guettaient. Mais aucune voix ne nous a appris

Extrait du journal de Suzanne Citron, 12 août 1944.

La libération du camp

Les dernières « entrées » à Drancy sont signalées le 11 août 1944 : 9 Juifs avaient été envoyés par la préfecture de Police, 49 étaient transférés de Fresnes, tandis que 12 internés prenaient le chemin de Saint-Denis et que 9 étaient libérés. Le dernier matricule attribué au camp porte le numéro 26 417 (selon la numérotation inaugurée par Brunner). Le dernier état des lieux, daté du 17 août 1944, évoque 1 464 internés. Sur cette liste, 801 Juifs faisaient partie de la catégorie des déportables.

Brunner n'avait pas l'intention de renoncer à organiser un ultime convoi avec tous les Juifs internés à Drancy – il n'entendait pas se limiter à ces quelques centaines de Juifs, mais Georges Appel, l'un des cadres du camp, le chef de la gare de Bobigny, Georges Achille, le chef FFI de Drancy, le communiste Benjamin Gibrat et la Croix-Rouge française empêchèrent la réalisation de ce projet.

Dans la nuit du 14 au 15 août, Brunner et ses acolytes allemands, accompagnés de gendarmes géorgiens, pénétraient dans le camp pour brûler les archives. Deux internés, Marc-Adrien et Roger Weill, sauvèrent alors un double des fichiers en les cachant sous un tas de pommes de terre avant de les remettre le lendemain, pour une part, à un gendarme résistant qui les sortit et les dissimula chez un boucher de Drancy, tandis que le reste était conservé au camp, caché dans une cave.

Puis, le 17 août, l'histoire s'accéléra. Brunner quitta le camp avec les Allemands en emportant un dernier convoi de 51 déportés. Il n'avait pas réussi à faire mieux. Georges Achille, le chef de gare, raconta ce qu'il en fut : « Le matériel destiné au convoi fut garé en pleine campagne et, à toutes les visites faites par le SD ou la Gestapo, il fut répondu que nous n'avions pas reçu le matériel. Malgré leurs demandes et leurs menaces, le départ fut ajourné jusqu'au moment où ils furent obligés eux-mêmes de partir. »

Brunner ne put donc compter que sur trois wagons d'une batterie antiaérienne. Dans le groupe des derniers déportés il avait inclus quelques personnalités otages pour protéger sa retraite et des résistants juifs extirpés de Fresnes. C'est à proximité de Saint-Quentin que les 25 déportés, membres de l'OJC pour la plupart, réussirent à s'évader du train. Les autres atteignirent Buchenwald le 25 août.

Ce jour-là, les internés étaient consignés dans leur chambrée, dans l'incertitude de leur sort. « Vraisemblablement, nous vivons des minutes décisives et je demande à tous de conserver le sang-froid le plus complet afin d'éviter tout incident regrettable », expliquait Langberg qui avait tenu, jusque-là, à se contenter du titre de commandant-adjoint du camp.

De leurs fenêtres, les internés remarquèrent d'abord que les mitrailleuses avaient disparu. « Enlevez vos étoiles », s'écrièrent-ils pour saluer ce départ. Emmanuel Langberg, qui signait cette fois-ci « le commandant du camp », annonçait par une nouvelle note de service la libération « prochaine ». Cette dernière devait se faire dans le calme et ses modalités étaient en discussion entre le commandant de la gendarmerie et l'encadrement juif du camp, précisait-il. La discipline, la dignité devaient accompagner cette libération. Le commissaire Charles Permilleux vint sur place et ne montra aucun empressement à relâcher les internés. Le camp tombait en fait sous la responsabilité de Raoul Nordling, le consul général de Suède, conformément à l'accord conclu avec le commandement militaire allemand pour l'ensemble des prisons et camps parisiens. Alerté par Gibrat, Nordling se présenta à Drancy le 18 août et confia à la Croix-Rouge le soin de procéder aux libérations. Le même jour, Langberg passait la main à Richard Weill, nouveau commandant du camp au nom des FFI. Drancy était donc confié aux forces de la Résistance et à la Croix-Rouge.

La libération du camp, graffiti du centre daté du 19 août 1944.

Annette Monod, assistante sociale à la Croix-Rouge qui, depuis 1941, s'était consacrée à soulager autant qu'elle le pouvait le sort des internés de Drancy et des camps du Loiret, avait prévenu l'UGIF – en réalité dissoute depuis le 9 août par une ordonnance du gouvernement provisoire de la République française – c'est-à-dire Georges Edinger, qui avait été le trésorier de l'organisation avant d'en prendre la présidence après l'arrestation de ses dirigeants précédents : il fallait trouver à héberger une bonne partie des 1 386 internés (parmi lesquels 64 enfants). Il fallait les munir d'un petit pécule, de papiers d'identité, de cartes d'alimentation, de certificats de libération. Les conjoints d'Aryens partirent sans se soucier de toutes ces formalités. Les autres reçurent 1 000 francs, l'argent provenant de la somme prélevée sur les internés par les Allemands partis en la laissant derrière eux. Pourvus de certificats de libération en bonne et due forme, délivrés par Richard Weill et contresignés par des gendarmes, 600 internés furent hébergés dans les anciens foyers de l'UGIF. Le dimanche 20 août 1944, le dernier interné juif de Drancy quittait le camp. Quatre jours plus tard, la ville de Drancy était libérée et, le lendemain, c'était le tour de la capitale.

Le fichier du camp fut repris par Jean Bader et Richard Weill, puis par l'intermédiaire du délégué de la Croix-Rouge, remis plus tard au ministère des Prisonniers, Déportés et Réfugiés. Le « camp des Juifs » relevait désormais de l'histoire, une histoire à plusieurs volets. Il y avait l'histoire privée, qui continua de hanter des dizaines de milliers de familles juives – celles qui avaient survécu, celles qui avaient été amputées d'un ou plusieurs de leurs membres, sans compter les familles qui furent complètement rayées de la surface de la terre. Puis il y avait l'Histoire, relatée ici, celle d'un camp situé sur le territoire français et qui avait joué un rôle central dans l'application de la « Solution finale du peuple juif ».

Chapitre VI

Un camp de l'Épuration

Pour autant, le camp de Drancy ne disparut pas avec la Libération. Car l'internement administratif persistait dans la France libérée. Rien à voir, cependant, avec les phases antérieures : il ne s'agissait plus d'en faire une pierre de touche de la politique d'exclusion ; il s'agissait moins encore, bien sûr, d'un centre de transit dans un processus de déportation et d'extermination. On se retrouvait plutôt dans la logique d'exception qui avait présidé à la création des camps en France à la fin de la IIIe République. En d'autres termes, face à une situation exceptionnelle, l'État se dotait d'un outil exceptionnel, l'internement administratif, appelé à cesser dès que la situation le permettrait. Conformément à la législation mise en place en 1938 et 1939, les personnes étaient susceptibles d'être arrêtées non pour des crimes ou des délits qu'elles auraient commis, mais pour le danger potentiel qu'elles étaient supposées représenter. Une mesure administrative prise par un préfet pouvait à elle seule décider de l'enfermement dans un camp. L'internement administratif devint l'un des instruments majeurs de l'épuration.

Les fonctions de l'épuration

Dans un pays qui sortait de l'Occupation mais qui restait encore en guerre, et pour de nombreux mois, l'épuration remplissait plusieurs fonctions. Il fallait d'abord assurer la sécurité ; rappelons qu'entre la libération de Drancy et la capitulation allemande il fallut encore attendre huit mois et demi. Il y avait un réel danger à laisser sur les arrières les ennemis du nouveau régime. À cela s'ajoutaient le poids des quatre années d'Occupation et la terrible radicalisation des derniers mois ; dès lors l'épuration servait d'exutoire. Elle fut aussi réparatrice et mesure de justice tant il est vrai que ceux des Français qui avaient choisi la voie de la collaboration devaient payer leur engagement. Elle fut également un facteur de reconstruction du tissu national et social : massive, elle menaçait la reconstruction matérielle du pays, tout en conduisant à s'interroger sur les limites fixées ; marginale, et c'est l'identité nationale et sociale elle-même, fondée sur les valeurs de la Résistance, qui se trouvait ainsi en danger. « Un pays qui manque son épuration, manque sa rénovation », écrivait Albert Camus dans le journal *Combat*, le 5 janvier 1945.

Enfin l'épuration était un outil de légitimation du pouvoir qui la contrôlait, et donc un enjeu de pouvoir entre différentes forces politiques à la Libération. À Drancy plus encore qu'ailleurs, le parti communiste se trouvait en position de force au sortir de la guerre ; il tenait déjà la mairie avant la guerre et sortait très renforcé de la Résistance. Mais à cela se surimpose, même dans une région parisienne siège du pouvoir central, une grille d'analyse centre-périphérie. *A priori* les comités locaux de Libération (CLL) portaient la parole de la résistance intérieure de base, tandis que les intérêts de l'État nouveau étaient représentés par les commissaires de la République et les préfets. Les configurations ont été souvent plus complexes et, en règle générale, l'arbitrage releva moins des cultures politiques différentes que d'un processus de régulation. Par bien des aspects, l'histoire du camp de Drancy à la Libération illustre des logiques à l'œuvre à l'échelon national, ce qui explique aussi son rôle dans l'internement administratif des suspects de collaboration.

Un internement de masse

À l'automne 1944, on compta en France plus de 60 000 internés, l'un des pics de l'internement administratif de toute la guerre, et le dernier camp ferma ses portes en 1946. Trois textes avaient servi de base à la nouvelle loi : le décret-loi du 12 novembre 1938 (ce qui montre bien la filiation avec la IIIe République finissante) et les ordonnances des 11 avril 1944 (prise à Alger libéré) et du 4 octobre 1944 (dans Paris libéré). Le ministre socialiste de l'Intérieur, Adrien Tixier, avait la haute main sur le processus et, dans une note du 3 novembre 1944 où il constatait l'ampleur qu'avait prise l'internement administratif, il appelait déjà à une politique plus équilibrée : « Le gouvernement provisoire de la République entend diriger avec vigueur la répression des faits de collaboration et des activités antinationales, mais il entend aussi sauvegarder la liberté individuelle dans le cadre de la légalité républicaine », écrivait-il.

L'ordonnance du 4 octobre 1944 constituait le texte de référence. Il permettait aux préfets d'astreindre à résidence ou d'interner tout individu dangereux pour la défense nationale ou la sécurité publique, jusqu'à la cessation officielle des hostilités.

Dans le même temps, au plus haut niveau de l'État, on souhaitait en finir au plus vite avec une procédure qui apparaissait de plus en plus en marge de l'État de droit. Ainsi, dans une circulaire du 30 août 1945, Tixier précisait quatre mois après la capitulation :

> Le Conseil des ministres a décidé qu'il convenait de revenir au plus tôt à la légalité républicaine d'après laquelle nul ne peut être arrêté sans décision de justice et incarcéré sans mandat délivré par un juge d'instruction. En conséquence, le conseil des ministres a décidé qu'il y avait lieu de prendre, dès maintenant, des mesures préparatoires en vue de la suppression du régime de l'internement administratif.

En fait, dès la fin 1944, Tixier était revenu régulièrement auprès des préfets sur la nécessité de limiter strictement les internements. L'alternative était claire : soit les individus étaient réellement suspects et ils devaient relever des procédures judiciaires habituelles, soit aucune charge réelle ne pesait sur eux et ils devaient être libérés. À Drancy comme ailleurs, une grande majorité des internés finirent par être libérés sans autre forme de procès.

Pour surveiller la procédure d'internement, une commission fut instituée auprès du ministre. Réunissant des représentants des ministères concernés et de quelques œuvres d'assistance (Croix-Rouge, Quakers, Secours social), elle tenait une réunion mensuelle. La Croix-Rouge obtint un statut particulier qui l'autorisait à intervenir officiellement auprès de toute personne enfermée pour des raisons politiques. La commission s'occupa en premier lieu des camps de la région parisienne, et donc également de Drancy, avant d'élargir ses prérogatives à l'ensemble du pays au fur et à mesure de la progression de la Libération. Le Dr Bernard Duhamel chargé de l'ins-

Graffiti d'un « suspect de collaboration », août 1944.

pection sanitaire des camps y jouait un rôle clé. Adrien Tixier prit soin de respecter autant que possible les principes de la légalité républicaine, ce qui n'empêcha pas pour autant certaines irrégularités, surtout au début.

Une pièce maîtresse de l'internement dans la région parisienne

Il fallait trouver les endroits susceptibles d'accueillir les milliers de suspects contre lesquels aucune instruction judiciaire n'avait (encore) été lancée. On réutilisa donc le Vél' d'hiv, des casernes, des prisons même, alors que c'était en principe interdit. Comme cela avait été fait depuis 1939 et dans l'urgence, ces lieux furent détournés de leur vocation initiale. Le dépôt de la Conciergerie fut ainsi transformé en lieu d'internement alors qu'il n'était destiné qu'au passage très provisoire après toute arrestation. Le 31 octobre 1944, le Dr Duhamel alertait les autorités sur cette situation qu'il considérait comme particulièrement grave :

> Les internés du dépôt [...] sont dans des conditions d'hygiène épouvantables. Les femmes sont 200 dans la même pièce, elles ne peuvent même pas s'allonger sur le sol. L'eau des waters leur sert pour la toilette. Le dépôt est en principe un endroit de passage, mais en fait les intéressés y restent parfois deux mois. À l'heure actuelle, il y a environ 1 200 détenus au dépôt.

Quelques jours plus tôt, Mlle Dreuzy, une assistante sociale, s'inquiétait, elle aussi de la gravité de la situation.

> Est-il humain de laisser des êtres humains, même coupables, dans une telle misère ? [...] J'ai connu les camps d'israélites comme je connais les prisons actuelles. Je n'ai jamais vu de telles horreurs qu'aujourd'hui. [...] Faut-il vraiment que la France, enfin libérée, n'ait retenu d'une occupation d'un peuple abhorré que la plus sauvage de ses institutions ?

Son témoignage avait d'autant plus de force que cette assistante sociale avait œuvré précédemment à Drancy. Cela prit du temps, mais la situation finit par se normaliser à la Conciergerie, comme ce fut le cas à Drancy qui connut une dérive d'un autre type.

Mais là également, il fallut que le ministère et la préfecture de Police interviennent. S'y retrouvent la trace de ces conflits de pouvoir, des liens compliqués entre pouvoirs locaux et pouvoir central, même à proximité de Paris dans un lieu aussi symbolique. L'internement des « suspects de collaboration » fut massif à Drancy. Arrivé dans la nuit du 1er au 2 septembre, l'académicien Abel Hermant en témoigne : « Un car vint nous prendre et nous emmena tous en vrac au camp de Drancy où il va de soi que nous n'étions pas annoncés et que rien n'était préparé pour nous recevoir. » Dès le 3 septembre 1944 on y comptait quelque 4 200 internés, soit un chiffre proche de la capacité maximale du camp. Les débuts furent pour le moins difficiles. On le sait par le directeur du camp qui, expliqua-t-il ensuite, était arrivé sur les lieux le 1er septembre. Or il eut la surprise d'y trouver une trentaine de FFI qui faisaient régner un climat sans grand rapport avec les principes du nouveau régime. Ce ne fut pas sans peine, mais, à la mi-septembre, la garde du camp était transférée à des gendarmes qui, bien sûr, n'étaient plus ceux qui avaient multiplié petits trafics et grandes humiliations pendant la guerre.

Dessin d'un « suspect de collaboration ».

Ce fut l'occasion d'une confrontation frontale entre les pouvoirs concurrents. Une « délégation de la ville de Drancy » s'empressa de protester auprès de l'état-major FFI, en évoquant la dégradation consécutive au changement de tutelle : depuis « le départ du commandant FFI », disait-elle en substance, une large place était faite à d'anciens doriotistes (PPF), qui profitaient ainsi de conditions particulièrement favorables à un embrigadement politique, tandis que le marché noir se généralisait : il fallait vite reprendre la main.

Il y eut bien reprise en main, mais pas dans la perspective attendue. Et pour cause. À la mi-octobre, les deux chefs des FFI réapparaissaient dans le camp, mais pour y être internés. Il apparut judicieux de les transférer finalement au dépôt afin de limiter les incidents. L'inspection générale des camps expliqua qu'il s'agissait en fait de deux résistants de la 25e heure qui s'étaient auto-promus officiers et profitaient de ce statut pour exercer maltraitance et trafics en tous genres.

Il semble que le directeur nommé par le préfet de police bénéficia du soutien de la direction régionale des FFI. Cependant, les conflits de compétence et de pouvoir n'étaient pas résolus pour autant. Le directeur se plaignit à nouveau des pressions locales :

> À chaque instant des membres des commissions d'enquête communales ou des FFI locales insistent auprès de moi pour procéder à des enquêtes ou à des confrontations auprès d'internés du camp. Me référant aux instructions que j'ai reçues, je leur refuse l'entrée du camp, s'ils ne me présentent pas un permis de visite visé par le Cabinet. Il n'en reste pas moins que je suis l'objet de menaces et de plaintes. Sauf avis contraire du cabinet, je continuerai à refuser l'entrée du camp à des commissions d'enquête.

Si le directeur avait marqué un point important avec l'affaire des deux « officiers » FFI, un adjoint communiste de Drancy n'hésita pas à faire interner ou libérer des individus, sur sa propre initiative, comme les 6, 8 et 10 octobre. Là encore, le directeur du camp fit intervenir le préfet de police. Puis une centaine de membres des Milices patriotiques, liées au parti communiste, décidaient le 15 octobre d'assurer la garde extérieure du camp et d'en contrôler les entrées et les sorties ; cette décision était sans doute liée à l'internement, deux jours auparavant selon Mary Marquet, des deux anciens chefs FFI du camp. Il fallut encore cinq jours pour qu'une nouvelle intervention du préfet de police leur imposât de partir.

Comme durant la période qui avait précédé l'été 1943, les gendarmes étaient chargés de la surveillance intérieure et extérieure du camp depuis la mi-septembre ; après cet incident, ils furent confirmés dans cette fonction. Ces gendarmes dépendaient du 3e groupe de réserve motorisé commandé par le capitaine Robert Richard, qui, en 1942, avait eu fort à faire avec le fameux capitaine Vieux. Dans la même veine, sous l'autorité du directeur Odon Niox-Château, Maurice Kiffer assurait les fonctions de sous-directeur du camp ; c'est lui qui, dès 1941, avait dénoncé les trafics des gendarmes alors qu'il assurait la comptabilité du camp. Des gradés et gardiens de la paix (police municipale) complétaient le dispositif d'encadrement en assurant toutes les tâches administratives.

Cela ne mit pas fin aux polémiques. Gibrat, délégué à l'Assemblée constitutive provisoire, se plaignait à la fin février 1945 auprès du ministre de l'Intérieur qui faisait suivre un mois plus tard au cabinet du préfet de police. Il protestait contre la libération de 14 internés pour faits de collaboration au camp de Drancy. La réponse reprenait nom par nom les éléments du dossier établi pour chacun des libérés et concluait à leur inégale solidité :

> En résumé, les renseignements que vous m'avez transmis ne permettent pas en général de se faire une idée précise de la gravité des faits reprochés aux intéressés et du bien ou

du mal fondé de la mesure d'élargissement. Les dossiers sont souvent d'une indigence incroyable, et il est impossible d'en tirer autre chose qu'une impression superficielle. Ou bien il existe d'autres renseignements que ceux qui y figurent et je m'étonne qu'ils ne m'aient pas été communiqués. Ou bien les enquêtes n'ont pas été consciencieusement faites et les fonctionnaires qui ont pris la responsabilité de vous proposer ces libérations en partant de ces seules données ont témoigné d'une légèreté qui va devoir être sanctionnée.

On ne peut séparer cette affaire de la situation du PCF qui participait au gouvernement mais s'appuyait sur ses très forts relais locaux : FFI, comités locaux de Libération, très nombreuses délégations municipales, organisations de toutes sortes liées à la résistance communiste. En même temps, on ne peut comprendre pleinement la réponse ferme de Tixier sans référence au retour des déportés politiques qui commençait alors et fut accompagné d'une relance de l'épuration et de l'internement.

Les dérapages des débuts et ces interventions illustrent bien les conflits de la Libération qui, souvent, opposèrent les autorités locales aux représentants de l'État. Chacun avait sa propre légitimité mais les conditions même de la Libération imposèrent à plus ou moins long terme la primauté du pouvoir central représenté, à Drancy, par le directeur du camp et la préfecture de Police, sur les pouvoirs locaux, ces FFI qui eurent les tout premiers temps le contrôle du camp et qui, ensuite, cherchèrent les moyens de contrôler les entrées et sorties en liaison avec la mairie communiste de Drancy.

Les internés de la Libération

Ainsi, dès sa réouverture à la Libération, quelques jours à peine après le départ des internés juifs, le camp de Drancy atteint quasiment sa capacité avec 4 200 internés au 1er septembre 1944. On est donc d'abord frappé par les chiffres. Le paroxysme, comme ce fut le cas ailleurs bien souvent, fut atteint à la fin du mois d'octobre avec près de 6 200 détenus. Ils étaient encore 4 314 le 1er décembre. Selon le tableau des effectifs dressé en décembre 1944, Drancy pesait pour 50 % des internés de la région parisienne qu'on retrouvait dans pas moins de 15 centres du même type.

Dates	Total	Hommes	Femmes	Enfants	% de femmes
3 septembre 1944	4 200				
30 septembre 1944	5 503	3 686	1 810	8	33
20 octobre 1944	**6 144**				
1er novembre	5 083				

Dates	Total	Hommes	Femmes	Enfants	% de femmes
28 novembre	4 486	3 297	1 189	0	27
1er décembre	4 314				
28 décembre	2 656	2 149	507		19
1er janvier 1945	2 170	1 773	397		18
29 janvier	1 299	0	0		
1er février 1945	1 213				
1er mars	910				
1er avril	727				
1er mai	679				
1er juin	615				
1er juillet	592				
1er août	529				
1er septembre	323				
8 septembre	84				

Mais la décrue fut rapide puisqu'il ne restait plus que 900 internés le 1er mars 1945 et 323 le 1er septembre, une semaine avant la fermeture du camp.

Ce qui frappe au vu des mouvements d'entrées et sorties, c'est l'impression de constant mouvement. Alfred Fabre-Luce insista sur les transferts d'un centre à l'autre : « Chaque soir, un lot d'émigrants reprend son voyage. D'autres, plus nombreux, arrivent (ou reviennent). Noisy-le-Sec ! Les Tourelles ! Le Dépôt ! Des autobus partent dans toutes les directions. La police joue avec ses prisonniers, les brasse, les échange, les perd. »

On peut citer le cas de Ginette Leclerc, autre internée vedette, qui aurait été menée à Drancy à huit reprises en quelques mois. Mais il s'agissait d'un cas extrême. Surtout, quand on sortait du camp, ce n'était généralement pas, comme l'écrit Fabre-Luce, pour être transféré dans une prison ou un autre camp, mais pour être libéré.

Au 1er août 1945, 11 424 personnes avaient été internées à Drancy depuis la Libération. 6 747 d'entre eux, soit 59 % du total, avaient été remis en liberté, 3 987, soit 35 %, avaient été astreints à résidence surveillée tandis que 6 internés étaient décédés dans le camp en l'espace de 11 mois.

L'internement administratif dans le camp de Drancy constitua donc un phénomène d'une très vaste ampleur. Mais on est également frappé par le nombre de libérations. Seule une infime minorité des internés passèrent du camp à la prison. La résidence surveillée suivie d'un procès constitua un débouché fréquent de l'internement. Quant aux libérés, on imagine sans peine qu'ils échappèrent pour la plupart à un procès.

Drancy eut pour particularité d'accueillir quelques étoiles qui avaient continué à briller dans le Paris de l'Occupation. Il y avait plusieurs hommes politiques de second rang, comme Pierre Taittinger, le président du conseil municipal de Paris, ou Jean Berthelot, en charge des Transports et de la Communications, avant le retour de Laval en avril 1942. On y trouvait de vraies vedettes de la culture, l'écrivain Alfred Fabre-Luce ou la comédienne Mary Marquet, l'éditeur Bernard Grasset ou, bien sûr, Sacha Guitry. Ce dernier fit de son arrestation et de son internement un livre qui connut un certain succès, *60 jours de prison*. Il était ciblé depuis longtemps puisque son nom était apparu pendant la guerre sur une liste noire d'écrivains et artistes collaborateurs publiée dans *Life*, aux États-Unis. Il fut donc arrêté dès le 23 août 1944 au matin. Un premier interrogatoire se déroula dans la mairie du VIIe arrondissement ; puis il passa quelques jours au dépôt dans les conditions évoquées plus haut ; le 27 août il était transféré au Vél' d'hiv avant d'être interné à Drancy du 2 septembre au 14 octobre. Il découvrit alors la réalité extérieure du camp : « une caserne affreuse, en ciment armé, pas terminée encore, mais délabrée déjà et qui peut se vanter de n'avoir aucun style ». À la fin du mois d'octobre il passa encore quelques jours en prison, à Fresnes, dont il fut rapidement libéré grâce à l'intervention de plusieurs personnalités, dont Tristan Bernard qu'il avait aidé à faire libérer de Drancy pendant la guerre. La procédure judiciaire engagée contre lui déboucha finalement sur un non-lieu en août 1947.

Drancy partageait avec les autres camps et prisons de France une singularité, le pourcentage élevé de femmes. Au 30 septembre 1944, on comptait 1 810 femmes,

Dessin d'un « suspect de collaboration ».

soit le tiers du total. Le pourcentage atteignait encore 27 % en octobre, descendit au-dessous de 20 % en novembre et décembre jusqu'au transfert des femmes au camp du fort de Noisy-le-Sec en février 1945.

On est loin de la norme des quelque 8 % caractéristique des prisons d'avant-guerre ou de la fin des années 1940. La différence n'a rien d'anecdotique, d'autant qu'elle fut plus importante encore en province. Peut-on la mesurer à l'aune de ce qu'on a appelé alors la « collaboration horizontale » ? Rien n'est moins sûr. On évoquera plutôt l'épuration de proximité, comme dans le cas en général des femmes tondues, dont un tiers seulement le fut pour relations sexuelles avec l'Occupant, comme l'a montré l'historien Fabrice Virgili. Si les femmes furent si nombreuses derrière les barbelés, c'est que l'épuration, au moins dans les premiers temps, ne fut pas le fait des instances de régulation étatiques habituelles, mais des acteurs et témoins locaux, au plus proche, qui raisonnèrent en fonction du motif présumé et non du genre de la personne. Les rancœurs locales et les règlements de compte mais aussi, plus généralement, la perception du traître ne s'embarrassaient pas du sexe de la personne visée.

À Drancy, les femmes et les hommes internés étaient d'abord et avant tout suspects d'avoir collaboré avec l'ennemi. L'ambiguïté des premiers mois ne favorisa sans doute pas la tâche de la direction du camp car, à côté de collaborateurs présumés susceptibles de représenter un danger pour la sécurité, étaient internés des militants du PPF ou du RNP – les deux grands partis collaborationnistes parisiens dirigés l'un par Jacques Doriot, l'autre par Marcel Déat – qui se retrouvaient dans un milieu bienveillant et évitaient dans la sécurité de l'internement quelque exécution sommaire. Le 20 octobre 1944, le directeur du camp se plaignait que la plupart

des internés étaient en fait des prévenus qui devraient relever d'établissements pénitentiaires. Le tri se fit bientôt et les collaborateurs avérés ou soupçonnés de l'être furent réorientés vers les prisons et le circuit judiciaire des cours de justice et des chambres civiques.

« Drancy palace », comme le surnomma un temps *L'Humanité* qui réclamait le retour des FFI ? Ou le camp des humiliations et des violences, comme il ressort souvent des témoignages laissés par les internés qui, eux, ont eu le loisir de témoigner ?

Par bien des aspects – mais est-ce une surprise ? – on retrouvait les conséquences habituelles de l'internement. La principale tenait dans la nature d'une mesure administrative qui, par définition, n'avait pas à s'appuyer sur la présomption d'un crime ou d'un délit et qui, n'étant pas une peine, n'avait pas de durée précise. L'absence d'information sur leur avenir participait, au premier chef, à l'angoisse des internés. Les nouvelles venues de l'extérieur par des canaux bien plus nombreux que pendant la guerre suscitaient des moments d'euphorie ou d'angoisse. René Château rapporte un épisode original quand le camp se réjouit et se congratula en apprenant que de Gaulle avait accordé l'amnistie à... Maurice Thorez ! « On s'embrassait presque dans la grande cour. Je ne suis pas sûr que les communistes eux-mêmes se soient autant réjouis [...]. Et nous étions près de 7 000, d'un coup, à délirer comme ça. » La rumeur de l'amnistie revint régulièrement. Enfermé à Fresnes, mais fort aussi de son expérience de prisonnier de guerre en Allemagne en 1940, Claude Jamet analysa avec finesse la diffusion de la rumeur :

> Il y aurait toute une étude à mener, scientifique, expérimentale, sur la génération quasi-spontanée de ces bobards consolants, leur croissance foudroyante, leur fructification merveilleuse, et leur mort. Ce sont les éphémères de la captivité. Ils brillent, ils bruissent quelques heures dans le soleil. Et, déjà, d'autres sont nés, aussi beaux, aussi fous qui ne dureront pas plus.

Tout aussi traditionnelle, on l'a vu, la mixité sociale suscita le plus souvent des tensions, même si les témoignages écrits de quelques intellectuels et artistes en dressèrent un tableau plus riant. Il est vrai que, plus généralement, les privilégiés avaient un traitement de faveur. On leur réservait le bloc III.

Avant d'être libérée, Mary Marquet quitta un temps ses amis privilégiés du bloc III pour le bien moins riant bloc I. Là encore, les constantes étaient à l'œuvre : « Il n'y a qu'une ampoule au plafond et, dans ce cloaque immonde, cinquante-deux paillasses doivent être alignées. Penchées aux baies partiellement vitrées nous humons l'air empesté qui sera nôtre désormais : cinquante latrines béantes exhalent sous nos fenêtres. » Le « château rouge » était toujours là.

Dessins d'un « suspect de collaboration ».

Mais si nombre de mécanismes de l'institution et des réactions des individus renvoyaient à la nature de l'internement administratif, le Drancy de l'épuration se singularisa en négatif ou en positif au regard des internés. La littérature des épurés de la Libération en rajouta sans doute dans les exactions commises. Malgré cela, il semble clair que, tout au moins au début, quand des FFI, dont on a vu le profil, avaient la main sur le camp, les coups et les vexations étaient le lot commun. Dans son premier rapport, daté du 3 septembre 1944, le commissaire divisionnaire dépeint une situation très précaire. Ainsi des conditions d'hébergement : « L'installation est des plus rudimentaires. Les paillasses étant en nombre insuffisant, beaucoup d'internés couchent sur le sol ou sur des couvertures s'ils en possèdent, car le camp en est totalement démuni. Un grand nombre de carreaux sont cassés. Les trois corps de bâtiments sont envahis par les punaises. » La surveillance médicale était assurée par des médecins désignés par le ministère de la Santé et qui avaient exercé les mêmes fonctions au Vél' d'hiv dans les jours qui suivirent la Libération. Ainsi encore de l'alimentation des internés : « La quantité allouée actuellement est minime. C'est ainsi qu'aujourd'hui il était distribué le matin un café, au déjeuner une quarte (militaire) de nouilles,

au dîner une soupe (eau chaude et *viandox* sans légumes) et un rond de saucisson. En outre 275 g de pain pour la journée. » La nourriture était assurée par la préfecture de la Seine (direction des réfugiés) qui l'obtenait du sous-secrétariat d'État au ravitaillement.

Après la normalisation étatique, les conditions furent bien plus favorables, mais le directeur du camp notait toujours en janvier 1945 qu'il n'y avait pas de chauffage alors même que l'hiver était très rude.

Pendant plusieurs mois, la pression des forces locales effrayait d'autant plus qu'à plusieurs reprises les FFI tentèrent, au moins au début, de pénétrer dans le camp. Tous les internés craignaient d'y passer ; les férus d'histoire pensaient aux massacres de septembre, en 1792.

À l'inverse, beaucoup se disaient que, protégés par les barbelés de Drancy, ils échappaient à un sort bien plus funeste. « Notre internement arrange tout le monde », résumait Alfred Fabre-Luce. « Le ministère de l'Intérieur évite des interpellations, les communistes sont débarrassés de leurs adversaires, les détenus sauvent leur peau, les familles sont heureuses de les savoir en "sûreté". C'est, en somme, par égard pour nous qu'on nous maintient à Drancy. La justice populaire rend, par contraste, la justice officielle douce et humaine. »

Les proches n'étaient pas les seuls à garder le contact avec les internés. La Croix-Rouge et les Quakers furent rapidement présents en continu. Surtout, la commission régionale puis nationale présidée par le Dr Bernard Duhamel et placée auprès du ministre de l'Intérieur suivait de près la situation. Des commissions de criblages se réunirent dans le camp dès le début du mois d'octobre 1944 afin d'examiner la situation avec les internés. Alors qu'il ne resta que six semaines à Drancy, Sacha Guitry fut entendu quatre fois par la commission avant d'être transféré à Fresnes. Il résuma quelques années plus tard ses diverses expériences des geôles de la République : « Fresnes, au moins, c'est sérieux. Le dépôt, c'était l'imposture. Le Vél' d'hiv, c'était l'horreur et la pagaille. Drancy, c'était indigne [...]. Fresnes, c'est autre chose. Fresnes, c'est la prison. »

Le 8 septembre 1945, le camp de Drancy n'existait plus. Un an après la capitulation allemande, la loi du 10 mai 1946 arrêtait la date légale de cessation des hostilités ; c'était la fin de l'internement administratif dans la France des années noires.

Très tôt, en marge de cette histoire, un autre protagoniste s'était invité dans les tours de Drancy. Dès le 6 octobre 1944, en effet, les troupes américaines s'installaient dans la caserne de gendarmerie de Drancy, à la cité de la Muette, cohabitant avec des gendarmes et leurs familles. La réquisition dura jusqu'au 29 décembre 1945. Pour l'anecdote, l'armée américaine versa une somme de 7 millions de francs à l'Office public d'habitation de la Seine en guise de dédommagement.

Le procès des gendarmes de Drancy

Mais si le camp de Drancy et l'épuration ont partie liée, ce n'est pas simplement que le premier servit pendant un an à l'internement des suspects de collaboration. Les gendarmes du « camp des Juifs », ceux-là mêmes qui avaient multiplié petits trafics et grandes humiliations, eurent à rendre des comptes à la justice. Or ce fut le seul procès de l'épuration qui fut centré sur la persécution des Juifs et la responsabilité de l'administration française.

Grâce au journaliste Didier Epelbaum, on sait précisément ce qu'il en fut. Dès la Libération, la commission d'épuration de l'armée de terre dont dépendait la gendarmerie se saisit du dossier et des enquêtes administratives. Plusieurs dizaines de gendarmes de Drancy furent concernées. L'affaire était si grave que quinze d'entre eux furent visés par une instruction judiciaire et dix, finalement, jugés du 19 au 22 mars 1947 devant la cour de justice de la Seine. Le réquisitoire du commissaire de gouvernement René Senac insistait sur la dimension allemande du crime :

> C'est un des aspects les plus révoltants et les plus douloureux aussi de la barbarie hitlérienne que cet antisémitisme actif, agissant, forcené, dont ces débats pendant quelques heures viennent nous rappeler tout ce qu'il avait d'odieux, de criminel ou même d'inhumain. Avec une haine implacable où la cruauté se disputait au raffinement et au sadisme, des hommes, qui pourtant se disaient être de la race des seigneurs, ont poursuivi méthodiquement, scientifiquement pourrait-on dire, l'extermination totale des israélites.

La singularité du crime était pointée sans ambiguïté. La responsabilité des gendarmes ne l'était pas moins. Senac reprochait à ceux qui passaient en jugement d'avoir appliqué le règlement « d'une façon hostile, d'une façon inhumaine » en se livrant, qui plus est, sur les internés à « des brutalités inadmissibles ». Une condamnation, comme dans tous les procès de l'épuration, impliquait de prouver le délit de trahison, d'où la référence à la « barbarie hitlérienne » dans le réquisitoire. Dans le cas des gendarmes de Drancy, cela s'était traduit par l'empressement mis à obéir, voire à devancer ou dépasser, les ordres de sa hiérarchie, car, comme pour tous les fonctionnaires de Vichy, une application sans zèle particulier des mesures de persécution n'était passible d'aucune peine.

Deux gendarmes, Paul Barral et Henri Cannac, furent condamnés à 2 ans de prison, mais aussi, comme un troisième, Jean Wattez, à l'indignité nationale et à la dégradation nationale. Un autre, Jean Larroquette, partagea la condamnation à l'indignité, mais en fut relevé pour son attitude ultérieure. Il semble qu'il aurait

averti la Résistance de l'organisation du dernier convoi massif par Brunner et permis, ainsi, de bloquer son projet criminel. Trois gendarmes étaient acquittés. Une affaire avait été disjointe, celle de Marcel Van Neste pour une simple erreur administrative, mais les charges étaient lourdes et, au même moment, il fut, comme Barral et Cannac, condamné à 2 ans d'emprisonnement et à l'indignité nationale pour 5 ans.

Marcelin Vieux, qui, en 1942, avait pris la direction du groupe de gendarmes chargé de la garde intérieure du camp, avait pu passer, un temps, au travers des mailles du filet. Il avait pourtant été arrêté une première fois à Limoges où il se trouvait affecté et où il avait été traduit dès septembre 1944 devant un tribunal FFI pour trahison et intelligence avec l'ennemi. Mais le tribunal demanda un complément d'information à Paris. Mis en disponibilité par la gendarmerie, il obtint, malgré les lourdes charges qui pesaient contre lui et un dossier préparé par Georges Kohn, un classement sans suite après plusieurs mois de préventive. Quand on voulut le convoquer à Paris, c'était trop tard. Il restait introuvable. Lourdement condamné par contumace, il réapparut le 5 novembre 1956. Ce jour-là il se présenta au commissariat du port de la Joliette à Marseille, en provenance de Buenos Aires. Il souhaitait, disait-il, s'engager en Algérie et devait donc, pour cela, liquider son passé. Les conditions avaient bien changé ; le conflit mondial était loin, remplacé dans tous les esprits par une nouvelle guerre. Il fut immédiatement mis en liberté provisoire et le tribunal permanent des forces armées de Paris, en son audience du 7 juin 1957, après sept mois d'une nouvelle instruction, le condamnait à 5 ans de prison et à la confiscation de ses biens. Moins d'un an plus tard, l'exécution de cette peine était suspendue. La mansuétude originelle, en septembre 1944, et les circonstances atténuantes puis la suspension de la peine en 1957 s'expliquent pour beaucoup par l'attitude adoptée par Vieux à Limoges où il avait été muté par mesure disciplinaire en novembre 1942. Là-bas il avait rapidement tissé des liens avec la Résistance.

Le seul procès de l'épuration qui fût centré sur la persécution des Juifs et la responsabilité de l'administration française, avons-nous écrit ? Sans doute. Mais pas le seul procès sur le camp de Drancy. Quelques années plus tôt, la justice militaire s'était saisie du cas de trois hommes, deux SS du camp, Josef Weiszel et Josef Czasny, et l'ancien chef interné des « piqueurs », Oskar Reich, assimilé aux hommes de Brunner. Voilà pourquoi il relevait de la justice militaire et non de la Cour de Justice. Le procès s'ouvrit le 8 février 1949. Vols, viols, séquestrations, violences : les charges étaient particulièrement lourdes contre Oskar Reich qui fut condamné à mort et exécuté, en juillet, au fort de Montrouge.

Il y avait bien longtemps, cependant, que la mémoire de Drancy avait pris le relais de l'histoire. Tant bien que mal.

Dans ce Camp de Drancy d'où BRUNNER déporta 120.000 personnes, s'élèvera bientôt grâce à notre initiative, ce monument, en souvenir des 117.000 martyrs qui ne sont jamais revenus.

La Voix des camps, photomontage du projet de monument porté dès 1945, publié ici en 1946 et refusé cette même année.

Chapitre VII
Les mémoires d'un camp

Dès son installation dans la capitale, après la Libération, le Centre de documentation juive contemporaine (CDJC), fondé dans la clandestinité à Grenoble le 29 avril 1943, instaurait une commission des camps. Le 22 février 1945, un premier résultat de son travail était présenté devant la commission ; il importait de rompre le « blocus du silence » sur les persécutions antijuives en France, expliquait son rapporteur, M. Ratner.

Le 21 septembre 2012, l'institution héritière du CDJC, le Mémorial de la Shoah, inaugurait, face à la cité de la Muette et en présence du président de la République François Hollande, un musée consacré à l'histoire du camp. « La mémoire de la Shoah est bien sûr celle des Juifs qui, depuis 1945, sont des survivants et des témoins. Mais la mémoire de la Shoah, c'est aussi l'histoire et donc l'affaire de l'Europe et de la France », disait le président ce jour-là.

En 1945, une institution juive privée s'était chargée dans la capitale d'un travail de documentation sur l'histoire de l'internement des Juifs en France ; en 2012, l'État la reconnaissait comme l'incarnation de la mémoire de la Shoah sur le site du « camp des Juifs ». L'évolution du site mémoriel de la cité de la Muette durant ces années recoupe certes les développements qui se sont produits à l'échelle nationale, mais elle est aussi directement modelée par des singularités locales. Une municipalité communiste jusqu'en 2001, éloignée des allées du pouvoir, la valeur architecturale du projet des années 1930, la présence d'une population aux revenus modestes et d'origine immigrée – Drancy après Drancy est polyphonique.

Le temps des livres

Différentes en cela des autres associations de déportés qui virent le jour à la Libération et privilégiaient une vision globalisante de toutes les déportations, les deux associations créées pour perpétuer la mémoire du « camp des Juifs »,

JACQUES DARVILLE — SIMON WICHENE
DRANCY
LA
JUIVE
OU
LA 2e INQUISITION
PREFACE DE TRISTAN BERNARD

si elles s'inscrivaient dans la tradition républicaine, reflétaient aussi sa vocation singulière. La première, l'Association fraternelle des anciens internés et déportés juifs, fondée fin 1944, était présidée par un « ami des Juifs », Henri Muratet, ancien résistant de Libération-Nord, secondé par Yves Jouffa. Elle se présentait comme apolitique, tout en étant affiliée à la Fédération nationale des déportés et internés résistants et patriotes (FNDIRP) de sensibilité communiste. La seconde, la « Confédération générale des anciens internés victimes du racisme, Drancy, Compiègne, Pithiviers, Beaune-la-Rolande, Gurs... » était animée par Roger Salomon (Jacques Darville) et Simon Wichené, des résistants et anciens internés de Drancy.

Ces derniers commencèrent par revendiquer l'usage de la cité de la Muette pour y loger les Juifs qui reviendraient de déportation avant qu'il soit procédé au regroupement des familles. Le conseil municipal, dominé par les communistes, donna son appui tout en souhaitant y héberger « tous les déportés, rapatriés, politiques ou raciaux ». C'était avant le tournant d'avril 1945. Les déportés et les prisonniers de guerre revenaient alors en France, suscitant une vague d'articles sur l'horreur de la déportation. Mais l'immense majorité des Juifs déportés de France restaient des « absents ». « On dit que la plus grande partie des Juifs déportés ont été exterminés », écrivait alors Marie-Thérèse Gadala dans son Journal. De leur côté, les dirigeants des organisations juives avaient très vite acquis une conscience claire de la spécificité du sort qui avait été celui des Juifs. Ils savaient qu'en usant du terme de « déportés raciaux » on rendait compte de l'origine de leur internement mais pas de l'extermination systématique qui les attendait au terme de leur voyage.

Transformer la cité de la Muette en centre de rapatriement des déportés juifs devenait inutile et la Confédération se tourna vers d'autres projets. Dans un ouvrage pionnier, *Drancy la juive ou la deuxième inquisition*, paru en 1945 et préfacé par Tristan Bernard, Darville et Wichené inauguraient l'historiographie du camp, en s'appuyant sur de nombreux témoignages ainsi que sur un grand nombre de photos et de documents. Ils proposaient une première périodisation ainsi qu'une liste des convois partis de Drancy et chiffraient à 120 000 le nombre de déportés du camp, une estimation consacrée au sein de la communauté juive et reprise partout.

Parmi les tout premiers ouvrages publiés par le CDJC, *Contribution à l'histoire des camps d'internement dans l'Anti-France* (Joseph Weill) et *De Drancy à Auschwitz* (Georges Wellers), parus conjointement dès octobre 1946, posaient d'emblée l'internement au cœur de la persécution antijuive et Drancy au centre du processus de déportation. Des témoignages publiés hors du CDJC s'ajoutaient à ces deux ouvrages : *Le Relais des errants* (Denise Aimé), *La Vie à Drancy* (Julie Crémieux-Dunand), *Amie des Juifs* (Alice Courouble), *Le Camp de Drancy, seuil de l'enfer juif*

Portrait de Georges Wellers par Jacques Gotko, mort à Auschwitz-Birkenau en 1944.

(Georges Horan) et, paru à Rome et en Italien, *Drancy 1941. Camp de représailles, Drancy la faim* (Noël-Nissim Calef) complétaient ce premier corpus informatif, disponible dès la fin des années 1940, à mi-chemin entre le témoignage et l'histoire. Tout y était abordé – la vie quotidienne était minutieusement décrite par d'anciens internés venus d'horizons différents, hommes, femmes, Juifs, amie des Juifs ou convertis ; les différentes périodes dans la vie du camp étaient représentées, les premières analyses les accompagnaient, tandis que visuellement les peintures de Jane Lévy, dans le livre de Julie Crémieux-Dunand, et les dessins de Jacques Gotko, dans celui de Georges Wellers, complétaient le « témoignage graphique » d'Horan.

C'était peu, jugeait pourtant Théo Bernard dans un article publié en 1946. Dans ce texte iconoclaste, il insistait sur deux points : Drancy était certes d'invention allemande, mais le camp était « d'organisation française », écrivait-il en soulignant la participation de la police française à l'arrestation des Juifs. Il dénonçait aussi l'antisémitisme de la bourgeoisie française et la politique antijuive de Vichy. Mais il n'épargnait pas non plus les internés juifs, en décrivant des divisions qui mettaient à mal le concept de « solidarité raciale ».

Ces différents écrits, centrés sur Drancy, extrêmement précoces et dont les auteurs étaient d'anciens internés furent tirés à peu d'exemplaires et ne soulevèrent qu'un intérêt restreint dans une France tournée vers sa reconstruction. Isaac Schneersohn, le fondateur et président du CDJC, se sentait même tenu d'en justifier la publication dans sa préface à l'un des ouvrages, en évoquant notamment « l'obligation contractée par les survivants à l'égard des martyrs ». Par ailleurs, le projecteur étant dirigé sur les convois de la déportation, tous les camps français étaient renvoyés à la marginalité, une marginalité qui touchait donc les publications sur la persécution des Juifs de France mais aussi les camps d'internement en France, et par conséquent Drancy à ce double titre.

Le temps des plaques commémoratives

La Confédération générale ajouta un autre volet à son action : elle proposa l'érection d'un monument à la mémoire des déportés et internés du camp. Dès la fin août 1945, elle demandait une cession de terrain à l'Office d'HBM de la Seine et mobilisa un comité de soutien prestigieux : des hommes politiques (Édouard Herriot), des anciens de la France Libre (Maurice Schumann, René Cassin, Francis-Louis Closon), le Grand Rabbin de France Isaïe Schwartz, des évêques, l'adjoint au maire de Drancy Benjamin Gibrat et d'autres. Le Consistoire central était de la partie et un vaste panneau annonçant le futur monument fut apposé devant le U.

Mais, dès février 1946, peu après le départ des derniers internés, l'Office d'HBM lançait des travaux pour rendre la cité à sa vocation première. Huit mois plus tard, il rejetait l'idée d'un monument, arguant que « les terrains de l'Office ne [devaient] pas être détournés de leur destination ». Le projet était d'un « goût plus que douteux » et il serait regrettable d'ériger un monument « essentiellement en mémoire des Juifs victimes de l'internement à Drancy et de la déportation étant donné qu'il y a eu bon nombre d'autres victimes », fut-il également avancé.

Ayant échoué à Drancy, la Confédération se tourna vers la commune voisine. Le 28 septembre 1948, elle fit apposer, en présence de représentants de l'État et des autorités civiles et religieuses, trois plaques commémoratives en gare de Bobigny pour rendre hommage aux « plus de 100 000 personnes » déportées « de cette gare » ; si le camp de Drancy y était mentionné, rien n'indiquait que les victimes étaient juives et la gare du Bourget-Drancy était oubliée.

Plaque du Vél' d'hiv'.

Le temps était mûr, en effet, pour l'apposition de plaques sur les sites de la persécution plutôt que pour un monument. Dès juillet 1946, une plaque était inaugurée en présence d'un représentant de l'État au Vélodrome d'hiver, « à la mémoire des trente mille hommes, femmes et enfants juifs victimes des persécutions raciales ». À Drancy même, la Fraternelle demanda à l'Office d'HBM de la Seine d'apposer dans la cité une plaque commémorative en « mémoire des Juifs déportés ». Cette fois, l'Office donna son accord et elle fut apposée à l'entrée du U, le 21 décembre 1947 :

> Ici furent internés par l'occupant hitlérien de 1941 à 1944 120 000 vieillards, hommes, femmes et enfants français ou étrangers de religion ou d'ascendance juive, tous déportés comme juifs dans les camps d'extermination en Allemagne où la plus grande majorité a trouvé la mort.

Sur le site du « camp des Juifs » comme sur celui du Vél' d'hiv, la spécificité du génocide était clairement représentée sur des plaques commémoratives. C'est là que les associations venaient se recueillir aux dates anniversaires.

Les commémorations dans la cité de la Muette

Dès la Libération, le monde juif s'était attaché à commémorer la mémoire de ses victimes. Les synagogues, les carrés juifs des grands cimetières parisiens, des salles louées de façon ponctuelle et les lieux marqués par la persécution accueillaient des foules très nombreuses. Le Consistoire israélite de Paris avait organisé un premier pèlerinage devant le « camp des Juifs » dès le 22 septembre 1944. Le 29 septembre 1946, un nouveau pèlerinage se déroulait pour la première fois à l'intérieur du U libéré des barbelés. « La minute où les rouleaux de la Loi furent promenés dans la cour avec un recueillement imposant atteignit un degré poignant d'exaltation », pouvait-on lire dans les *Cahiers Sefaradis.*

Dès lors, dans toutes les associations regroupant les immigrés originaires de la même communauté, les *Landsmannshaften*, le dimanche suivant *Rosh ha-shana* (jour du Nouvel An) et précédant *Yom Kipour* (jour du Grand Pardon) fut celui de la commémoration (la *Hazkarah*) du *hurbn* (la catastrophe) par l'ensemble des organisations juives aux victimes de ce que l'on appelle aujourd'hui la *Shoah.* La période choisie, jours de repentance et de recueillement, et le choix d'un dimanche – comme l'historien Simon Perego le souligne – expriment bien un « compromis entre tradition juive et environnement non-juif ». C'est donc à la suite des pèlerinages à Drancy et très rapidement qu'une date unique fut choisie au sein de la judaïcité de France pour commémorer le génocide.

Un dernier pèlerinage fut organisé à Drancy le 21 septembre 1947. La cité de la Muette ayant retrouvé sa vocation initiale, le Consistoire transférait dès l'année suivante sa cérémonie commémorative à la synagogue de la rue de la Victoire

La première commémoration après la fermeture du camp des « suspects de collaboration ».

où, le 27 février 1949, une stèle du souvenir fut inaugurée par le président de la République Vincent Auriol. La présence exceptionnelle de ce dernier à cette cérémonie consacrait « symboliquement la réincorporation totale et sans restrictions des Juifs français dans l'égalité nationale d'où ils avaient été temporairement exclus », commentait Edmond Dreyfuss, le secrétaire-rapporteur du Consistoire de Paris. À la différence des plaques du Vél' d'hiv et de Drancy, cette stèle mentionnait d'abord ceux qui avaient péri les armes à la main et réunissait dans un même hommage toutes les victimes de l'occupant. La « réincorporation dans l'égalité nationale » était indissociable d'une intégration mémorielle.

Le réaménagement du U, confié à Marcel Lods, progressait. Dès les premiers mois de 1949, tous les logements étaient prêts et loués. Mais il s'agissait de petits appartements. Récupérer les gratte-ciel aurait permis d'ajouter des logements plus spacieux à l'offre de logement social dans la cité, la crise du logement étant alors rude en région parisienne. Entre 1957 et 1962, de nouveaux grands ensembles furent édifiés pour répondre à cette demande à Drancy même. S'appuyant sur des ordres de réquisition successifs, le ministère de la Guerre réussit à l'automne 1949 à repousser définitivement les requêtes de l'Office. La cohabitation des familles de gendarmes avec les habitants de la cité s'installait donc dans la durée.

De son côté, la mairie de Drancy organisait ses propres commémorations dans la cité, comme celle du 28 janvier 1951, « à la mémoire des centaines de milliers d'hommes, de femmes et d'enfants qui passèrent à Drancy, avant d'être exterminés ». L'identité des victimes n'était pas précisée dans la presse locale, tandis que les auteurs du crime, les Allemands, au cœur des polémiques portées par la presse communiste étaient clairement désignés comme les coupables. C'est à cette époque seulement qu'une plaque était apposée à l'initiative de l'Association des combattants prisonniers de guerre de la Seine, pour rappeler l'internement des prisonniers de guerre français avant leur transfert en Allemagne ; dix ans plus tard, une autre voix s'exprimait sur le site, avec l'apposition d'une plaque consacrée aux internés britanniques qui leur avaient succédé.

Un travail statistique

La Fraternelle de Drancy s'était aussi engagée dans un travail de dénombrement de tous les déportés juifs de Drancy. Elle avait été précédée par le ministère Frenay aux Prisonniers, Déportés et Réfugiés, soucieux de dresser les listes de toutes les personnes déplacées en vue d'une éventuelle procédure d'indemnisation. La « Section des israélites déportés » dirigée par François Rosenauer, ancien interné de Drancy, fut la première instance à tenter d'établir une statistique du nombre de déportés, nous apprend l'historien Thomas Fontaine. Dès novembre 1944, un premier bilan était présenté, qui évoquait 62 812 déportés de Drancy sur un total de 85 000 déportés raciaux. Six mois plus tard le ministère avançait un chiffre de 66 576 déportés de Drancy, ventilés par nationalité. La rédaction d'un *Historique de la captivité et de la déportation* devait suivre mais la disparition du ministère qui avait achevé le travail de recensement, son remplacement par un ministère des Anciens Combattants et Victimes de guerre et des contraintes financières mirent fin au projet, tandis que les statistiques, au plus près de la réalité historique, n'étaient pas publiées.

Dès lors, les fonctionnaires furent remplacés par les historiens regroupés dans des institutions étatiques créées *ad hoc*, le Comité d'histoire de la Deuxième Guerre mondiale (CH2GM), dirigé par Henri Michel, étant né de la fusion de deux comités fondés dès la Libération. D'anciens déportés se trouvaient à l'origine de la première des commissions du CH2GM, la commission « Déportation ». Parmi eux, Annette Lazard, une catholique fervente, épouse de Christian Lazard, déporté comme Juif.

La commission lança d'emblée une enquête dans les départements, mais elle traîna en longueur et ses résultats ne furent jamais publiés. Pour des raisons politiques ? Plutôt parce que le résultat obtenu était absurde. Ainsi, le chiffre de 28 162 « déportés raciaux » n'avait retenu pour l'essentiel que les Français et ignoré les Juifs étrangers déportés du territoire français. Au même moment, les travaux publiés par le CDJC avançaient le chiffre de 80 000.

Une « institution juive privée » – le CDJC – et « un organisme officiel de l'État français » – le CH2GM –, selon les termes employés par Léon Poliakov, entretenaient certes les meilleures relations, de bon voisinage d'abord puisqu'ils furent un temps situés dans la même rue, puis de respect et d'amitié. La correspondance privée d'Henri Michel témoigne de ces liens étroits, en particulier avec Joseph Billig. Mais, outre ces différences de statut qui ne devaient rien au hasard, Léon Poliakov évoquait un « parallélisme des intérêts et des tâches ». Or ce parallélisme déboucha sur des historiographies qui ne se rencontraient pas, malgré certaines entreprises communes, dont un numéro spécial de la revue du CH2GM consacré en 1956 à la persécution des Juifs de France.

De son côté, la Fraternelle de Drancy avait achevé en 1954 le recensement de tous les déportés de Drancy : 67 693 déportés de 57 nationalités différentes étaient décomptés, le nombre et les dates des convois précisés, mais ces résultats ne furent pas publiés non plus. Les premiers chiffres obtenus, ceux de la commission Rosenauer, comme ceux de la Fraternelle, s'appuyaient sur les fichiers d'internés de Drancy, récupérés lors de la libération du camp.

Le temps des monuments

Au début des années 1950, un parallélisme analogue au précédent joua pour l'érection de monuments de la Déportation. Deux institutions œuvrèrent dans ce sens, le CDJC et le Réseau du souvenir.

« Le Réseau du souvenir n'est pas une nouvelle association de déportés ; il n'a pas pour but de défendre les intérêts des déportés [...]. Il se propose de faire communier le plus grand nombre possible de Français dans le souvenir des Martyrs de la Déportation », pouvait-on lire dans *Le Figaro* le 1er juillet 1952 sous la plume d'Henri Michel, le secrétaire général de la nouvelle association. Parmi les commissions créées, celle que présidait Jean Cassou avait pour objectif l'établissement d'un Mémorial des martyrs français de la déportation.

De son côté, le président du CDJC, Isaac Schneersohn, exprimait dès 1951 sa volonté d'ériger à Paris un mémorial dédié aux 6 millions de Juifs massacrés par l'Allemagne nazie. Le Réseau du souvenir et le CDJC souhaitaient donc créer dans la capitale un pôle mémoriel pour y honorer les victimes de la déportation – les déportés de France dans le premier cas et, dans le second, tous les Juifs exterminés, dont ceux qui avaient été déportés du territoire français.

L'inauguration du Mémorial du martyr juif inconnu devança de près de neuf ans celle du Mémorial des martyrs français de la déportation. Fin 1952, le conseil municipal de Paris octroyait un terrain rue Geoffroy L'Asnier pour l'érection du premier et la première pierre était posée en mai 1953 en présence d'un grand nombre d'officiels. En revanche, le second, situé à la pointe de l'île de la Cité, n'était inauguré qu'en 1962. Deux mémoriaux distincts honoraient deux catégories de déportés. Un rapprochement entre les deux mémoriaux s'effectua dès 1957 à l'occasion de la Journée nationale de la déportation et il devait tout à l'obstination d'Isaac Schneersohn qui avait multiplié les démarches pour une intégration du mémorial de la rue Geoffroy L'Asnier au programme de la cérémonie nationale. Cet hommage officiel « [mobilisa] des références républicaines, militaires et combattantes », signale Simon Perego, et conférait au Mémorial du martyr juif inconnu une légitimité dont il pouvait désormais se prévaloir dans le monde commémoratif, aussi bien juif que national.

Ce processus d'intégration était achevé lorsque l'idée d'un monument à Drancy émergea de nouveau. Cependant, les enjeux de la guerre froide retardèrent le rapprochement nécessaire entre la municipalité et les associations. Député communiste depuis 1958, maire en 1959, Maurice Nilès décidait en 1960 de jumeler Drancy avec Stalinstadt, située en République démocratique allemande. Alors même qu'un affrontement sur la question allemande déchirait les deux associations concurrentes de déportés – la FNDIRP, proche du PCF, et l'UNADIF, proche des gaullistes –, ce choix suscita la protestation de la Fraternelle, car « le nom de Drancy [n'appartenait] pas exclusivement à son maire ». Mais entre-temps, le procès mondialement médiatisé d'Adolf Eichmann, jugé à Jérusalem à partir d'avril 1961, gagnait Nilès à l'idée d'un monument. Seul témoin français, Georges Wellers y déposait le 9 mai 1961 en décrivant le quotidien des internés de Drancy et le sort des enfants juifs en transit vers les camps de la mort. Drancy acquérait, avec ce procès, « une réputation mondiale », expliquait le maire, et « c'est à la ville de Drancy qu'il revient de constituer [un] hommage ». Il y a là une particularité locale, car l'écho du procès Eichmann a été plutôt faible en France. Le 11 décembre 1963, Nilès engageait la municipalité dans un « projet d'érection d'un monument aux victimes du nazisme mortes en déportation après leur internement à Drancy », bientôt rejoint par la Fraternelle de Drancy et son nouveau président, Yves Jouffa. Dès lors, le maire de Drancy et le président de la Fraternelle y travaillèrent de conserve. Tous deux avaient été internés et résistants et venaient de lutter contre la guerre d'Algérie. Il fallut pourtant attendre une douzaine d'années pour que le projet aboutisse.

On assistait dans les années 1960 à une recrudescence des commémorations sur les sites symboliques des persécutions. Au Vélodrome d'hiver, c'est l'Amicale des anciens déportés juifs de France qui organisait ces manifestations. Créée en septembre 1945 par Nahum Fansten (de son nom de plume Marceau Vilner) et présidée par lui jusqu'à sa mort en 1967, cette Amicale, marginale de par son importance dans le monde associatif, avait la particularité d'insister constamment sur la nécessité de reconnaître la singularité du martyrologe juif. Fansten était un militant communiste, ancien résistant et déporté d'Auschwitz, qui dirigeait la *Naïe Presse*, l'organe en yiddish des Juifs communistes. On trouvait à ses côtés Henri Bulawko, un sioniste socialiste membre de l'*ha-shomer ha-tza'ir*, secrétaire général de l'Amicale. Elle organisait ses commémorations chaque année depuis 1952, à l'anniversaire de la rafle du Vél' d'hiv, mais aucun représentant de l'État n'y participait. Au début des années 1960, l'Amicale sollicita systématiquement le ministère des Anciens Combattants et Victimes de guerre, parvenant finalement à ses fins puisque la commémoration du 16 juillet 1963 était placée sous la présidence du ministre, Jean Sainteny. Cette implication de l'État ira s'accroissant, mais elle fut toujours le résultat de sollicitations expresses du monde juif organisé.

Le 28 mars 1965, une grande cérémonie du souvenir se déroulait au camp de Drancy à l'initiative de la Fraternelle en présence de Jean Sainteny, du Grand Rabbin de France, Jacob Kaplan, du président du Consistoire central des israélites de France, Louis Kahn, du préfet de la Seine et d'Henri Bouret, préfet de Seine-Saint-Denis. Le député-maire apporta son soutien matériel à la manifestation dans laquelle il voyait une préfiguration du projet de monument aux victimes. La plaque apposée en 1947 fut remplacée ce jour-là pour en rectifier les erreurs factuelles, mais sans en modifier le message.

Les années 1960 furent donc décisives à Drancy, marquant une implication toujours plus grande des autorités locales. Une fois obtenu, en juin 1966, l'accord du ministre de l'Intérieur pour l'érection du monument, la Fraternelle devenue l'Amicale des internés et déportés de Drancy mobilisa d'autres associations autour de ce projet, dont l'Amicale des anciens déportés juifs de France. Un comité provisoire présidé par le maire et composé de représentants d'organisations juives liées pour certaines au PCF faisait dresser en octobre 1969 un grand panneau associant hommage aux Juifs déportés et aux résistants français :

> De 1941 à 1944, 100 000 hommes et femmes, vieillards et enfants, victimes des persécutions raciales, ont été détenus au camp de Drancy. 67 693 d'entre eux ont été déportés dans les camps d'extermination de « L'Allemagne Hitlérienne », 66 175 ne sont pas revenus... Un monument sera érigé à cet emplacement en hommage à leur sacrifice, en hommage à tous les résistants qui ont donné leur vie pour la LIBERTÉ de la PATRIE et pour la PAIX.

UN MONUMENT COMMEMORATIF AU CAMP DE DRANCY

« Nous nous sommes promis d'élever ici un Monument qui sera la condamnation du Racisme et la preuve de notre attachement à la Paix des Hommes.

Ce sera le Monument du Souvenir.

Nous voulons qu'il soit aussi le Monument de la Vigilance ».

Extrait du discours prononcé par Me Yves Jouffa, à la Cérémonie de pose de la première pierre, le 26 octobre 1969.

Illustration R. GARCIA

Carton d'invitation à la pose de la première pierre du monument.

La première pierre fut posée le 26 octobre 1969 lors d'une cérémonie présidée par Henri Bouret, le préfet de Seine-Saint-Denis, et Georges Valbon, le président communiste du conseil général de Seine-Saint-Denis.

Quelques mois plus tard, Henri Bulawko qui, depuis le décès de Fansten, dirigeait l'Amicale des anciens déportés juifs de France, exprimait son inquiétude de voir effacée la spécificité juive du camp. Pour éviter cela, le Consistoire central des israélites de France et le Conseil représentatif des institutions juives de France (CRIF), qui représentait les Juifs de France depuis la Libération, furent associés au projet. Le comité changea de nom pour devenir le « Comité de soutien pour l'érection d'un monument à la mémoire des victimes des persécutions raciales internées au camp de Drancy, antichambre des camps d'extermination nazis » et lança, en avril 1971, une souscription publique et un concours pour la réalisation du monument, sous le parrainage d'un comité d'honneur composé de personnalités officielles, d'anciens résistants, de communistes, de socialistes, de gaullistes, des deux associations d'anciens déportés qui s'étaient entredéchirées quelques années plus tôt (FNDIRP et UNADIF), mais aussi de représentants tant des autorités locales que de tous les cultes. Le 26 avril 1973, le jury nommé par le Comité choisissait la maquette présentée par Shelomo Selinger, sur la soixantaine de projets qui avaient concouru. C'est au cours de cette même année que le livre de Georges Wellers, *De Drancy à Auschwitz*, était réédité.

Deux ans plus tard, à l'occasion du trentième anniversaire de la libération des camps, et pour la première fois, le camp de Drancy rejoignait officiellement les deux mémoriaux pour la déportation dans les manifestations officielles.

Le monument de Selinger

Boucler le budget nécessaire à la réalisation du projet était loin d'être simple. Il fallut multiplier les sollicitations, mais au total la municipalité et le département contribuèrent pour 45 % au coût du monument, les associations (principalement le CRIF et l'Amicale des anciens déportés juifs de France) pour 25 % et l'État pour 2 % seulement, le reste étant couvert par une cinquantaine de départements, 176 communes et surtout des dons de particuliers.

Le 9 mai 1976, le monument de Shelomo Selinger était inauguré, en présence du seul secrétaire d'État aux Anciens Combattants et Victimes de guerre, André Bord, car le Comité avait repoussé la proposition d'Yves Jouffa d'inviter les plus hauts dignitaires de l'État. La décision du président Valéry Giscard d'Estaing, annoncée un an plus tôt, de supprimer la commémoration du 8 mai pour promouvoir l'amitié franco-allemande était trop mal passée. Avec ce monument, Henri Bulawko

Pose de la première pierre en octobre 1969.

Inauguration du monument, 1976, en arrière-plan, la dernière tour alors encore debout.

pouvait être rassuré : l'identité des internés et déportés de Drancy était clairement exprimée. Shelomo Selinger, rescapé de plusieurs camps et de deux marches de la mort, seul survivant de sa famille, s'était établi à Paris en 1956. Son monument en granit rose était chargé de symbolique religieuse : trois blocs différenciés y composaient la lettre hébraïque *Shin*, utilisée pour exprimer l'un des noms donnés à Dieu – Shadaï, ou Dieu tout-puissant. Dix personnages qui, ensemble, constituent le *minyian*, le nombre d'hommes requis pour pouvoir organiser une prière, étaient représentés sur le bloc central. Deux lettres hébraïques, *lamed* et *vav*, formées par la coiffe, le bras et la barbe des deux personnages situés en haut de la sculpture, dessinaient le chiffre 36, soit le nombre de Justes qui selon la tradition juive permet au monde de subsister ; deux rangées de 7 marches – un chiffre qui, dans la Kabbale, figure la spiritualité – menaient vers deux blocs de pierre latéraux, les « portes de la mort » sur lesquelles on pouvait lire une inscription en yiddish ainsi que des inscriptions en français et en hébreu :

« Le 20 août 1941, 5 000 juifs furent arrêtés à Paris et rassemblés en ce lieu inaugurant le camp de Drancy, antichambre des camps de la mort. Près de 100 000 Juifs, Hommes, Femmes, Enfants et Vieillards y furent internés avant leur déportation pour la plupart à Auschwitz. 1 518 sont revenus. 256 furent fusillés comme otages. Ce monument témoigne des Martyrs Juifs de France victimes de la barbarie nazie. Passant recueille-toi et n'oublie pas. Regardez et voyez s'il est une douleur comparable à ma douleur » ; cette dernière phrase était tirée des Lamentations de Jérémie, 1-12.

Le site de la cité de la Muette, un ensemble architectural abritant des logements sociaux et orné en son centre de cette impressionnante sculpture chargée de symbolique juive devenait ainsi, avant que la mémoire de la Shoah ne s'installe dans l'espace public, l'un des lieux les plus singuliers du souvenir des internés et déportés juifs de France assassinés à Auschwitz.

Des vocations mémorielles convergentes

Lors de l'inauguration du monument, seule une tour surplombait encore symboliquement la cité. Les autres avaient été détruites. Le temps des gratte-ciel de la cité de la Muette était compté, mais la cité continuait à se développer. En 1956, l'Office avait édifié 98 nouveaux logements sociaux, plus spacieux et conçus par Lods, sur le terrain disponible au sud du U. Il restait aussi propriétaire et donc responsable des tours, peignes et redents, tandis que le ministère de la Défense en avait la disposition. L'Office envisagea dès 1962 de les vendre à ce dernier pour ne pas assumer les frais nécessaires à leur réfection et parvint à ses fins en 1973.

Démolition des tours, peignes et redents au printemps 1976.

L'année suivante débutait la démolition des tours fortement dégradées. Malgré l'intervention de l'architecte des bâtiments de France pour la préservation d'une des tours, la déconsidération générale des grands ensembles d'HLM, le poids politique du ministère de la Défense face au secrétariat d'État à la Culture et l'accord de Lods conduisirent, en avril 1975, à la décision de poursuivre la démolition. Pour ne pas effacer leur souvenir, deux maquettes sous verre des tours et des peignes se trouvent aujourd'hui encore dans le hall de la nouvelle caserne de gendarmerie mobile, tandis qu'une plaque y rappelle la vocation initiale du site et son détournement pendant la guerre.

Les questions liées à la préservation d'un patrimoine architectural, celles qui renvoyaient à la vie quotidienne des résidents de la cité et à la politique urbaine du pays et, enfin, la mémoire du génocide des Juifs, sur le point de s'imposer dans la conscience publique en France, apparaissaient donc au milieu des années 1970 étroitement associées sur le site.

Tourné dans les années 1976 à 1981 et diffusé à partir de 1985, le film-monument de Claude Lanzmann, *Shoah*, imposa progressivement ce terme dans les débats publics pour désigner l'extermination des Juifs d'Europe par les nazis pendant la

Seconde Guerre mondiale. Le processus qui mena en France au syndrome de Vichy – pour reprendre l'expression d'Henry Rousso – était alors bien engagé. La parution en 1973 du livre de Robert Paxton sur la France de Vichy et la sortie du documentaire de Marcel Ophüls, *Le Chagrin et la Pitié*, révolutionnaient le regard porté jusqu'alors sur la France des « années noires ». Au moment de sa diffusion à la télévision française en 1981, la spécificité de la Shoah s'imposait dans la conscience du monde occidental. En France même, une série d'affaires défrayèrent régulièrement la chronique à partir des années 1980 qui placèrent la Shoah au centre de l'attention publique. La première était liée aux propos négationnistes tenus par l'ancien commissaire général aux questions juives, Louis Darquier de Pellepoix, lors d'une interview qu'il accorda depuis son refuge espagnol au journal *L'Express* et qui fut publiée le 28 octobre 1978. Deux mois plus tard, une synagogue située boulevard Saint-Simon à Drancy était détruite par un incendie criminel, entraînant des manifestations contre cet attentat, organisées par le maire et les associations. Mais une grande partie des mobilisations médiatiques furent suscitées ou alimentées par l'avocat et historien Serge Klarsfeld qui avait fait paraître en 1978 le *Mémorial de la déportation des Juifs de France* et qui, tout en publiant documents et analyses, œuvrait à implanter la mémoire de la Shoah dans l'espace public.

Plaque portant souvenir de la tentative d'évasion par le tunnel en novembre 1943 apposée en 1980.

À Drancy même, l'actualité mémorielle s'en trouva renforcée. En septembre 1980, la construction du gymnase Joliot-Curie à la sortie du U mettait à jour le tunnel d'évasion creusé par les internés en septembre 1943. À la même période, le proviseur du lycée Eugène Delacroix de Drancy, Jacques Durin, engageait un projet d'action éducative autour de l'histoire du camp. Mobilisant les élèves de la classe d'hébreu, le réalisateur Jean-Patrick Lebel, qui animait l'antenne audiovisuelle de la maison de la Culture de Seine-Saint-Denis, réalisa des interviews d'anciens internés et déportés. En 1982, une souscription permettait la publication de *Drancy 1941-1944*, l'aboutissement de ce travail, tandis que Lebel donnait une suite au projet avec *La Cité de la Muette* (1986), le premier film documentaire exclusivement consacré au camp de Drancy. Y étaient retracées les étapes de l'histoire du camp en laissant une large place à des témoignages, dont celui d'Abraham Dymenstajn, qui y lisait des passages de son Journal.

À côté de ces initiatives locales, Serge Klarsfeld poursuivait son action militante, qui donna un relief particulier aux cérémonies du quarantenaire en 1982. Une commémoration fut organisée simultanément à Compiègne et à Drancy en présence du Grand Rabbin de France, de Maurice Nilès, ainsi que d'un représentant du gouvernement. La même année, Klarsfeld investit les médias pour dénoncer l'impunité dont jouissaient trois des responsables principaux de la persécution en France : Darquier de Pellepoix, Jean Leguay et René Bousquet. La chasse aux responsables de l'arrestation et de la déportation des Juifs de France devint d'actualité et l'avocat y joua un rôle central. En 1983, Klaus Barbie, l'ancien chef de la Gestapo à Lyon, était extradé de Bolivie vers la France et jugé quatre ans plus tard. Chef régional de la Milice à Lyon pendant la Seconde Guerre mondiale, Paul Touvier, après une longue cavale, était arrêté à son tour en 1989 et reconnu coupable de crime contre l'humanité lors de son procès en 1992. Après l'occupant et le collaborationnisme, la haute administration française fut au centre du troisième procès, celui de Maurice Papon en 1997/1998. Ces trois procès suscitèrent en France un intérêt médiatique fort important pour les « années noires », un intérêt qui se nourrissait aussi à d'autres sources, comme l'attentat de la rue des Rosiers le 9 août 1982 alors même que les commémorations de l'année 1942 battaient leur plein.

Ils eurent aussi un impact à Drancy. Le début du procès Barbie en mai 1987 mobilisa à nouveau le député-maire. Le 1er juin, Nilès convoquait un conseil municipal extraordinaire et proposait un additif au dispositif mémoriel de la cité : un wagon du souvenir abritant une exposition sur le camp. La SNCF céda des rails et un wagon de 1941. Pour l'inauguration du wagon-témoin le 6 novembre 1988, date anniversaire de la nuit de cristal, Maurice Nilès avait souhaité la participation des

La pose du wagon en 1988.

plus hautes autorités de la République. Il dut se contenter du soutien exprimé par le président François Mitterrand. En mars 1990, le wagon témoin était protégé au titre des Monuments historiques. Un projet associatif (non confessionnel), dû à une initiative locale, reprit à son compte la dimension pédagogique du projet. En octobre 1988, le Dr Richard Haddad, médecin dans le quartier de la Muette, créa, avec le soutien du maire, l'association du Conservatoire historique du camp de Drancy. De ce projet, très ambitieux au départ, ne subsista qu'un espace ménagé au rez-de-chaussée de la cité et qui accueillit les élèves auxquels on relatait l'histoire du « camp des Juifs » avant de leur montrer l'exposition présentée dans le wagon et de les inviter au recueillement devant le monument de Selinger.

Si les initiatives locales sur le site du camp s'étaient nourries de développements à l'échelle nationale, l'histoire particulière de Drancy fut aussi à l'origine d'un débat plus vaste. C'est en effet le député Jean-Claude Gayssot qui donna son nom à la première loi mémorielle, celle visant le négationnisme et votée le 13 juillet 1990. Elle prévoyait de pénaliser « ceux qui auront contesté [...] l'existence d'un ou plusieurs crimes contre l'humanité ». Or l'initiateur de ce texte représentait Drancy ainsi que Bobigny à l'Assemblée depuis qu'il avait succédé en 1986 à Nilès, son camarade politique. La loi Gayssot fit école et les « lois mémorielles » qui lui succédèrent, sur le génocide des Arméniens, la colonisation ou l'esclavage, aiguisèrent le débat sur les rapports entre histoire, droit et mémoire.

Mais si, dans les années 1990, les efforts de Serge Klarsfeld portèrent leurs fruits à l'échelon national, la mémoire du camp de Drancy dépassait rarement le cadre local. La multiplication d'« Affaires » liées au sort des Juifs pendant la guerre n'y changea rien. Ainsi du combat que mena l'avocat pour que la France reconnaisse officiellement sa responsabilité dans la persécution des Juifs. Ses tentatives se heurtèrent à la résistance du président Mitterrand qui, fidèle à une tradition établie dès 1940 par le général de Gaulle, établit une distinction entre le régime de Vichy illégitime et la République française qui n'avait pas à répondre de crimes commis par cette « autorité de fait ». C'est lors de la commémoration, le 16 juillet 1992, du cinquantième anniversaire de la rafle du Vél' d'hiv que la confrontation atteignit son paroxysme, lorsque le président Mitterrand, présent mais silencieux, fut hué par des manifestants, suscitant l'indignation de Robert Badinter, président du Conseil constitutionnel. En février 1993, le président, qui avait innové en honorant pour la première fois une commémoration au Vél' d'hiv de la présence de la plus haute autorité de l'État, mais qui était attaqué pour ses relations d'amitié avec Bousquet, s'efforça de mettre fin à la polémique en instituant par décret présidentiel la Journée nationale à la mémoire des victimes « des persécutions racistes et antisémites commises sous l'autorité de fait dite "gouvernement de l'État français" (1940-1944) ». Elle fut fixée au dimanche 16 juillet

ou au dimanche suivant – la rafle du Vél' d'hiv servant de référence pour la date choisie. Ce décret reconnaissait trois lieux symboliques de la mémoire nationale des victimes des persécutions racistes et antisémites : l'ancien Vél' d'hiv, l'ancien camp d'internement de Gurs et la Maison d'Izieu. Le camp de Drancy n'en faisait pas partie.

Localement, une plaque avait été inaugurée le 11 octobre 1992 à la gare du Bourget et l'année suivante les autorités municipales organisaient la commémoration de la Journée nationale de la déportation (le 24 avril) en jumelant deux cérémonies, l'une à Drancy et l'autre au fort de Romainville d'où 230 femmes, communistes pour la plupart, avaient été déportées pour Auschwitz cinquante ans plus tôt, le 24 janvier 1943. À cet hommage était aussi joint celui qui fut rendu aux six déportés résistants originaires de Drancy. Les manifestations organisées par la municipalité communiste devaient permettre l'expression de toutes les composantes de son histoire pendant la guerre.

Or c'est aussi à nouveau un 16 juillet et sur l'ancien site du Vél' d'hiv que le président Jacques Chirac effectua en 1995 le geste symbolique tant attendu par Klarsfeld et ses partisans et prononça le discours qui reconnaissait que « Oui, la folie criminelle de l'occupant [avait] été secondée par des Français, par l'État français [... et que] la France, ce jour-là, accomplissait l'irréparable ».

Certes, les ouvrages sur le « camp des Juifs » s'étoffaient d'un nouveau livre avec la publication en français du *Drancy la faim* de Noël-Nissim Calef. Les retombées de telle ou telle affaire locale pouvaient susciter un écho médiatique plus large : ainsi lorsque le wagon-témoin fut profané peu après la diffusion du film documentaire *Drancy, la honte* dans le cadre de l'émission *Envoyé spécial.* Mais c'est une fois de plus Serge Klarsfeld qui remit le « camp des Juifs » à l'ordre du jour. Cette fois-ci, il s'attaquait à la question de la spoliation des Juifs en s'appuyant sur un rapport du 31 juillet 1944 de Maurice Kiffer qui, après avoir été le caissier du camp de Drancy, en était devenu le liquidateur des comptes. « La IVe République s'est approprié » cet argent, accusait Klarsfeld. Ces propos étaient publiés le 15 juillet 1995 dans le journal *Libération* à la veille de la déclaration du président Chirac.

Là encore, ses actions finirent par aboutir, puisqu'en mars 1997 le Premier ministre, Alain Juppé, annonçait la création d'une « Mission d'études sur la spoliation des Juifs de France ». Le travail effectué par cette commission, dirigée par Jean Mattéoli, un ancien résistant alors président du Conseil économique et social, aboutit à la publication, au printemps 2000, d'un rapport général et de neuf ouvrages qui documentaient toutes les dimensions de la spoliation des Juifs. Par ailleurs, sur recommandation de la commission Mattéoli, l'État créa en décembre 2000 la Fondation pour la Mémoire de la Shoah (FMS) dont la dotation était constituée par les fonds en déshérence résultant de la spoliation des biens

Les fenêtres, classées Monuments historiques, avant et après les travaux de 2009.

juifs et conservés par les administrations de l'État et les établissements financiers. La FMS jouera un rôle central dans l'étape suivante de l'évolution du site mémoriel de la cité de la Muette.

Un Mémorial de la Shoah à Drancy

La nécessité de rénover les bâtiments d'habitation, le souci de conserver le patrimoine architectural, le militantisme de Serge Klarsfeld, des moyens financiers accrus grâce à la nouvelle FMS, l'action en relais du Mémorial de la Shoah jouèrent dès lors avec force.

Si plaques et monuments ornaient désormais le site, les bâtiments d'habitation se dégradaient. L'Office engagea donc des travaux de rénovation en juillet 1999. Or plusieurs initiatives étaient parallèlement initiées pour que la cité de la Muette soit classée au titre des Monuments historiques. Le Dr Richard Haddad s'était déjà adressé à la direction des Affaires culturelles d'Île-de-France (la DRAC) en 1998. Près d'un an après le début des travaux de rénovation, un photographe américain, William Betsch, dont l'attention avait été attirée par la cité lors du procès Papon, visitait les lieux pour y documenter les traces encore visibles de la déportation. Il s'indigna de constater que les huisseries de la cité dessinées par Jean Prouvé, dont les œuvres atteignaient des sommes fort élevées outre-Atlantique, étaient jetées et ses fenêtres remplacées sans le moindre souci de leur valeur architecturale.

« La modification que subit Drancy est un acte de mémoricide qui prépare une négation criminelle de l'histoire », écrivait-il dans un rapport adressé en juin 2000 à la DRAC. L'accord du préfet régional pour une instance de classement du bâtiment ne tarda pas à suivre, aussitôt soutenue par Catherine Tasca, alors ministre de la Culture, et l'Office fut mis en demeure de stopper les travaux. La ministre prit la mesure de classement par un arrêté du 25 mai 2001. La cité de la Muette était classée comme « réalisation architecturale et urbanistique majeure du XXe siècle [...] et en raison également de son utilisation durant la Deuxième Guerre mondiale d'abord comme camp d'internement, puis comme camp de regroupement avant la déportation, qui en fait aujourd'hui un haut lieu de la mémoire nationale ». Étaient particulièrement évoqués « les façades et toitures, les escaliers et leurs cages, les caves, le tunnel des déportés ». Les appartements pouvaient être rénovés librement.

La demande de classement du site associa donc les deux arguments évoqués d'emblée pour finalement aboutir : sa valeur architecturale et son histoire tragique durant la guerre. Restait à régler le problème des fenêtres Prouvé qui avait été le vrai déclencheur de ce classement. L'architecte en chef préconisait de les remplacer à l'identique, une proposition qui fut validée en juin 2002. Compte tenu des difficultés de mise au point, il fallut attendre encore quelques années.

Dans le même temps, le lien entre la cité et son histoire continuait d'occuper tant les politiques sur le plan local que les militants de la mémoire de la Shoah. Le nouveau maire de Drancy, Gilbert Conte, qui avait remplacé Jean-Claude Gayssot en 1997, souhaitait, d'accord en cela avec Nilès, élargir la vocation mémorielle du site en y créant un Centre international de recherche sur les exclusions et en associant trois lieux symboliques, le musée de Robben Island au Cap, symbole de la lutte contre l'apartheid en Afrique du Sud, Gorée au Sénégal, lieu de mémoire de la traite négrière en Afrique, et Drancy dans une même étude de l'histoire des trois crimes contre l'humanité. Mais ce projet, qui ne faisait pas l'unanimité, tourna court après la victoire le 11 mars 2001 de Jean-Christophe Lagarde (UDF) mettant fin à soixante-six ans de gestion communiste à Drancy et dans un contexte où le Mémorial de la Shoah prenait un nouveau départ à Paris.

De son côté, le préfet de la région Île-de-France (Jean-Pierre Duport), qui avait occupé de 1993 à 1998 les fonctions de préfet de Seine-Saint-Denis à Bobigny, relayait une idée que la ville de Bobigny et son maire communiste, Georges Valbon, en partenariat avec l'Association pour la Fondation Mémoire d'Auschwitz (AFMA, créée en 1987 par Georges Wellers et Henri Moraud), essayaient de promouvoir depuis la fin des années 1980, ayant envisagé un temps la création d'un Musée de la résistance du rail et de la déportation. Là encore c'est un projet de démolition du bâtiment dit « des voyageurs » qui avait réveillé la mémoire quelque peu assoupie du rôle joué par la gare de déportation de Bobigny entre juillet 1943 et la Libération. Un comité de pilotage était créé en mai 2002 qui conduisit en janvier 2005 au classement de la gare au titre des Monuments historiques. L'entreprise de ferraillage qui avait occupé les lieux déménageait et Réseau ferré de France (RFF), dont Duport était devenu entre-temps le président du conseil d'administration, cédait, pour un franc symbolique, le bâtiment des voyageurs à la ville. Jouant ensuite un rôle moteur, la SNCF, présidée par Guillaume Pepy assisté par l'un de ses hauts cadres, Bernard Emsellem, signait en 2011 un protocole de coopération avec la ville de Bobigny pour la réhabilitation de cette ancienne friche ferroviaire. C'est en ce lieu que Pepy prononça un discours de reconnaissance du rôle de la SNCF dans la déportation des Juifs de France. Il s'inscrivait dans la continuité du discours du président Chirac en 1995 et du discours de repentance des évêques de France en septembre 1997, mais c'était aussi une réponse de la SNCF aux attaques qui, sur le continent américain, bloquaient le développement de l'entreprise.

Aboutissement des évolutions qui s'étaient produites dans les vingt années précédentes, le Mémorial du martyr juif inconnu devenait, en 2005, le Mémorial de la Shoah. Il s'était considérablement agrandi, grâce notamment à l'aide financière de la FMS, et incarna, plus que jamais, la mémoire de la Shoah en France. Mais Serge Klarsfeld n'oubliait pas Drancy. Ayant repéré un pavillon en vente juste en face de la cité, il en informa la FMS qui demanda à la municipalité de le préempter. Le 8 novembre 2004, le préfet d'Île-de-France convoquait un comité de pilotage et annonçait que la ville de Drancy cédait le terrain au Mémorial de la Shoah. Trois ans plus tard, la FMS lançait un concours international qui fut remporté par un architecte suisse, Roger Diener. Le bâtiment permettait avec ses larges baies vitrées d'avoir une vue globale sur l'ancien « camp des Juifs » à partir de la salle d'exposition où son histoire était retracée. Lorsque le 21 septembre 2012 le président de la République, François Hollande, inaugura le nouveau musée mémorial, il consacrait la centralité du site de Drancy dans l'histoire de la persécution des Juifs de France. D'abord lieu de mémoire porté par les seules organisations juives puis, en relais et en support, par les élus communistes locaux, le « camp des Juifs » de Drancy était devenu, dès lors, un lieu de mémoire national consacré par les plus hautes autorités de l'État.

Dans la cité même, la vie continuait. Durant ces années, les résidents s'étaient souvent inquiétés – le classement, l'arrêt des travaux de rénovation, des rumeurs, infondées, d'une expulsion à venir –, vivre sur le site du « camp des Juifs » n'était pas de tout repos. En 2009, les travaux de remplacement d'une partie des huisseries furent enfin engagés. Des graffitis jusqu'alors inconnus furent découverts par des ouvriers dans les anciens « escaliers de départ ». Environ soixante-dix carreaux

Le pavillon dont le terrain a été préempté pour la construction du musée.

Le Mémorial de la Shoah-Drancy adossé à l'hôtel-restaurant d'avant-guerre.

Graffiti en yiddish, « Maître de l'Univers, aide ton peuple Israël », mars 1944.

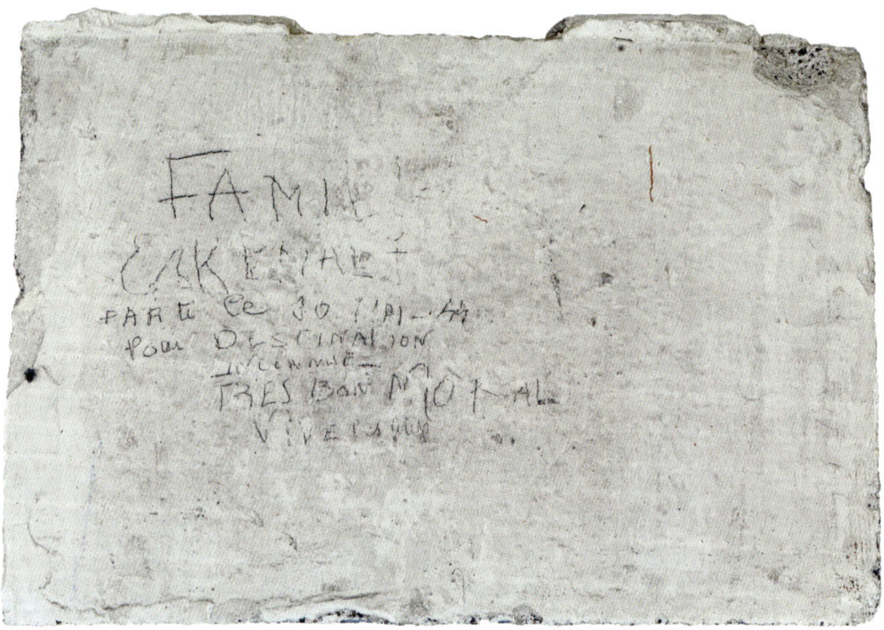

Graffiti de déportation de la famille Eskénazi, 30 mai 1944.

Le bloc III et ses balcons, hier et aujourd'hui.

de plâtre avec graffiti étaient restaurés en 2011 à l'initiative du Conseil général de Seine-Saint-Denis, soutenu par la DRAC et la région, et exposés l'année suivante dans la crypte du Mémorial de la Shoah à Paris puis aux archives départementales de Seine-Saint-Denis. La protection au titre des Monuments historiques pour des raisons architecturales avait permis d'enrichir la connaissance historique.

Les résidents n'ont guère attiré l'attention que dans un film réalisé en 1998 et peu diffusé. Dans *Les Voix de la Muette*, Daniela Zanzotto leur laisse la parole. Des images de leur vie courante s'interposent à celles du camp des temps de guerre. La cité a rajeuni, elle a été largement rénovée au cours des années, les habitants en sont conscients dont certains se félicitent de la chaleur humaine dans cet endroit où l'espace est suffisant pour éviter toute promiscuité. La factrice connaît tout le monde ; sous l'œil de la caméra, elle réserve un mot gentil à chacun des résidents. D'autres se plaignent de la composition sociale dans le site – « des gens à problèmes ». C'est une nouvelle sorte de ghetto, s'inquiète la factrice évoquant la surreprésentation d'une population immigrée. Chacun sait que l'histoire du site a été tragique pendant la guerre. Cela se passait entre les Allemands et les Juifs soutiennent des jeunes, incrédules lorsqu'on les confronte à une photo d'époque où se profile un gendarme. Certains en ont assez d'être dérangés. D'autres se sont habitués. D'autres encore sont un peu gênés lorsqu'ils pensent à ce qu'a été leur appartement. C'est une cité comme une autre, dit l'un des résidents. Une cité comme une autre ?

À l'intérieur d'un ensemble de bâtiments en fer à cheval, un wagon, des rails de chemin de fer et une statue monumentale ; à l'extérieur, une caserne où résident des familles de gendarmes ; dans divers endroits, des plaques du souvenir et, face à la cité de la Muette, un musée dédié à la mémoire du camp. Ce dispositif mémoriel est complété par celui de la gare de Bobigny. La cité de la Muette à Drancy parle de plusieurs voix, mais son histoire est désormais inscrite dans le paysage urbain.

Vue générale de la cité de la Muette.

Sources et Bibliographie

Ce livre est le résultat d'un projet qui remonte à plusieurs années. C'est Denis Maraval (Fayard) qui en a conçu l'idée et s'est adressé à nous pour le réaliser. Anthony Rowley a repris le flambeau et nous en avions longuement discuté avant son décès brutal. Nous remercions ici le premier pour la confiance qu'il nous a témoignée et nous souhaitons rendre hommage à la mémoire du second dont le père a été interné à Drancy, en tant que prisonnier de guerre britannique. Merci enfin à Sophie Hogg pour sa patience infinie, son soutien sans faille et le professionnalisme amical avec lequel elle a accompagné ce projet et à Pauline Labey pour le soin avec lequel elle a préparé le manuscrit.

Nous avons décidé de ne pas mettre de notes tout au long du texte pour en faciliter la lecture. En revanche, toutes les sources utilisées (documents d'archives, articles ou livres) sont regroupées dans la liste ci-dessous.

Outre les ouvrages précédents des auteurs qui présentent une quantité appréciable d'informations reprises ici, nous avons pu bénéficier du travail de ceux qui nous ont précédés, qu'il s'agisse de Serge Klarsfeld dont le *Calendrier de la persécution des Juifs de France* est une véritable mine, du livre de Georges Wellers qui a posé les fondements de l'histoire de Drancy, du livre de Didier Epelbaum sur les gendarmes de Drancy. Ajoutons les ouvrages de Maurice Rajsfus, Annette Wieviorka et Michel Laffitte qui en précisent de nombreux aspects. À cela s'ajoute le manuscrit préparé par Adam Rutkowski sur le camp de Drancy qu'il a rédigé dans les années 1980 sur la base des documents du Centre de documentation juive contemporaine et qui n'a jamais été publié.

On trouvera ci-après la liste des livres et documents sur lesquels nous nous sommes appuyés dans ce travail, mais il nous paraît utile d'insister sur la source irremplaçable que constituent les journaux tenus par Noël-Nissim Calef, François Montel, Christian Lazard, Georges Kohn, Georges Horan, Saul Castro, Abraham Dymanstajn et Françoise Siefridt, le témoignage écrit de l'agent de la préfecture de Police de Paris Raymond Gallais, ainsi que les correspondances de Louise Jacobson, Zacharie Mass, Benjamin Schatzman, Abraham Baron et Paul Zuckermann. Nous remercions tout particulièrement Suzanne Sarquier, la fille de ce dernier qui nous a autorisés à consulter le texte dactylographié de l'ensemble de ces lettres qui devraient être bientôt publiées. À cette collection déjà impressionnante de documents bouleversants qui, dans leur majorité, ont été publiés, s'en ajoutent d'autres, inédits et bien souvent inconnus. Ils fournissent des informations ou un éclairage d'une valeur exceptionnelle. Car ces documents ne sont pas seulement inédits, ils émanent de Juifs d'âges et de conditions variés, internés à des périodes différentes et qui ne jouaient aucun rôle dans l'administration juive du camp, à la différence des autres chroniques du camp utilisées jusqu'à maintenant. Ainsi de la correspondance d'Abraham Baron avec sa femme Maryse et du journal que cette dernière tenait tandis que son mari était interné ; ainsi des quelques pages manuscrites du journal d'Abraham Dymenstajn, un jeune interné de 16 ans ; ainsi du journal de Saul Castro ; ainsi du journal extraordinaire de Georges Horan. Que Daniel Baron qui nous a confié une correspondance si chère à son cœur, qu'Anne Freadman qui nous a signalé l'existence de deux de ces journaux, que Franck Berthelet qui nous a envoyé une copie dactylographiée du journal de son grand-père Saul Castro, que Françoise Kornprobst et Madeleine Koiransky, grâce auxquelles nous a été accessible le journal de Georges Horan dont Benoît Pouvreau prépare une édition, soient ici remerciés. Notre dette à leur égard est immense. Tous nos remerciements aussi à Claire Pessin-Garric et aux descendants de la famille Eskénazi pour l'autorisation d'utilisation du graffiti.

Enfin, que soient ici tout particulièrement remerciés Thomas Fontaine et Simon Perego qui nous ont permis d'utiliser leur doctorat (pour le premier) ou des sources collectées par eux (pour le second) et leurs travaux extraordinairement novateurs sur l'immédiat après-guerre.

À cette liste, il faut ajouter Karen Taïeb, Lior Smadja et Ariel Sion au centre de documentation du Mémorial de la Shoah, toujours prêtes à nous aider dans notre recherche, Laurence Voix, au centre d'enseignement multimedia du Mémorial, ainsi que Patrick Barker aux archives municipales de Drancy, Pascale Van Praet aux archives de l'Office public d'habitat de Seine-Saint-Denis, Anne Bourgon, Vincent Guigueno, Jean-Patrick Lebel et Violaine Challéat-Fonck, des Archives nationales (département Justice et Intérieur).

Depuis bien longtemps, nous travaillons en étroite complicité avec les archivistes. Nous ne saurions trop souligner l'importance de leur travail et leur diligence. Bien souvent ce sont eux qui nous ont déniché une pépite ou orientés vers un fonds inédit. Qu'ils soient ici remerciés très chaleureusement.

Nous avons fait le choix, avec notre éditeur, de présenter de très nombreuses illustrations. En majorité ils proviennent du mémorial de la Shoah (CDJC) et nous remercions Jacques Fredj, son directeur, de nous avoir permis d'enrichir ainsi ce volume. Merci, de même, au service patrimoines et inventaire du Conseil régional d'Île-de-France, à la Direction des services d'archives de la Seine-Saint-Denis, à la ville de Drancy et à la ville de Bobigny.

Documents d'archives

Centre de Documentation Juive Contemporaine (CDJC)

V-62 ; rapport du 28 février 41 sur la conférence à l'ambassade avec Abetz, Dannecker, Achenbach et Zeitschel.

XVa-169 ; procès-verbal d'audition de Gilberte Jacob, née Lévy, le 6 juin 1945.

XXI ; Confidentiel, le 3 février 1944 aux commissaires divisionnaires, commissaires de voie publique et des circonscriptions de banlieue.

XXIV-15a ; lettre du 4 avril 1941 au Leiter der Abteilung Verwaltung des Verwaltungs-stabs des MBF.

XXVb-147 ; note de Röthke après la conférence du 28 août 1942 à Berlin sur l'« évacuation » des Juifs d'Europe, (1er septembre 42).

XXVa-126 ; lettre de Pavalesco, consul général de Roumanie à Paris, 17 décembre 1943.

XXVa-134 ; lettre de Pavalesco au commandant du camp de Drancy.

XXVa-142 ; lettre de Pavalesco du 31 janvier 1944.

XXVa-147 ; Röthke au commandant de la Sipo-SD de Montpellier, le 9 mars 1944.

XXVc-249 ; rapport du chef du commandant d'escorte à Röthke, Strasbourg, le 3 décembre 1943.

XXVI-72 ; note de Röthke le 25 avril 1943, sur l'ordre d'arrêter les employés étrangers de l'UGIF (du 15 mars 1943).

LXXI-72 ; rapport du 28 février 1941 sur la conférence à l'ambassade avec Abetz, Dannecker, Achenbach et Zeitschel.

CII-8 ; préfet de la Seine (Magny) à SE Intérieur, Paris, le 21 août 1941.

CII-8 ; 7 septembre 1941, rapport sur l'état sanitaire du camp de Drancy, Dr Tisné.

CII-8 ; préfecture de la Seine à Xavier Vallat, Paris, le 10 septembre 1941.

CII-21 ; procès-verbal de la réunion au camp de Drancy, entre autorités allemandes et françaises le 27 août 1941.

CII-18 ; Vichy le 9 décembre 1941, Notes de Renseignements des RG, n° 9056/5 sur la situation des internés juifs de Drancy, d'après un rapport établi par « les milieux israélites de Vichy ».

CII-31 ; Paris le 5 décembre 1941, « Un groupe de femmes-mères et épouses des internés de Drancy » à Monsieur Xavier Vallat.

CII-32 ; Tract « Brisons l'arme de l'antisémitisme, unissons-nous ».

CII-21 ; procès-verbal de la réunion au camp de Drancy, entre autorités allemandes et françaises.

CCXVII-26 ; « La libération du camp de Drancy », s.n., s.d., mais rédigé quelques jours après cette libération.

CCXVII-34 ; les conditions matérielles de la vie à Drancy.

CCXVII-25_001 à 011, CCXVII-29_001 à 003, CCXVII-30_001 à 003 ; archives de la Confédération générale des anciens internés victimes du racisme.

CCXVII-27 ; Raymond Gallais.

CCXX1-18 ; rafle du 21 août 1941.

CCXXI-19 ; situation au 15 juillet 1943.

CCXIII-106 -35 à 65 ; témoignages recueillis en novembre 1941 par le Comité Amelot.

CCXIII-85 ; synthèse des témoignages de quelques libérés.

CCXXXIII-50 ; Robert Worms, note sur le fonctionnement d'un des services consacrés aux internés du camp de Drancy à l'hôpital Rothschild, décembre 1941-juillet 1942.

CCCLXXVI-6 ; départs : consignes, 2 juin 1942 ; 6 juillet 1943, le lieutenant-colonel Robert Blum commandant le camp de Drancy.

CCCCLXXV-1 ; listes par escalier et par chambre – Drancy (effectuées par le Bureau des effectifs).

CDXXV-19 ; physionomie de la Quinzaine (rédigée par les militants du Comité Amelot).

CDLVIII-32 ; Drancy le 9 septembre 1942, note de service.

CDXXX-40 ; libération du camp de Drancy.

CDLVIII-36 ; programme d'un spectacle le 29 novembre 1942.

CCCLXXVII ; notes de service.

CCCLVXI-38 ; rapport sur les déportations et l'activité de l'Aumônerie, août-septembre 1942.

CCCLXXVI-6 ; organisation des départs.

CCCLXXVI-10 ; rapport Aujaleu, Inspecteur général de la santé et de l'assistance, 1er mai 1942.

CCCLXXVII-16 ; rapport aux autorités allemandes, Le Commandant du camp le 16 septembre 1943.

CDLVIII-32 ; Drancy le 9 septembre 1942, Note de service.

CCXIV-5 ; 3 juillet 1942, Rapport d'une assistante sociale bénévole à l'UGIF.

CCXVIII-68 et CCXVII-27 ; Témoignage de Raymond Gallais le 18 décembre 1944.

CCXVII-26 ; La libération du camp de Drancy.

XXVb-16 ; Lettre de Leguay, sous-préfet, délégué dans les territoires occupés du Secrétaire Général à la Police à Röthke, du 15 septembre 1942.

DIII-61 ; témoignage de Tony Gryn (en yiddish).

DLX-2 ; liste des internés juifs du camp de Drancy emmenés le 14/12/41 par les autorités allemandes (exécution de la lettre N°C.R.19/41 du Kommandant Von Gross Paris).

DLXII-1 à 221 ; série de notes fixant les nouvelles règles disciplinaires après l'arrivée des Allemands.

CMLXXXVI (19)-6 ; André Baur, lettres à Albert Manuel.

CMLXXXVI (19) ; lettres de Paul Zuckermann.

CMLXXXVI (22)-6 ; lettres de Drancy de Max Fildeman à sa famille.

Baur André, *Lettres à Odette. Drancy, 26 juillet-3 septembre 1943, Introduction par Gilbert Manuel, brochure dactylographiée.*

Manuscrit d'Adam Rutkowski sur le camp de Drancy.

Archives du YIVO (New York)

France during WWII, 2-F 23 ; rapport du 10 septembre 1943.

2 et 3, (1296), 27-28 ; compte rendu de la séance de l'UGIF du 24 mars 1942.

94, (1106, 1107, 1108) ; dernières lettres de fusillés.

88, 14 (19) ; Drancy, le 12 mai 1942, commandant du camp d'internement de Drancy au secrétaire général de l'UGIF.

88, 15 (20) ; UGIF Marseille en avril 1943.

89, 3 à 10 ; employés à Drancy, denrées fournies par l'UGIF à Drancy.

89, 24 à186 ; registre d'entrées au camp de Drancy.

RG 210, XCII-100 ; instructions concernant le régime des colis au camp de Drancy.

Archives nationales (AN)

Séries F, 3W et 72AJ

F7, 14887 ; Drancy, le 1er septembre 1942, le commissaire de police, commandant du camp d'internement de Drancy au directeur des Affaires administratives de la Police générale.

F7, 15107 ; 21 août 1942, préfet de la Seine à Intérieur ; compte rendu de M. Lebeque, chargé de mission à l'Inspection générale des camps et centres d'internement du territoire sur une visite effectuée le 4 janvier 1942 (daté du 6 janvier 1942) ; rapport sur le camp d'israélites de Drancy, préfecture de la Seine, par le directeur des Affaires économiques et sociales le 10 mars 1942 ; rapport de Jean Tisné, médecin chef, le 10 février 1942, sur l'état sanitaire du camp ; préfet de la Seine à SGP le 29 juin 1942 ; 30 novembre 1942, préfet de la Seine à ministre secrétaire d'État à l'Agriculture et au ravitaillement.

F7 14889 ; note sur la question de la désignation des otages. Le MBF au DGTO, le 19 septembre 1941 ; DGPN, 22 octobre, aux préfets : transmettre ces listes comme indiqué pour 1er novembre prochain, terme de rigueur ; vice-présidence du conseil, Paris, 23 octobre 1941 (note verbale au MBH via général Best via Ingrand par J.S. Sellier, chef adjoint du cabinet).

F7 14968 ; note du ministre de l'Intérieur, 26 janvier 1945 ; circulaire du ministre de l'Intérieur, 28 mai 1945 ; 3 février 1945, circulaire du ministre de l'Intérieur (objet : application de l'ordonnance du 4 octobre 1944 sur l'internement administratif des individus dangereux pour la défense nationale ou la sécurité publique) ; procès-verbal des réunions mensuelles des délégués d'administration publiques et d'organisations s'intéressant aux internés, 31 octobre 1944 au 20 novembre 1945.

F7 14969 ; rapports mensuels sur Drancy à la Libération.

F7 14971 ; statistiques de l'Inspection générale des camps, 1944-1946.

F7 15086 ; note pour Monsieur le Directeur du Personnel et de l'Administration de la Police (à l'attention de MM. Lefevre et Couty), 20 août 1941 de la part de la DGTO.

F7 15087 ; chiffres d'internés sur la Libération avec liste des camps.

F7 15 088 ; convoi du 24 août 1942.

F7 15107 ; préfet de la Seine au ministre de l'Intérieur, 21 août 1941 ; rapport de Jean Tisné, médecin-chef du camp, 10 février 1942 ; préfet de la Seine à ministre-secrétaire d'État à l'Agriculture et au ravitaillement, 30 novembre 1942.

F9 5579 ; journal de Georges Kohn (très larges extraits).

F21 7085/B ; archives de la direction générale des Beaux-Arts.

3W 87 ; procès Bonnefoy, cour de Justice, cahier des consignes (de censure), 1er octobre 1941-31 mars 1943.

72AJ 287 ; journal de Christian Lazard.

72AJ 288 ; camps Drancy, Fresnes, Romainville ; note de service du commandant du camp, 26 mars 1942 ; note de service, 27 octobre 1942.

Série : archives de l'équipement, Direction de l'habitat et de la Construction (Pierrefitte-sur-Seine)

Conseils d'administration de l'OPHBM du département de la Seine du 20 décembre 1929, 26 octobre 1945, 29 octobre 1946, 29 novembre 1946, 22 décembre 1947, 16 décembre 1949, 6 juillet 1962, 5 juin 1964, 8 janvier 1965 (Archives nationales n° 910322).

Comité permanent du Conseil supérieur des HBM, 28 janvier 1932 et 18 janvier 1934 (Archives nationales n°771140).

Archives départementales

Archives de Paris

1052/11/7012 26 ; lettre de Drancy (manuscrite) le 22 septembre 1942 (signature illisible).

4CO130 ; Dommages immobiliers acompte, intendance des réquisitions de la Seine, 7e paiement, Américaine (man.) ; accord avec armée américaine pour la réquisition des tours de Drancy d'octobre 1944 à décembre 1945.

1052/11/7012 ; lettre de Robert au moment du transfert pour Pithiviers, Drancy le 31 août 1942.

Archives départementales du Loiret

25959 ; rapport du chef du camp de Pithiviers, 4 janvier 1943.

34177 ; rapport du docteur Aujaleu sur le camp de Pithiviers, 10 juillet 1942 ; lettre du même au SGP, 13 juillet 1942 ; rapport du médecin régional de l'assistance et de la santé, 5 août 1942.

Archives de la préfecture de Police

BA 1827, 1831 et 1835 ; Documents concernant la libération du camp de Drancy, dont les rapports mensuels du commandant du camp de Drancy après la Libération.

BA 1836 ; rapport du docteur Aujaleu sur le camp de Drancy, 1er mai 1942 et lettre du commandant du camp au sous-directeur chargé de la direction des étrangers et des affaires juives, 24 juin 1942 ; rapport mensuel du commandant de Drancy, août 1942 ; rapport mensuel (*idem*) 7 janvier 1943.

BA 1837 ; Israélites transférés à Drancy le 22 août 1941.

BA 1838 ; 13 août 1942 ; transfert des Tourelles à Drancy.

BA 2429 ; transfert de conjoints d'Aryens Drancy vers BLR.

BA 2436 ; Hennequin, DGPM, 2 mars 1943 : transfèrement de détenus juifs.

GB1 ; état des sommes déposées par les internés juifs du 16 juillet au 27 août 1942 (ms., sans doute Kiffer) ; délégué du SGP à Schweblin, chef du service des questions juives, rue Greffulhe, 30 septembre 1942 ; réponse de Schweblin au SGP, 6 octobre.

GB16 ; direction de l'administration générale, la direction des affaires administratives de police générale, le 5 novembre 1941 ; 3 juillet 1942, commandant du camp des Tourelles ; note pour Monsieur le Préfet, direction des affaires administratives de police générale, François, le 16 juillet 1943 (ms.) ; directeur de la Police judiciaire, G. Tanguy, circulaire n° 477 du 6 juin 1942 aux commissaires de police des quartiers de Paris et des circonscriptions de la banlieue et services spéciaux (étoile jaune).

Carton 9, chemise 1 ; comptabilité du camp de Drancy, carton 9, chemise 1 (notamment les rapports du 4 novembre 1942 et du 31 juillet 1944).

Archives municipales de Drancy (Seine-Saint-Denis)

3 M1, 3 M2 ; Conseils municipaux du 20 décembre 1934 et du juillet 1935.

3M4 ; Conseils municipaux du 1er mars 1945, du 17 janvier 1947 et du 11 décembre 1963.

1 N2 ; lettre de l'OPHBM DS au maire de Drancy du 13 septembre 1935.

Fonds abbé Liégibel, boîtes 57 et 58.

Dossier « cité de la Muette », Permis de construire, Service urbanisme de la ville.

Archives de la Direction Régionale des Affaires Culturelles d'Île-de-France (Paris)

Dossier de protection au titre des Monuments historiques de la cité de la Muette, 1976-2001.

Archives de la Caisse des dépôts et consignations (Paris)

Financement des habitations à bon marché, « réalisation des avances aux organismes par la Caisse des dépôts et consignations », lettre du ministre des Finances au ministre de la Santé publique du 26.09.1934 (archives de la Caisse des dépôts et consignations, cote n°020050 0002).

Archives de l'Office public d'habitat de Seine-Saint-Denis (Bobigny)

Presse de l'hiver 1938-1939, convention entre l'OPHBM DS et le ministère de la Défense et de la Guerre du 29 décembre 1937, Archives de l'Office public d'habitat de Seine-Saint-Denis, non cotées, dossier « cité de la Muette, Drancy ».

Musée d'histoire urbaine et sociale de Suresnes, MUS

Fonds d'archives privées d'Henri Sellier.

Sources imprimées sur la cité de la Muette

Beaudouin (Eugène), Lods (Marcel), « La cité de la Muette à Drancy », *Science et Industrie*, octobre-décembre 1933.

Beaudouin (Eugène), Lods (Marcel), « Méthodes de construction standard dans le bâtiment », *Chantiers. Organe technique de l'Architecture d'Aujourd'hui*, 1933, p. 33-35.

Hermant (André), « Questions techniques dans la construction des HBM », *L'Architecture d'Aujourd'hui*, n° 7, juillet 1935, p. 45.

L'Architecture d'Aujourd'hui, n° 2, décembre 1930.

Rotival (Maurice), « Les grands ensembles », *L'Architecture d'Aujourd'hui*, n° 6, mai-juin 1935.

Sellier (Henri) (dir.), *Les Réalisations de l'Office public d'habitations du département de la Seine 1933*, Strasbourg, EDARI, 1933.

Sellier (Henri), « L'habitation en hauteur », *Urbanisme*, n° 16, juillet 1933.

Comité international de la Croix-Rouge (CICR, Genève)

C G2 SC, vol. 81 ; France occupée, *Frontstalag* 122 (Saint-Denis), visité le 8 décembre 1941 ; camp d'internés civils britanniques de Drancy ou *Frontstalag* 111, visité le 8 juillet 1941, Dr Martiet Dr de Morsier ; camp d'internés civils israélites de Drancy (Seine), visité par le Dr Morsier le 10 mai 1944.

Archives du Consistoire central (Paris)

CC-10, 10c2a ; 19 mai 1942, Jacques Helbronner à Pierre Laval.

Archives du Consistoire central, déposées à l'Alliance Israélite Universelle (AIU), Fonds Maurice Moch

CC-21 ; Paris, le 4 novembre 1943, préfecture de Police, direction de la police judiciaire, sous-direction des affaires juives ; témoignages sur les déportations dans l'île d'Aurigny ; récit d'un évadé, à Drancy du 19 juin 1943 au 18 juillet 1943, paru dans *France d'abord*, 15 mai 1944.

CC-22 ; procès-verbal de la réunion du 30 juin 1943 entre Brunner et Brückler, André Baur et Léo Israelowicz (UGIF).

CC-26 ; résumé des actions concernant la remise des israélites aux autorités allemandes (DPTE) (n.d., 26 août) ; rapports de plusieurs rabbins sur les rafles dans les villes de zone sud.

CC-28 ; 27 septembre 1943, nouveau régime des colis au camp de Drancy.

CC-35 ; rapports, du 22 juillet 1943, et s.d., du Rabbin Bernard Schönberg à lieutenant-colonel Blum, commandant du camp de Drancy.

CC-46 ; lettre à Laval du Président du Consistoire central et du Grand Rabbin, 12 juillet 1943, reproduite dans le Rapport pour octobre 1943 du Consistoire central.

Archives privées Serge Klarsfeld

Procès des gendarmes de Drancy (dossier d'instruction).

Institut d'histoire du temps présent (IHTP)

Note sur l'activité pédiatrique du camp de Drancy (juillet-décembre 1942) par Mr Germain Blechmann.

Notes prises sur le procès de Drancy à la Cour de Justice de la Seine (mars 1947) par Me Henri Blaustin, avocat à la Cour.

Témoignage d'Henri Bloch, donné en 1951 au Comité d'histoire de l'occupation et de la libération de la France.

Microfilms des émissions de la BBC en Français ; bobine French Scripts B76, Ang 42, 9 août 1942 ; 25 août 1942, Written : Gillie ; FFC Émission radiophonique, 7 août 1942 : « L'Antifrance de Vichy » ; Quart d'heure français du soir : samedi 8 août 1942, written-Vachet ; « Les Français parlent aux Français », samedi 8 août 1942, André Labarthe ; Quart d'heure français du matin, mercredi 5 août, written Brunius ; « Les Français parlent aux Français », jeudi 6 août, written Oberlé. To be spoken by Duchesne Oberlé ; « Les Français parlent aux Français », 12 septembre, Jacques Maritain.

Musée de la Résistance Nationale (Champigny-sur-Marne)

Carton 11, Rayski ; fiche de préparation de la rafle du Vél d'hiv (nd) ; lettres de Drancy, le 28 janvier 1942 (de Thomas Wajeman à son fils Maurice, 13 ans) ; lettre de Drancy du 28 juillet 1942 de Nathalie V, etc.

Collection des plaques photo du *Matin* (1940-1944), en cours de traitement par Agathe Demersseman qui prépare une thèse sur le sujet.

Archives de la FNSP

Archives privées d'Yves Jouffa, YJ 43-46.

AKTEN aus dem Politischen Archiv des Auswärtigen Amts (archives, Berlin)

De Dannecker à Zeitschel (Ambassade), le 28 février 1941.

De Zeitschel à Dannecker, 2 septembre 1941.

De Zeitschel à Dannecker, le 8 octobre 1941.

Note pour Schleier, le 28 avril 42 (sur étoile jaune) (sans doute Zeitschel, car ambassade).

De Zeitschel à Schleier, le 28 avril 42.

Bundesarchiv – MilitärArchiv (Freibourg)

RW 35/8 ; la répression de la manifestation du 13 août 1941.

Documents publiés

Billig Joseph, *Le Commissariat général aux questions juives*, Paris, Éditions du Centre, 1960, 3 vol.

Cahiers et courriers clandestins du Témoignage Chrétien, *1941-1944*, réédition intégrale en fac-similé, Paris, 1980.

Chirac Jacques, *Discours et Messages, en hommage aux Juifs de France victimes de la collaboration de l'État français de Vichy avec l'occupant allemand*, Paris, FFDJF, 1998.

Das vort fun vidershtand und zig (*La Parole de la résistance et de la victoire*), Paris, UJRE, 1949 (en yiddish).

Dreyfuss Edmond, *Quatre années au Consistoire de Paris (1946-1949)*, Paris, 1953.

Klarsfeld Serge, *Mémorial de la déportation des Juifs de France*, Paris, CDJC, 1978.

– , *Calendrier de la persécution des Juifs de France*, Paris, FFDJF, 1993.

– , *Mémorial des enfants juifs déportés de France*, Paris, Association des fils et filles de déportés Juifs de France, 1994.

La Presse antiraciste sous l'occupation hitlérienne, Paris, UJRE, 1950.

Les Juifs sous l'Occupation, recueil de textes officiels français et allemands, 1940-1944, Paris, CDJC-FFDJF, 1982.

Rutkowski Adam, *La Lutte des Juifs en France à l'époque de l'Occupation*, préface de Georges Wellers, Paris, éd. du Centre, 1975.

Szajkowski Zosa, *Analytical Franco-Jewish Gazetteer, 1939-1945*, New York, 1966.

Correspondances privées

Baron Daniel, *Mémorial d'Abraham*, lettres de Drancy et de Compiègne d'Abraham Baron (Henry), tapuscrit (archives familiales).

Baumann Denise (lettres réunies et présentées par), *Une famille comme les autres*, Paris, Société d'édition Droit et Liberté, Paris, 1973.

Jacobson Louise, *Lettres de LJ et de ses proches, Fresnes, Drancy, 1942-1943*, présentées par sa sœur Nadia Kaluski-Jacobson, préface de Serge Klarsfeld, Paris, Robert Laffont, 1997.

Mass Zacharie, *Passeport pour Auschwitz. Correspondance d'un médecin du camp de Drancy*, préface du président Jacques Chirac, avant-propos de Gabrielle Mass, texte introduit et annoté par Michel Laffitte, Paris, Le Manuscrit/FMS, 2012.

Taïeb Karen, *Je vous écris du Vél d'hiv. Les lettres retrouvées*, Paris, Robert Laffont, 2011.

Journaux privés

Baron Maryse, inédit, archives familiales.

Berr Hélène, *Journal*, préface de Patrick Modiano, Paris, Tallandier, 2008.

Biélinky Jacques, *Journal, juillet 1940-décembre 1942*, établi, présenté et annoté par Renée Poznanski, Paris, Cerf, 1992.

Calef Noël-Nissim, *Drancy 1941, Camp de représailles*, édité et présenté par Serge Klarsfeld, Paris, FFDJF, 1991.

Castro Saul, inédit, archives familiales.

Dymanstajn Abraham, *Journal*, Paris, Mémorial de la Shoah.

Gabolde Maurice, inédit, archives familiales.

Gadala Marie-Thérèse, *À travers la grande grille, octobre 1941 à juillet 1945*, Paris, La plume d'or, s.d.

Horan Georges, inédit, archives familiales.

Montel François et Kohn Georges, *Journal de Compiègne et de Drancy*, présenté et annoté par Serge Klarsfeld, Paris, FFDJF, 1999.

Schatzman Benjamin, *Journal d'un interné*, Paris, Fayard, 2006.

Siefridt Françoise, *J'ai voulu porter l'étoile jaune, Journal*, préface de Jacques Duquesne, Paris, Robert Laffont, 2010.

Thomas Édith, *Pages de journal. 1939-1944*, présenté par Dorothy Kaufman, Paris, Viviane Hamy, 1995.

Werth Léon, *Déposition, Journal 1940-1944*, texte de Lucien Febvre, présentation et notes de Jean-Pierre Azéma, Paris, Viviane Hamy, 1992.

Témoignages publiés

Aimé Denise, *Le Relais des errants*, Paris, Desclée de Brouwer, 1945.

Alcan Louise, *Sans armes et sans bagages*, Limoges, les imprimés d'Art, 1947.

Au service de la Croix-Rouge Française, sous l'Occupation, 1940-1944, brochure.

Auscher Jeanine, « Les derniers jours de Drancy », *Revue de la pensée juive*, avril 1950, p. 118-123.

Calef Noël-Nissim, *Drancy 1941, camp de représailles – Drancy la faim*, édité et présenté par Serge Klarsfeld, Paris, FFDJF, 1991 (1re édition en italien, 1947).

Château René (pseudo : Jean-Pierre Abel), *L'Âge de Caïn*, Paris, Les Éditions nouvelles, 1948.

Courouble Alice, *Amie des Juifs*, Paris, éd. Bloud et Gay, 1946.

Crémieux-Dunand Julie, *La Vie à Drancy. Récit documentaire*, dessins de Jane Levy, Paris, Librairie Gedalge, 1945.

Diamant David (sldr), *Par-delà les barbelés*, Paris, 1986.

Écrivains en prison, Paris, Seghers, 1945.

Fabre-Luce Alfred, *L'Enfermé*, chez l'auteur, 1945.

– , *Double prison*, chez l'auteur, 1946.

Gertschel Jacqueline Roger, *Nous, comme tant d'autres*, Paris, JCB/BG, 1960.

Goebbels Joseph, *Journal, 1943-1945*, Paris, Tallandier, 2008.

Guitry Sacha, *Soixante jours de prison*, Paris, L'Elan, 1949.

Hermant Abel, *Le Treizième cahier, rêveries et souvenirs d'un philosophe proscrit*, Paris, Amiot-Dumont, 1949.

Horan Georges, *Le Camp de Drancy, seuil de l'enfer juif*, Paris, Pouzet, 1947, cinquante-six estampes à l'eau-forte, précédées d'un avant-propos de l'auteur.

Jakoubowicz Yehuda, *Ri Amelot, hilf und Vidershtand*, (Rue Amelot, aide et résistance), Paris, éd. Colonie scolaire, 1948 (en *yiddish*)

Jamet Claude, *Fifi roi*, Paris, L'Elan, 1948.

Kaminsky Sarah, *Adolfo Kaminsky. Une vie de faussaire*, Paris, Calmann-Lévy, 2009.

Karski Jan, *Mon témoignage devant le monde. Histoire d'un État secret*, Paris, éd. SELF, 1948.

Marquet Mary, *Cellule 209, Paris*, Fayard, 1949.

Nordling Raoul, *Sauver Paris. Mémoires du consul de Suède (1905-1944)*, Paris/Bruxelles, IHTP-CNRS/Complexe, 2002.

Poliakov Léon, *L'Auberge des musiciens. Mémoires*, Paris, Mazarine, 1983.

Sedel Fred, *Habiter les ténèbres*, Paris, La Malatine, 1963.

Taittinger Pierre, *... Et Paris ne fut pas détruit*, Paris, L'Elan, 1948.

Témoignages sur Lévitan de Mira Lessovoï et Michèle Bonnet, *Le Monde juif*, n° 146, 1993, p. 42-44.

Wellers Georges, *L'Étoile jaune à l'heure de Vichy*, Paris, Fayard, 1973, rééd. sous le titre *Un Juif sous Vichy*, Paris, éd. Tirésias, 1991.

Livres et articles

Adler Jacques, *Face à la persécution, les organisations juives à Paris de 1940 à 1944*, Paris, Calmann-Lévy, 1985.

Assouline Pierre, *L'Épuration des intellectuels*, Bruxelles, Complexe, 1990.

Azouvi François, *Le Mythe du grand silence : Auschwitz, les Français, la mémoire*, Paris, Fayard, 2012.

Bernay Sylvie, *L'Église de France face à la persécution des Juifs. 1940-1944*, Paris, CNRS Éditions, 2012.

Betsch William, *Drancy ou le travail d'oubli*, Londres, Thames & Hudson, 2010.

Boudriot Pierre-Denis, *L'Épuration 1944-1949*, Paris, Grancher Éditions, 2011.

Bourgon Anne et Fontaine Thomas, *Ancienne gare de déportation de Bobigny. Lieu de départ des Juifs de France vers Auschwitz-Birkenau, juillet 1943-juillet 1944*, Ville de Bobigny, 2012 (rapport).

Burrin Philippe, *La France à l'heure allemande, 1940-1944*, Paris, Le Seuil, 1995.

Carpi Daniel, *Beyn shevet le-hessed* (*Les Autorités italiennes et les Juifs de France et de Tunisie pendant la Seconde Guerre mondiale*), Jérusalem, Centre Zalman Shazar d'histoire juive, 1993 (en hébreu).

Carriou Claire, *Loger les ménages et aménager les espaces urbains ? Les politiques d'HBM et la question de l'intégration territoriale du logement social (1889-1939)*, thèse d'urbanisme, université Paris XII /IUP, 2007.

Chaigneau Jean-François, *Le Dernier Wagon*, Paris, Julliard, 1981.

Chemetov Paul, Dumont Marie-Jeanne, Marrey Bernard, *Paris-Banlieue 1919-1939, architectures domestiques*, Paris, Dunod, 1989.

Choay Françoise, « Cité de la Muette, Drancy : le culte patrimonial », *Urbanisme*, n° 325, juillet-août 2002, p. 90-92.

Clémençon Anne-Sophie (dir.), *Les Gratte-Ciel de Villeurbanne*, Paris, L'Imprimeur, 2004.

Cohen Richard I., *The Burden of Conscience*, Bloomington et Indianapolis, Indiana University Press, 1987.

Courtois Stéphane et Rayski Adam (dir.) avec la collaboration de Burrin Philippe, Lévy Claude, Peschanski Denis et Poznanski Renée, *Qui savait quoi ?*, Paris, La Découverte, 1987.

Coutau-Bégarie Hervé, Huan Claude, *Darlan*, Paris, Fayard, 1989.

– , *Lettres et notes de l'Amiral Darlan*, Paris, Economica, 1992.

Delhumeau Gwénaël (dir.), *Étude d'histoire des techniques sur un échantillonnage d'« édifices béton » représentatif du territoire de la Seine-Saint-Denis*, 2005.

Dreyfus Jean-Marc et Gensburger Sarah, *Des camps dans Paris. Austerlitz, Lévitan, Bassano, juillet 1943-août 1944*, Paris, Fayard, 2003.

Dolff-Bonekämper Gabriele, « Les vestiges du camp de Drancy classés Monuments historiques », *Bulletin de DOCOMOMO France*, n° 6, 2001.

Durin Jacques, *Drancy 1941-1944*, Le Bourget, 1982, réédition 1988.

Eismann Gaël, *Hôtel Majestic. Ordre et sécurité en France occupée (1940-1944)*, Paris, Tallandier, 2010.

Epelbaum Didier, *Aloïs Brunner*, préface de Serge Klarsfeld, Paris, Calmann-Lévy, 1990.

– , *Obéir. Les déshonneurs du capitaine Vieux, Drancy 1941-1944*, Paris, Stock, 2009.

Favez Jean-Claude, *Une Mission impossible ?*, Lausanne, Payot, 1997.

Flamand Jean-Paul, *Loger le peuple. Essai sur l'histoire du logement social*, Paris, La Découverte, 1989.

Fontaine Thomas, *Déporter. Politiques de déportation et répression en France occupée, 1940-1944*, doctorat en sciences humaines (Histoire), sous la direction de Denis Peschanski, université de Paris 1, Panthéon-Sorbonne, 2013.

Fourcaut Annie, *Banlieue rouge, 1920-1960*, Paris, Autrement, 1992.

Gensburger Sarah, « Essai de sociologie de la mémoire : le cas du souvenir des camps annexes de Drancy dans Paris », *Genèses*, n° 61, décembre 2005.

Girardon Jean-Pierre, *Le Capitaine G. Chevalier sans armure*, récit présenté par Jean-Pierre Girardon, Paris, Thélès, 2006.

Gournay Isabelle, « Quand la France découvrait le gratte-ciel », *L'Architecture d'Aujourd'hui*, n° 263, juillet 1989.

Grynberg Anne, *Les Camps de la honte*, Paris, La Découverte, 1991.

Guerrand Roger-Henri, Moissinac Christine, *Henri Sellier, urbaniste et réformateur social*, Paris, La Découverte, 2005.

Guigueno Vincent, « Peut-on entrer dans l'histoire de la Shoah par la fenêtre ? L'aménagement de la cité de la Muette (Drancy), entre devoir de mémoire et politique du patrimoine », *in* Andrieux Jean-Yves (dir.), *Patrimoine. Sources et paradoxes de l'identité*, Rennes, PUR, 2011.

Jockusch Laura, *Collect and Record : Jewish Holocaust Documentation in Early Postwar Europe*, Oxford, Oxford University Press, 2012.

Kasten Bernd, *« Gute Franzosen ». Die französische Polizeiund die deutsche Besatzungsmachtimbesetzt in Frankreich, 1940-1944*, Sigmaringen, Thorbecke, 1993.

Klarsfeld Serge, *Vichy Auschwitz*, Paris, Fayard, 2 volumes, 1983 et 1985.

– , *La Liquidation des centres d'enfants de l'UGIF par Aloïs Brunner en juillet 1944*, Paris, FFDJF, 1991.

– , *Les Transports de Juifs de la région de Marseille vers Compiègne et Drancy*, Paris, FFDJF, 1992.

Laborie Pierre, « Les fonctions de l'épuration », *in* Buton Philippe et Guillon Jean-Marie (dir.), *Les Pouvoirs en France à la Libération*, non publiée, 1989.

– , *L'Opinion française sous Vichy*, Paris, Le Seuil, 1990.

Laffitte Michel, *Un engrenage fatal*, Paris, Liana Levi, 2003.

Lagrou Pieter, *Mémoires patriotiques et Occupation nazie*, Bruxelles-Paris, Éditions Complexe/IHTP-CNRS, 2003.

Lambauer Barbara, *Otto Abetz et les Français ou l'envers de la Collaboration*, Paris, Fayard, 2001.

Ledoux Sébastien, « Écrire une histoire du devoir de mémoire », *Le Débat*, n° 170, 2012/3, p. 175-185.

Ligiebel Raymond, *Une commune dans l'histoire de France : regards sur Drancy*, Drancy, SDHA, 1979, réédition 1986.

Luc Jean-Noël (dir.), *Histoire de la maréchaussée et de la gendarmerie. Guide de recherche*, Maisons-Alfort, Service historique de la gendarmerie nationale, 2005.

Mannarino Damien, *La Mémoire déportée. Du témoignage des déportés des camps nazis dans l'édition en langue française, 1944-1993*, mémoire de maîtrise d'histoire, université de Paris I Panthéon-Sorbonne, 1993, p. 23.

Marrus Michaël R. et Paxton Robert O., *Vichy et les Juifs*, Paris, Calmann-Lévy, 1981.

Meyer Ahlrich, *Les Débuts du cycle attentats-répression en automne 1941*, *Les Résistants et les Français*, colloque de Cachan (IHTP), 1996, ms.

Maurel Stéphane, *Aux origines de la Fédération nationale des déportés et internés résistants et patriotes (FNDIRP), 1944-1946*, édité par la FNDIRP, 1993.

Novick Peter, *L'Épuration française 1944-1949*, Paris, Balland, 1985.

Perego Simon, « Les commémorations de la destruction des Juifs d'Europe au Mémorial du martyr juif inconnu du milieu des années 1950 à la fin des années 1960 », *Revue d'histoire de la Shoah*, n° 193, 2010, p. 471-507.

Perego Simon, Poznanski Renée, *Le Centre de documentation juive contemporaine, 1943-2013 : documenter la Shoah*, Paris, Éditions du Mémorial de la Shoah, 2013.

Peschanski Denis, *La France des camps. L'internement, 1938-1946*, Paris, Gallimard, 2002.

– , « Drancy », *in* Pouvreau Benoît (dir.), *Les Graffiti du camp de Drancy. Des noms sur les murs*, Courtrai, Snoeck/conseil général de la Seine-Saint-Denis, 2013, p. 10-13.

Pontaut Jean-Marie, Pelletier Eric, *Chronique d'une France occupée : les rapports confidentiels de la gendarmerie, 1940-1945*, Michel Lafon, 2008.

Pouvreau Benoît (dir.), *Les Graffiti du camp de Drancy. Des noms sur les murs*, Courtrai, Snoeck/conseil général de la Seine-Saint-Denis, 2013.

Poznanski Renée, *Les Juifs en France pendant la Seconde Guerre mondiale*, Paris, Hachette, 1998.

–, *Propagandes et Persécutions, la Résistance et le « Problème juif »*, Paris, Fayard, 2008.

Rajsfus Maurice, *Drancy. Un camp de concentration très ordinaire, 1941-1944*, Paris, Le Cherche-Midi, 1996.

Rosenberg Pnina, *L'Art des indésirables. L'art dans les camps d'internement français, 1939-1944*, Paris, L'Harmattan, 2003.

Rousso Henry et Conan Éric, *Vichy, un passé qui ne passe pas*, Paris, Gallimard, 1994.

Rousso Henry, « L'épuration en France. Une histoire inachevée », *Vingtième Siècle. Revue d'histoire*, nº 33, janvier-mars 1992, p. 78-105.

–, « Une justice impossible. L'épuration et la politique antijuive de Vichy », *Annales ESC*, nº 48-3, 1993.

–, *La Dernière Catastrophe*, Paris, Gallimard, 2012.

–, *Le Syndrome de Vichy de 1944 à nos jours*, Paris, Le Seuil, 1987, rééd. 1990.

Rutkowski Adam, « Le camp d'internement et d'échange pour Juifs de Vittel », *Le Monde juif*, nº 102, 1981.

Sainclivier Jacqueline, « Le pouvoir résistant (été 1944) », *in* Buton Philippe, Guillon Jean-Marie (dir.), *Les Pouvoirs en France à la Libération*, Paris, Belin, 1994, p. 20-37.

Sellier Henri, *Une cité pour tous*, Paris, Le Linteau, 1998.

Texier Simon, « Le Mémorial des martyrs français de la déportation et le Réseau du Souvenir », *in* Marrey Bernard, *Les Bâtisseurs de la modernité, 1940-1975*, Paris, Le Moniteur, 2000.

Thorpe Janet, *Nous n'irons pas à Pitchipoï. Le tunnel du camp de Drancy*, Paris, Éditions de Fallois, 2004.

Umbreit Hans, *Der Militärbefehlshaber in Frankreich*, Fribourg, Boppard, 1968.

Uyttenhove Pieter, *Marcel Lods (1891-1978). Une architecture de l'action*, thèse d'histoire de l'art, EHESS, Paris, 1999, 3 vol.

Vergès-Chaignon Bénédicte, *Vichy en prison. Les épurés à Fresnes après la Libération*, Paris, Gallimard, 2006.

Virgili Fabrice, *La France virile*, Paris, Payot, 2000.

Wiederich Silke, *Dannecker, Röthke et Brunner : la personnalité, les méthodes et le bilan des trois maîtres du camp de Drancy*, mémoire de maîtrise, Paris VII-Denis Diderot, 1997-1998.

Wieviorka Annette, *Déportation et génocide – Entre la mémoire et l'oubli*, Paris, Plon, 1992.

–, *Les Biens des internés des camps de Drancy, Pithiviers et Beaune-la-Rolande*, Paris, La Documentation française/Mission d'étude sur la spoliation des juifs de France, 2000.

Wieviorka Annette, Laffitte Michel, *À l'intérieur du camp de Drancy*, Paris, Perrin, 2012.

Zuccotti Susan, *The Italians and the Holocausts : Persecution, Rescue, Survival*, New York, Basic Books, 1987.

Témoignages visionnés au Mémorial de la Shoah

Collecte effectuée dans le cadre de la future exposition permanente du Mémorial de Drancy, *Interviewer* Jean-Baptiste Péretié, avril-juin 2009 : Citron Suzanne, Hasson Sami, Kaminsky Adolfo, Landauer Annette, Morthon Hélène, Mothon Françoise, Muller Michel.

Mathieu Camille, *Interviewer* : Didier Epelbaum, 29 septembre 2010, collecte effectuée pour le Mémorial de la Shoah.

Filmographie

Drame Claudine, *Drancy. Tout le monde ne pouvait pas partager le même bonheur*, réalisation collective, 1994, France, Option Cinéma du Lycée Rodin.

Lebel Jean Patrick, *Cité de la Muette*, France, 1986, Périphérie production.

Van Tassel Sabrina, *La Cité muette*, France, 2014, J2F Productions.

Zanzotto Daniela, *Les Voix de la Muette*, Grande Bretagne, 1998, Disruptive Element Films.

Index

Crédits des illustrations

En vignette de l'introduction. © Fonds Strasser / FNDIRP / Mémorial de la Shoah.
p. 12. © Édition F. Devillechabrolle / Collection Archives départementales de la Seine-Saint-Denis / 2 Fi Bobigny 75.
© Archives de Paris – 14-02-W5 (2a).
p. 13. © *L'Architecture d'Aujourd'hui.*
p. 16. © ADAGP / Cité de l'architecture et du patrimoine – collection de l'Académie d'architecture, Paris.
p.16/17. © ADAGP / Cité de l'architecture et du patrimoine – collection de l'Académie d'architecture, Paris.
p. 19. © ADAGP / Cité de l'architecture et du patrimoine – collection de l'Académie d'architecture, Paris.
p. 20. © ADAGP / Cité de l'architecture et du patrimoine – collection de l'Académie d'architecture, Paris.
p. 22. © ADAGP / Cité de l'architecture et du patrimoine – collection de l'Académie d'architecture, Paris.
© Édition J. Godneff / Collection Archives départementales de la Seine-Saint-Denis / 49 Fi Drancy /5861.
p. 24. © ADAGP / Cité de l'architecture et du patrimoine – collection de l'Académie d'architecture, Paris.
p. 26. © Édition Marco / Collection Archives départementales de la Seine-Saint-Denis / 49 Fi Drancy /5562.
p. 31. © BNF.
p. 32. © BNF.
p. 34. © Militärarchiv Freiburg.
p. 35/36. © Mémorial de la Shoah.
p. 40. © Droits réservés - Collection Adlington / Archives départementales de la Seine-Saint-Denis.
p. 41. © Archives municipales de la ville de Drancy.
p. 45. © Mémorial de la Shoah.
p. 46. © Mémorial de la Shoah.
p. 47. © Mémorial de la Shoah.

p. 49. © Archives nationales.
p. 50. © BNF.
© Mémorial de la Shoah.
p. 53. © Mémorial de la Shoah.
p. 54. © Musée des combattants du ghetto.
p. 58. © Musée de la Résistance nationale (Champigny-sur-Marne).
p. 61. © Bundesarchiv Coblenz / Mémorial de la Shoah.
p. 62. © Bundesarchiv Coblenz / Mémorial de la Shoah.
p. 63. © Fonds Strasser / FNDIRP / Mémorial de la Shoah.
p. 64. © Archives départementales de la Seine-Saint-Denis.
p. 65. © Mémorial de la Shoah / collection Van Kote.
p. 66. © Mémorial de la Shoah.
p. 68. © Daniel Baron / Mémorial de la Shoah.
p. 69. © Musée des combattants du ghetto.
p. 71. © Collection du Musée de l'ordre de la Libération.
p. 73. © Mémorial de la Shoah.
p. 74. © Musée des combattants du ghetto.
p. 80. © Mémorial de la Shoah.
p. 81. © Musée de la Résistance nationale (Champigny-sur-Marne).
p. 85. © Musée des combattants du ghetto.
p. 86. © Musée de la Résistance nationale (Champigny-sur-Marne) / Fonds Adam Rayski.
p. 88. © Mémorial de la Shoah.
p. 89. © Musée Carnavalet / Roger-Viollet.
p. 91. © Fonds Strasser / FNDIRP / Mémorial de la Shoah.
p. 92. © BNF.
p. 93. © Mémorial de la Shoah.
p. 94. © Mémorial de la Shoah.
p. 100. Organigramme d'après Serge Klarsfeld, *Le Calendrier de la persécution des Juifs de France*, Fayard, 2001.
p. 101. © Archives nationales / Alain Berry - Archives nationales, Z/6/1015 scellés de l'agence Trampus.
p. 104. © Mémorial de la Shoah.
p. 105. © Musée des combattants du ghetto.
© Mémorial de la Shoah.
p. 107. Organigramme d'après Serge Klarsfeld, *Le Calendrier de la persécution des Juifs de France*, Fayard, 2001.
p. 108. © Mémorial de la Shoah.
p. 112. © Fonds Strasser / FNDIRP / Mémorial de la Shoah.
p. 114. © Archives de la préfecture de Police.

p. 117. © Fonds Liégibel, ville de Drancy.

© Édition E.L.D. / Collection Archives départementales de la Seine-Saint-Denis / 2 Fi Le Bourget 124.

p. 120. © Archives de la préfecture de Police.

p. 121. © Mémorial de la Shoah.

p. 123. © Archives nationales / Mémorial de la Shoah.

p. 127. © Archives départementales de la Seine-Saint-Denis.

p. 129. © Musée des combattants du ghetto.

p. 130. © Archives départementales de la Seine-Saint-Denis.

p. 133. © Conseil régional de la Seine-Saint-Denis. Jean-Bernard Vialles, Région Île-de-France, Inventaire général du patrimoine culturel, Département de la Seine-Saint-Denis, Archives nationales, ADAGP, 2011.

p. 135. © Fonds Liégibel, ville de Drancy.

p. 140. © Fonds Liégibel, ville de Drancy.

p. 141. © Archives départementales de la Seine-Saint-Denis.

p. 142. © Mémorial de la Shoah.

p. 145. © Musée des combattants du ghetto.

p. 146. © Mémorial de la Shoah.

p. 147. © Mémorial de la Shoah / collection Van Kote.

p. 149. © Archives départementales de la Seine-Saint-Denis.

p. 158. © Archives nationales.

p. 162. Organigramme d'après Serge Klarsfeld, *Le Calendrier de la persécution des Juifs de France*, Fayard, 2001.

p. 164. © Mémorial de la Shoah.

p. 170. © Mémorial de la Shoah.

p. 177. © Mémorial Leclerc - Musée Jean Moulin / Roger-Viollet.

p. 186. © Mémorial de la Shoah.

p. 187. © Mémorial de la Shoah.

p. 189. © Étienne Martin - LM Communiquer / Ville de Bobigny.

p. 190. © Mémorial de la Shoah.

p. 193. © Mémorial de la Shoah.

p. 194. D'après Yivo Ugif, IFM093, p. 49.

p. 197. © Conseil régional d'Île de France. Jean-Bernard Vialles, Région Île-de-France, Inventaire général du patrimoine culturel, Département de la Seine-Saint-Denis, Archives nationales, ADAGP, 2011.

p. 198. © Mémorial de la Shoah.

p. 203. © Conseil régional d'Île de France. Jean-Bernard Vialles, Région Île-de-France, Inventaire général du patrimoine culturel, Département de la Seine-Saint-Denis, Archives nationales, ADAGP, 2011.

p. 204. © Conseil régional d'Île de France. Jean-Bernard Vialles, Région Île-de-France, Inventaire général du patrimoine culturel, Département de la Seine-Saint-Denis, Archives nationales, ADAGP, 2011.
p. 207. © Mémorial de la Shoah.
p. 208. © Droits réservés.
p. 210. © Archives municipales de la ville de Drancy.
p. 214. © Fonds Strasser / FNDIRP / Mémorial de la Shoah.
p. 216. © Mémorial de la Shoah.
p. 218. © Mémorial de la Shoah.
p. 220. © Conseil régional d'Île de France. Jean-Bernard Vialles, Région Île-de-France, Inventaire général du patrimoine culturel, Département de la Seine-Saint-Denis, Archives nationales, ADAGP, 2011.
p. 225. © Conseil régional d'Île de France Jean-Bernard Vialles, Région Île-de-France, Inventaire général du patrimoine culturel, Département de la Seine-Saint-Denis, ADAGP, 2010.
p. 227. © Mémorial de la Shoah.
p. 231. © Renée Poznanski.
p. 232-234. © Mémorial de la Shoah.
p. 238. © Mémorial de la Shoah.
En vignette du chapitre VII. © Conseil régional de la Seine-Saint-Denis. Jean-Bernard Vialles, Région Île-de-France, Inventaire général du patrimoine culturel, Département de la Seine-Saint-Denis, ADAGP, 2011.
p. 240. © Fonds Liégibel, ville de Drancy.
p. 242. © Musée des combattants du ghetto.
p. 243. © Mémorial de la Shoah.
p. 245. © Mémorial de la Shoah.
p. 250. © Archives municipales de la ville de Drancy.
p. 252. © Archives municipales de la ville de Drancy.
p. 254. © Conseil régional d'Île de France. Pascal Corbière, ministère de la Culture et de la Communication, Conseil régional d'Île-de-France, Département de la Seine-Saint-Denis, ADAGP, 1976.
p. 255. © Renée Poznanski.
p. 257. © Archives municipales de la ville de Drancy.
p. 260. © Conseil régional d'Île de France.
p. 263. © Mémorial de la Shoah.

© Jean-Bernard Vialles, Région Île-de-France, Inventaire général du patrimoine culturel, Département de la Seine-Saint-Denis, ADAGP, 2013.

p. 264. © Conseil régional d'Île de France / Jean-Bernard Vialles, région Île-de-France, Inventaire général du patrimoine culturel, département de la Seine-Saint-Denis, Archives nationales, ADAGP, 2011.
p. 265. © Fonds Liégibel, ville de Drancy / Renée Poznanski.
p. 266. © Jean-Bernard Vialles, Région Île-de-France, Inventaire général du patrimoine culturel, Département de la Seine-Saint-Denis, ADAGP, 2011.

Table des matières

CHAPITRE IV
LE DRANCY FRANÇAIS DE LA SOLUTION FINALE
(juillet 1942-juillet 1943)

CHAPITRE V
LE DRANCY ALLEMAND DE LA SOLUTION FINALE
(juillet 1943-août 1944)

Composition et mise en pages
Nord Compo à Villeneuve-d'Ascq

Achevé d'imprimé en Espagne par Estella Graficas
36-3499-5/01
dépôt légal : avril 2015